AF255724

द ब्लैक मार्केट

कला संग्रह के लिए एक गाइड

चार्ल्स मूर

Petite Ivy
PRESS

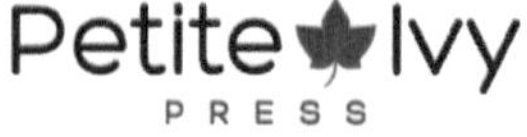

विषयसूची

प्रस्तावना

अलेक्जेंड्रा एम. थॉमस

मुख्य धारा की कलात्मक दुनिया में, ब्लैक आर्ट अब पहले से कहीं अधिक प्रचलित है – यह 21 वीं सदी की बदनामी काले प्रशासक, विद्वानों और कलाकारों द्वारा दशकों की सक्रियता का परिणाम है, जिनके लिए बढ़ी हुई प्रतिनिधित्व की लड़ाई हमेशा एक अधिक समावेशी समुदाय की बात रही है। पिछेल कई वर्षों से, मैं आधुनिक और समकालीन कला की दुनिया में एक लेखक, विद्वान और संग्रहालय पेशेवर के रूप में काम कर रही हूँ। एक युवा अफ्रीकी–अमेरिकी महिला के रूप में जो ब्लैक आर्ट के इतिहास का अध्ययन करने और सिखाने के काम के लिए प्रतिबद्ध है, मैं कला दुनिया की प्रथाओं और रीति–रिवाजों से परिचित हूँ जो उच्चकोटि की शैली के रूप में रक्षण के तरीकों की स्थापना करते समय अधिक समावेशी दृष्टि की ओर धकेलते हुए दिखाई देते हैं। नस्लवाद और उत्पीड़न की अन्य प्रणालियाँ बनी हुई हैं। यह सामाजिक–सांस्कृतिक संदर्भ है, जिसमें द ब्लैक मार्केट प्रकाशित हुआ है दृ यह कला की दुनिया में, अधिक लोकतांत्रिक दृष्टि के लिए समर्पित काले लोगों का एक बढ़ता समुदाय है। इस कार्यवाही की भावना ने मुझे चार्ल्स मुर तक पहुँचाया। मैं अफ्रीकी –अमेरिकी अध्ययन और कला के इतिहास में पीएचडी छात्र के रूप में अपने समय के दौरान येल विश्वविद्यालय में मुर से मिली, जो न्यू हेवन, कनेक्टिकट में स्थित है। दरअसल ये न्यू हेवन की उन यात्राओं में से कुछ के दौरान था जिसमें मुर ने साक्षात्कार किया और इस किताब के अंतिम उत्पादन का मुख्य कारण बना। अश्वेत कलाकारों के समर्थन और उत्थान के लिए उनकी दृढ़ प्रतिबद्धता से प्रेरित होकर, 21 वीं सदी में काली कला की दुनिया में हमारी दोस्ती हुई। पहुँच और समुदाय के प्रति मुर के समर्पण से कोई भी तुरंत प्रभावित हो जाता है – जो कि हमेशा एक तेजी से कुलीन वाणिज्यिक कला की दुनिया में नहीं देखा जाता है। आधुनिक और समकालीन अफ्रीकी–अमेरिकी कला के क्षेत्र

में एक संग्राहक, लेखक और विद्वान के रूप में , मुर मानव उदारता और बौद्धिक कठोरता का परिचय देते है, जो किसी की पूरी माँग को अफ्रीकी–अमेरिकी कला और कार्यप्रणाली के साथ अश्वेत कलाकार के आख्यान से माँग करते है. यह पुस्तक एक गहरा उपयोगी उपहार है जिसे –मुर अपने जीवन–जगत में उनका स्वागत करते हैं, जो अश्वेत कलाकारों और अश्वेत लोगों के प्रति उनके प्रेम को दर्शाता है जिन्हें कला और संस्कृति सामग्री इकट्ठा करने में रुचि है। यह पुस्तक बीसवीं शताब्दी में पैदा हुए अफ्रीकी–अमेरिकी कलाकारों को केंद्र में रख कर प्रथाओं को इकट्ठा करने वाली साहित्यिक, दृश्य और भौतिक संस्कृति के अनिवार्य परिचय के रूप में कार्य करती है। यह ब्लैक आर्ट और संस्कृति पर साहित्य के लिए एक स्वागत योग्य है। मुर व्यावहारिक रूप से हमें शब्दावली, दर्शन, और अफ्रीकी–अमेरिकी कलाकारों के इतिहास और संस्थानों के माध्यम से मार्गदर्शन करते हैं जो उनकी कलाकृति एकत्रित करते हैं। जो पुस्तक की संगठनात्मक रचना से पाठकों को आकर्षित करेगा; एक अश्वेत कलाकार की 1900 से 1990 तक प्रत्येक दशक की खोज की। जो मुर नॉर्मन लेविस के साथ शुरू होता है और त्शबालाला स्वयं के साथ समाप्त होता है, इन दो उदाहरणों के बीच निराशाजनक माध्यमों के साथ काम करने वाले अश्वेत कलाकारों की एक विविध सीमा की शुरुआत करता है। ब्लैक मार्केट, कला उद्यम के लिए सुलभ परिचय के रूप में कार्य करता है, विभिन्न पीढ़ियों के प्रमुख कलाकारों के माध्यम से आधुनिक और समकालीन ब्लैक आर्ट का एक इतिहास, और स्वयं कलाकारों के अनुभवों और दर्शन में निहित कला ऐतिहासिक विश्लेषण का एक उदाहरण है।

परिचय

जब हम 21 वीं सदी की अत्यधिक अपारदर्शी कला की दुनिया में प्रवेश करते हैं, तो अश्वेत संग्राहक के लिए संसाधन पहले से कहीं अधिक महत्वपूर्ण हो गए हैं। यह पुस्तक एक प्रस्तावना प्रस्तुत करती है और कला के संग्रह की अवधारणा पर कुछ शिथिलता – जो कि अश्वेत कलाकारों द्वारा बनाई गई कला संग्रह की अवधारणा पर है। मुझे इस दायरे में व्यापक अनुभव है। 2012 में मैंने अपनी कलाकृति का पहला टुकड़ा खरीदा: प्रसिद्ध सड़क कलाकार शेपर्ड फेरी द्वारा एक हस्ताक्षरित और क्रमांकित संस्करण प्रिंट, जो उस समय इंस्टीट्यूट ऑफ कंटेम्परेरी आर्ट बोस्टन (आईसीए) में अपना काम प्रदर्शित कर रहा था। उसी यात्रा पर, मैंने हॉवर्ड विश्वविद्यालय के परिसर का दौरा करने का एक मन बनाया – यह नहीं जानते हुए कि मैं बाद में इसके संग्रहालय अध्ययन कार्यक्रम में दाखिला लूँगा , कला और ज्ञान के अपने ज्ञान को गहरा करुगाँ।

जहाँ तक मैं याद कर सकता हूँ, मुझे हमेशा कला संग्रहालय से प्यार रहा है। एक बच्चे के रूप में, मैं डेट्रॉइट इंस्टीट्यूट ऑफ आर्ट में जा रहा था, और मेरी माँ पहली कला संग्राहक थी जिसे मैं जानता था। हार्वर्ड में, मैंने अपने मास्टर की थीसिस(निबंध / लेख) लिखी थी– "एक्सक्लूज़न से इनक्लूजन का हकदार": काला संग्रहालय को कला संग्रहालय से जोड़ना– अश्वेत विद्यार्थी के लिए कला संग्रहालय तक पोहोंच की असमानताओं पर जोर देने के साथ कि संग्रहालय के शुरुआती प्रदर्शन अकादमिक को कैसे प्रभावित करते हैं। "कला संग्रहालय महत्वपूर्ण हैं क्योंकि वे सभी को संस्कृति उपलब्ध कराते हैं और वे ऐतिहासिक कलाकृतियों को संरक्षित करते हैं," मैंने लिखा है। "वे शक्तिशाली शैक्षिक उपकरण भी हैं। दुर्भाग्य से, संग्रहालयों में अमेरिका के अल्पसंख्यकों को, विशेष रूप से अफ्रीकी–अमेरिकियों के लिए प्रवेश वर्जित करने का एक लंबा इतिहास रहा है।" मैंने तर्क दिया कि, एक सूक्ष्म जगत के रूप में, कला संग्रहालयों ने कुलीन संस्थानों के एक सदस्य–समूह का प्रतिनिधित्व किया जो उनकी जाति प्रणालियों द्वारा रहते थे। अपने वातावरण के आधार पर, कई अश्वेत छात्रों ने उन अभेद्य

दरवाजों के अंदर अपना रास्ता खोजने के लिए संघर्ष किया।

बेशक, समय बदल गया है, कम से कम एक हद तक। अब, कला क्षेत्र के भीतर अश्वेत कलाकार और अन्य समुदाय इस महत्वपूर्ण उद्योग के स्तंभ बन रहे हैं। उदाहरण के लिए आईसीए को ही लेलें। इसकी वर्तमान को पुनरावृत्ति 2006 में संग्रहालय में खोला गया। यह दक्षिण बोस्टन बंदरगाह क्षेत्र में स्थित है, जब मैंने पहली बार इस क्षेत्र का दौरा किया, तो मैंने सिर्फ उपहार की दुकान से दस्तावेजी निकास देखा, जो कि फारवर्ड फैरी को पार्श्वचित्र करता था। ब्रिटिश कलाकार बैंकी जो जल्द ही एक प्रसिद्ध कलाकार मिस्टर ब्रेनवाश के रूप में उभरा । कला संग्रहालयों का दौरा करते समय, मेरी सामान्य दिनचर्या बस यही थीः उपहार की दुकान में प्रवेश करने के लिए, ऊपरी मंजिल से शुरू करें, और फिर उपहार की दुकान के माध्यम से वापस बाहर निकलने से पहले पूरे रास्ते में अपना काम करें। यह मेरी प्रक्रिया थी। लेकिन मुझे यह नहीं पता था कि आईसीए में यह अनुभव मेरे जीवन को कैसे बदलने वाला था।

यहाँ ये ध्यान देने योग्य है कि शेपर्ड फैरी एक विवादास्पद कलाकार शंकालु के रूप में जाने जाते थे । 2008 में बराक ओबामा के राष्ट्रपति पद के पोस्टर एसोसिएटेड प्रेस कांड के विषय बनने के बाद रोड आइलैंड स्कूल ऑफ डिजाइन स्नातक को प्रमुखता मिली। (फैरी लगता था कि मन्नी गार्सिया द्वारा कैद एपी तस्वीर पर अपना काम आधारित रखता था, जो तर्क देता था कि उसने तस्वीर के कॉपीराइट को बरकरार रखा है।) मैंने जो प्रिंट खरीदा था वह फैरी का सर्वोत्तम काम नहीं था, लेकिन मुझे यह पसंद आया। मैंने मूल्य में पहुँच द्वारा फिर से इसे तैयार किया (फिर, हम पहुँच या उसके अभाव के विषय की ओर मुड़े); जिससे प्रिंट केवल $50 में मिली।

हाल के वर्षों में, कला जगत एक आकर्षक और व्यावसायिक बाजार बन गया है, यहाँ तक कि अश्वेत कलाकारों के लिए भी। पत्रिकाएँ आकर्षित सुर्खियाँ प्रकाशित कर रही हैं जैसे सीन पी डिड्डी कॉम्ब्स ने 21 मिलियन डॉलर केरी जेम्स के खरीदार के रूप में खुलासा किया।

मार्शल पेंटिंग और एलिसिया कीज़ स्विज़ बीट्ज़ लोकप्रिय कलाकार [त्शबालाला सेल्फ] से काम लेते हैं।

फिर, इस पुस्तक को लिखने का मेरा उद्देश्य अनुवर्ती पृष्ठों के भीतर, मैं पिछले एक सौ वर्षों में पैदा हुए दस अश्वेत कलाकारों को आकर्षित करूंगाः केरी

जेम्स मार्शल, त्शबालाला स्व,रेनी कॉक्स,तथा अन्य। इन कलाकारों ने विलक्षण शैली का निर्माण किया है, और अपने काम में बुरे अनुभव पर एक अंतरंग पेशकश की, और लहरें बनाई हैं क्योंकि उन्होंने राजनीति और लिंग भूमिकाओं से लेकर पहचान तक की अवधारणाओं का पता लगाया है। शायद ये रचनाकार व्यक्तिगत रूप से और सामूहिक रूप से अपने अनुभवों द्वारा जनता को सूचित करने के लिए उनकी अद्वितीय अंतर्दृष्टि पर भरोसा करते हैं,जो की समान माप में व्यक्तिपरक और व्यापक हैं, ये संस्कृति हैं।

अक्सर संग्राहको को कहा जाता है कि वे जिनसे प्यार करते हैं उसे खरीदें। मुझे लगता है कि यह सच है। एक चेतावनी के साथ, कला को छोटा किया गया है और संग्राहकों को भी इस बारे में पता होना चाहिए। गोर्डन गेको,को माइकल वाल्गस द्वारा फिल्म वॉल स्ट्रीट में चित्रित किया गया और दावा किया गया कि "जानकारी सबसे मूल्यवान वस्तु थी जिसके बारे में वह सोच सकते थे।" कला की दुनिया शेयर बाजार से अलग नहीं है, जैसा कि यहाँ भी ज्ञात हुआ, इसलिए यह बोलने के लिए, सबसे उपयोगी वस्तु के आसपास है । यह पुस्तक इतिहास का सबक नहीं है। मैंने यह नहीं लिखा कि, इस पर प्रकाश डालने के लिए, चीजें कितनी होनी चाहिए लेकिन उन कलाकारों और संग्राहकों को दिखाने के लिए जो रडार के तहत इतने लंबे समय तक उड़ते रहे, और जो अब मान्यता के आधार पर आधार बना सकते हैं, वे दावा कर सकते हैं कि वे हकदार हैं।

मुझे उम्मीद है कि यह अश्वेत संग्रहकर्त्ता की एक नई पीढ़ी को प्रेरित करता है।

इन सबसे ऊपर, इस पुस्तक में मैं कुछ किफायती और कभी–कभी पूरक तरीकों को अपनाने का इरादा रखता हूँ – जिन पर हम कला की दुनिया में खुद को शिक्षित कर सकते हैं। विशेष रूप से, शिक्षा के लिए कई तरीकों और संसाधनों पर जोर देने की उम्मीद करता हूँ– कला और कला बाजार में सामान्य रूप से खुद अपने आप को। कलाकार रूपरेखा और प्रासंगिक विवरणों के माध्यम से, मैं उम्मीद करता हूँ कि चीजें कैसे हुई हैं, अब चीजें कैसे हैं और कला के दुनिया की प्रगति कैसे जारी रहेंगीं।

कई अन्य इच्छुक पाठकों की ओर रुख कर सकते हैं, जिनमें जॉन बर्जर द्वारा देखने के तरीके और ओसियन वार्ड द्वारा देखने के तरीके शामिल हैं। ये काम कला की दुनिया को पीछे छोड़ते हुए एक अनोखा कदम उठाते हैं – उन

मूवर्स और शेकर्स की क्षमता को देखते हुए जो इस अच्छी तरह से बदलती जगह में अभी भी अपनी जगह तलाश रहे हैं। फिर, निश्चित रूप से, वे पुस्तकें हैं जो देश की सबसे प्रसिद्ध समकालीन अश्वेत कलाकार की सुविधा प्रदान करती हैं: हेनरी टेलर चार्ल्स गेंस द्वारा; एंड डैंडी लायनः द ब्लैक डैंडी एंड स्ट्रीट स्टाइल शैन्ट्रेल पी लुईस द्वारा। ये कार्य, उनमें से सभी ने काले समकालीन रचनाकारों के बारे में लिखा है, न केवल कला क्षेत्र में बल्कि काले अमेरिकी अभियान में चुनौती के मानदंडों की चुनौती के बारे में। ताल व्यक्तिगत से लेकर व्यावसायिक तक होते हैं – और ये कुछ पुस्तकें पाठक, दर्शक और संग्राहक हो सकते हैं, जो आगे चलकर काले कलाकारिता में अंतर्दृष्टि प्राप्त कर सकते हैं।

केरी जेम्स मार्शल की मास्टरी इसका एक और उदाहरण है। काम उसी नाम के कलाकार की यात्रा प्रदर्शनी को दर्शाता है; 2010 के उत्तरार्ध में, मार्शल के कार्यों को देश के कुछ सबसे प्रमुख संग्रहालयों में दिखाया गया था, जो न्यूयॉर्क में मेट्रोपॉलिटन म्यूजियम ऑफ आर्ट से समकालीन कला लॉस एंजिल्स (मओसीए) के संग्रहालय तक ले गए थे। यदि मार्शल और उनके समकालीन कोई संकेत, संग्रहालय, गैलरी, और नीलामियां हैं, तो वे ब्लैक आर्ट के शानदार प्रभाव को स्वीकार कर रहे हैं – यह बताते हुए कि समकालीन खिलाड़ी यहाँ रहने के लिए हैं। सोथबी के द ब्रॉड संग्रहालय से, नीलामकर्ता और गैलरिस्ट संग्राहकों में से आठ–आंकड़ा रकम जमा कर रहे हैं, जो कि उन काले समकालीन कलाकारों को चाहते हैं जिन्होंने पारंपरिक चित्रकला, चलचित्र और फोटो खीचने की कला जैसे आदर्शों को चुनौती दी है।

सीधे शब्दों में कहें, तो एक प्रबन्धकीय पाली हो रही है। लॉस एंजिल्स, डेट्रायट, न्यूयॉर्क सिटी, अटलांटा, और हौ–स्टॉन जैसे शहरों में काले लोगों की एक उच्च संख्या–उन काले कलाकारों और गैलरियों का स्वागत कर रही है जो इन स्थानों में मौजूद हैं। खुली बाहों के साथ, ये शहर काले अमेरिकन की पहचान में निहित प्रदर्शनियाँ डाल रहे हैं। उदाहरण के लिए, 2018 में, सिएटल आर्ट म्यूज़ियम ने फिगरिंग हिस्ट्री को दिखायाः रॉबर्ट कोलेस्कॉट, केरी जेम्स मार्शल, मिकालीन थॉमस ने रंग के समकालीन कलाकारों की तीन पीढ़ियों को दर्शाया और इन रचनाकारों की नस्ल, लिंग और संयुक्त राज्य अमेरिका में काले होने पर बहुआयामी दृष्टिकोण पर जोर दिया। (उसी वर्ष, सिएटल आर्ट म्यूज़ियम ने जीन–मिशेल बेसक्यूट पेंटिंग "शीर्षकहीन" (1982) भी प्रदर्शित की, जो सोथबी

में 110.5 मिलियन डॉलर में बेची गई, जो किसी भी अमेरिकी कलाकार के लिए एक रिकॉर्ड नीलामी है।)

हार्लेम में स्टूडियो म्यूजियम, डेट्रायट इंस्टीट्यूट ऑफ आर्ट्स म्यूजियम, द बैस इन फ्लोरिडा– इन वर्षों में, मैंने देखा है कि ये स्थान काले कलाकारों के लिए एक आश्रय स्थल बन गए हैं। काले कलाकारों में करेनजेनकिंस–जॉनसन, मरिअनी इब्राहिम और जुमाएन एनमंडी जैसे कलाकारों पहले से कहीं अधिक आम हो गए हैं, काले कलाकारों ने अपने शुरुआती दौर से ही अपने पेशे को विकसित करने का मार्ग प्रशस्त किया है। 2018– 2019 में ब्रुकलिन संग्रहालय में आयोजित 'द सोल ऑफ द ए नेशनः आर्ट इन द ब्लैक ऑफ ब्लैक पावर' की प्रदर्शनी 1963 से 1983 के बीच काले कलात्मकता पर प्रकाश डालती है, इस अवधि के दौरान रंग के कलाकार समुदाय,संग्राहकों की सेना में शामिल हुए, व्यक्तिगत रूप से होने वाली सामाजिक क्रांति के जवाब में अमूर्त टुकड़े बनाने के लिए, जबकि आधुनिकता का परिचयः मेन्ट एंड मैटिस के ब्लैक मॉडल से, जो आज–2018 में कोलंबिया विश्वविद्यालय के व्लाक आर्ट गैलरी में पहली बार आयोजित किया गया। कला में काली महिला के चित्रों को कैसे चित्रित किया गया था इसके बहुउद्देशीय स्वरूप की जाँच की, जिसमें उभरते खिलाड़ियों से लेकर प्रसिद्ध रचनाकार जैसे मिकालीन थॉमस शामिल थे। उभरते कलाकारों की बात करते हुए, संग्राहकों को ध्यान देना चाहिएः छात्रों से संग्रह करना महत्वपूर्ण है। देश के कुछ बेहतरीन संस्थानों– येल, कोलंबिया, हंटर, और कोलंबिया यूनिवर्सिटी में ललित कला स्नातक (बीएफए) और मास्टर ऑफ फाइन आर्ट (एमएफए) कार्यक्रम; द प्रैट इंस्टीट्यूट; रोड आइलैंड स्कूल ऑफ डिज़ाइन; और कैलिफोर्निया कला संस्थान; अन्य लोगों में देश के कुछ बेहतरीन और आने वाले कलाकार हैं, जो इन संस्थानों के थीसिस संग्राहक प्रदर्शन में अज्ञात प्रतिभाओं को दिखाने और काले कलात्मक परिदृश्य के भविष्य को आकार देने में मदद करने के लिए शानदार स्थान हैं।

सलाहकार संग्राहकों की मदद कर सकते हैं, भले ही यह कला के पेशे में कितना भी शुरुआती क्यों न हो, खरीद के काम जो कलाकार द्वारा बेचे जाते हैं, ये कार्य वे हो सकते हैं जो समय की कसौटी पर खड़े हों। फिर भी, जो महत्वपूर्ण है, युवा कलाकारों के लिए अपने पेशे में शुरुआती समर्थन हासिल करना, इसलिए उनके पास काम जारी रखने के लिए संसाधन हैं। सैन फ्रांसिस्को स्थित

परोपकारी कलाकार पामेला जौनेर ने आर्ट रिव्यू द्वारा एक "कार्यकर्ता संग्राहक" के रूप में सराहना की, जिसने काले रंग की प्रदर्शनी लगाने वाला प्रतिभा को चैंपियन बनाने का करियर बनाया है। डीन कलेक्शन, स्विज़ बीटज़ और एलिसिया कीज़ की अध्यक्षता में, एक समान तरीके से रहने वाले विचार–पोरी काले कलाकारों का समर्थन करता है। मंच सभी पृष्ठभूमि के कलाकारों और सभी कलात्मक प्रथाओं के लिए एक मार्गदर्शक शक्ति का प्रतिनिधित्व करता है, दोनों स्थापित खिलाड़ियों और जो अभी भी विकास में हैं, उद्योग में एक रास्ता बनाने में मदद करते हैं। इस पुस्तक का एक बड़ा हिस्सा कला संग्राहकों के साथ हुई चर्चाओं पर आधारित है। प्रशंसित अभिनेता हिल हार्पर और पूर्व एनएफएल लाइनबैक कीथ रिवर जैसे कलाकारों ने कलाकारों के समर्थन में अपने तरीके को एकत्र करना शुरू कर दिया है। नदियों ने अपने बेवर्ली हिल्स के घर को दूसरों के बीच, सोनिया गोम्स, राशिद जॉनसन, केरी जेम्स मार्शल, अर्जन मार्टिंस और कारा वॉकर द्वारा अद्वितीय और हड़ताली टुकड़ों से भर दिया है। जबकि कला हमेशा हार्पर के जीवन को घेरे रहती है, वह चर्चा करता है कि कला को इकट्ठा करना सांस्कृतिक रूप से महत्वपूर्ण क्यों है।

ऊपर उल्लिखित संग्राहकों की तरह, मैं भी समकालीन काले रचनाकारों की कलात्मकता की गहराई से विचलित हूँ। कला के साथ मेरे आकर्षण के स्रोत का पता तब लगाया जा सकता था जब मैं मध्य विद्यालय में था। मेरी माँ ने इस समय के आसपास अफ्रीकी अमेरिकियों द्वारा कला एकत्र करना शुरू कर दिया था। इन वर्षों में,मुझे सीख पुस्तकों को पढ़ने, और दुनिया भर के संग्रहालयों में जाने से हुआ। मैं दो साल (2009–2011) तक इटली में रहा, तब से लगभग हर साल यूरोप आता रहा हूँ, और मैं जिस भी शहर में जाता हूँ, वहाँ के विभिन्न कला संग्रहालयों में हमेशा रुकने का मुद्दा बनाता हूँ। 2012 में शेपर्ड फेरी द्वारा उस पहले काम को खरीदने के बाद, मैं एक खरीद की होड़ में चला गया। मैं अपने एक मित्र द्वारा एक कला सलाहकार से परिचय कराया गया था, और मैंने अपने संग्रह में अधिक विशिष्ट लक्ष्य निर्धारित करना शुरू कर दिया। 2017 में, मैंने एमएफए थीसिस प्रदर्शनी देखने के बाद छात्रों से काम खरीदना शुरू कर दिया।

इन वर्षों में, मैंने कला सलाहकारों के साथ काम किया और सीधे कलाकारों से एकत्रित किया, नीलामी में एक विजेता ने बोली लगाई , दीर्घाओं से काम खरीदा, और यहाँ तक कि हाल ही में ऑनलाइन टुकड़े किए । 2019 में, मैंने

हार्वर्ड में अपनी मास्टर डिग्री पूरी की और हाल ही में कोलंबिया विश्वविद्यालय में कला शिक्षा में डॉक्टरेट शुरू किया।

और इसलिए मेरी यात्रा की शुरुआत 20 वीं सदी के प्रत्येक दशक में जन्मे काले कलाकार – नॉर्मन लेविस (1909) से लेकर सेचाबाला सेल्फ (1990) तक रहा, जिसमें आठ अन्य थे। मैंने समय और परिस्थितियों की अनुमति के रूप में संग्राहकों, कला सलाहकारों और कलाकारों का साक्षात्कार लिया; जिनमें कुछ लोगो का व्यक्तिगत रूप से आयोजित हुआ, जबकि अन्य मैंने फोन पर किए। कुछ कलाकारो का मैंने ईमेल के माध्यम से साक्षात्कार किया। उनमें से बहुत से लोग आज भी अपना काम कर रहे हैं और ऋण दे रहे हैं, मैंने सीखा, अपनी सफलता के मद्देनजर वे दूसरों का समर्थन कर सकते हैं। ये कलाकार अपने भविष्य के बारे में उत्साहित हैं, अपने संबंधित अतीत की सराहना करते हैं, और वर्तमान में पूरी तरह से लगे हुए हैं – विशेष रूप से इसका मतलब यह है कि आजकल व्यावसायिक रूप से प्रशंसित काले कलाकार होने चाहिए।

इसके साथ, मुझे उम्मीद है कि इस पुस्तक की सामग्री आपके साथ प्रतिध्वनित करेगी। मुझे उम्मीद है कि दस अश्वेत कलाकारों ने आपके जीवन को उसी तरह से प्रभावित किया जिस तरह से उन्होंने मेरा प्रभावित किया। जैसा कि हम 21 वीं सदी के माध्यम से अपना रास्ता बनाते हैं, हमें बढ़ते कला संसार को संवारना सीखना चाहिए – एक ऐसा स्थान जहाँ काले रचनाकार और संग्राहक ने प्राप्त की है, अपनी आवाज़ को पुख्ता किया है और एक पहले से सफेद–वर्चस्व वाले उद्योग में खुद को केंद्रीय खिलाड़ी के रूप में स्थापित किया है। दुनिया के कुछ बेहतरीन स्कूलों में बीएफए और एमएफए कार्यक्रम, अंतरराष्ट्रीय स्तर पर ख्याति प्राप्त संग्राहक, और प्रशंसित कला संग्रहालय ने इन केंद्रीय आंकड़ों को अपने पंखों के नीचे ले लिया है, यदि आप कला के क्षेत्र में अनुभव डालेंगे तो मैं, व्यक्तिगत रूप से, यह देखने के लिए उत्सुक हूँ कि अगले सौ साल क्या लायेंगे। इसके अलावा, मुझे उम्मीद है कि कम से कम एक कला संग्रहकर्ता जो मेरे पास है, उसकी एक कहानी जो आपके साथ प्रतिध्वनित होती है और आपको कला संग्रहकर्ता बनने या कला संग्रह करने के लिए प्रेरित करेगी।

xiii | द ब्लैक मार्केट

अध्याय – 1

कला से पहले पुस्तकें एकत्र करें

क्यों आपको एक विशाल अफ्रीकी–अमेरिकी कला

पुस्तक संग्रह की आवश्यकता है

अंतर्दृष्टि, शीर्षक पढ़ना चाहिए और अधिक

अपनी कला संग्रह करने से पहले, आपको अपने पुस्तक संग्रह को विकसित करने की आवश्यकता है।

हाँ, किताबें महँगी हैं। हालांकि,ये बहुत कम खर्चीले हैं, गलत कला खरीदने से। आखिरकार, यहाँ तक कि सबसे अनुभवी संग्राहकों को भी अपना होमवर्क करना पड़ता है – और संग्रह प्रक्रिया के शुरुआती चरणों में किताबें किसी भी कलाकार पर दृश्य अंतर्दृष्टि, सांस्कृतिक विश्लेषण और पृष्ठभूमि जानकारी का एक आदर्श संयोजन प्रदान कर सकती हैं। इसलिए, पुस्तक–संग्रह की प्रक्रिया को सहज बनाने के लिए यथासंभव मैंने आपके लिए इसे वर्गीकृत किया है। जिससे आपके शस्त्रागार में, आपको समकालीन कला की बेहतर समझ होगी – विशेष रूप से, समकालीन अफ्रीकन–अमेरिकन कला बिल्कुल कुछ समय में। मैं आपको उन कार्यों के साथ शुरू करने के लिए आमंत्रित करता हूँ जो नीचे दी गई पूरी सूची से गुजरने से पहले आपसे अपील करते हैं।

कैसे देखें और कैसे देखनें के तरीके

निम्नलिखित दो शीर्षक रणनीति प्रदान करते हैं की कला को कैसे देखें और समझें।

जॉन बर्जर द्वारा देखने के तरीके

आस-पास की सबसे प्रभावशाली कला पुस्तकों में से एक, डबिंग ऑफ वेज़िंग ऑफ़ सीइंग उसी नाम की बीबीसी टेलीविजन श्रृंखला पर आधारित है (आलोचकों और दर्शकों द्वारा समान रूप से प्रिय)। यह देखता है कि दर्शक चित्रों को कैसे देखते हैं और समझते हैं, नए और नए तरीकों से कला का पता लगाने के लिए रणनीति पेश करते हैं। 1972 में प्रकाशित, यह आधुनिक कला की दुनिया का एक प्रमुख केंद्र बना रहा।

ओसियां वार्ड द्वारा देखने के तरीके

2014 में प्रकाशित, वार्ड का शीर्षक इस बात की जाँच करता है कि समकालीन कला का सबसे अच्छा अनुभव कैसे किया जाए। पुस्तक नवीनतम "मूवर्स और शेकर्स" और उनकी चलचित्र कृतियों को समझने के लिए एक सीधा छह-चरण सहायता प्रदान करती है। आलोचनात्मक दृष्टि से, लेकिन खुले दिमाग के साथ प्रत्येक टुकड़े का मूल्यांकन करने पर एक स्पष्ट जोर है। कला के मूल्यांकन के उनके प्रयासों में पाठक इस पुस्तक की सामग्री को अपने साथ आगे ले जाएँगे। यह बर्जर के देखने के तरीके एक महान अनुवर्ती पुस्तक है।

कलाकार प्रबंध

एक कलाकार की प्रबंध उसके व्यक्तिगत कलाकार के जीवन और कार्य पर प्रकाश डालती है। आपके पढ़ने के आनंद के लिए कुछ निश्चित शीर्षक यहां दिए गए हैं।

केरी जेम्स मार्शलः इयान अल्टेवीर, हेलेन मोल्सवर्थ

इस पुस्तक में विपुल चित्रकार केरी जेम्स मार्शल की 100 से अधिक रचनाएँ हैं। अपनी यात्रा को पूर्वव्यापी मानते हुए, इसमें प्रसिद्ध आलोचकों द्वारा कलाकार के स्वयं के शब्दों और कल्पना के साथ निबंध शामिल हैं। यह प्रबंध विशद और अमूर्त कला को विषय के हिसाब से व्यवस्थित करता है।

कैरी मॅई वेम्सःकॅथ्रीन डेलमेज़ द्वारा तीन दशको से फोटो खीचने और वीडियो बनाने की कला

दैनिक जीवन और सामाजिक टिप्पणी के शक्तिशाली मिश्रण के लिए आगे नहीं देखें। 1970 के दशक के उत्तरार्ध से, कैरी मै वेम्स की फोटोरेखांकन, फिल्मों और स्थापनाओं ने सामाजिक न्याय विषयों और बड़े पैमाने पर अफ्रीकी–अमेरिकी अनुभव का एक प्रामाणिक दृश्य प्रस्तुत किया है। इस संग्रह में पाठक निबंधों का आनंद लेंगे वीम्स के 200 में से सबसे अधिक प्रासंगिक टुकड़ों का।

उपभोग की कहानियाँः रेबेका पीबॉडी द्वारा कारा वाकर और द इमेजिनिंग ऑफ़ अमेरिकन रेस

पीबॉडी का काम दृष्टिकोण बताने वाली कहानी लेना और जांच करना है समकालीन अमेरिकी कलाकार कारा वाकर का काम, दीवारों की स्थापना से उत्पादन के टुकड़ों की खोज करना और कस्टम थिएटर पर्दे के लिए फोटोकॉपी निकलना है। यह प्रबंध परीक्षा रेस, पॉवर और इच्छा के आख्यानों का वर्णन करती है, जो उसके अभी भी सामने आने वाले पेशे के दौरान वॉकर का अनुसरण करती है।

चार्ल्स गेंस द्वारा हेनरी टेलर :

तीन दशकों के लिए, प्रसिद्ध हेनरी टेलर ने न्यूयॉर्क, लॉस एंजिल्स, अफ्रीका और यूरोप के प्रभावशाली दृश्यों को प्रमाणित किया है, प्रामाणिकता, जीवंत रंगों और अमूर्तता के साथ अपने आंकड़े का दस्तावेजीकरण किया है। पाठक टेलर के 200 से अधिक चित्रों की विशेषता वाले इस निश्चित प्रबंध पर जोर देंगे, हर एक हस्तलिखित विवरण के साथ।

प्रदर्शनी सूचीपत्र

पाठक अपने पुस्तक संग्रह में निम्नलिखित समकालीन कलाकारों के सूचीपत्र पढ़कर उनके संग्रह में एक संकेत जोड़ सकते हैं।

हॉवर्डेना पिंडेल की "ऑटोबायोग्राफी" –गर्थ ग्रीनन गैलरी, न्यूयॉर्क (2019)

यह सूचीपत्र प्रतिष्ठित कलाकार हॉवर्डेना पिंडेल के जीवन और करियर की गहरी अंतर्दृष्टि प्रदान करता है। 1979 में हुई, एक कार दुर्घटना ने कलाकार की तीव्र स्मृति हानी कर दी –एक विनाश और पुनर्निर्माण का प्रतीक जिसे उसने बाद में अपने चलचित्र के कामो में खोजा। पाठक इस प्रदर्शनी सूची से कट और सिले स्ट्रिप्स, घूमता स्वरूप और जटिल सतहों की उम्मीद कर सकते हैं।

टाइटस कपार की "यूनीसः हमारा अतीत एक नई रोशनी में" – स्मिथसोनियन संग्रहालय, नेशनल पोर्ट्रेंट गैलरी (2019–2020)

इस प्रदर्शनी सूचीपत्र में टाइटस कपार, चित्र और अमेरिकी इतिहास दोनों में अयोग्य समुदायों की नाराजगी की जाँच करता है। कलाकार हमारे राष्ट्र की स्थापना, अवहेलना और उसके चित्रों में मौजूद आंकड़ों को वापस छोड उसी के रूप में जल्दी से किए गए रंग के लोगों के बलिदान से यह प्रकट होता है कि ऐतिहासिक नेता अपने प्रणालीगत पूर्वाग्रहों को कैसे छिपाते हैं।

नैट लुईस की "लेटेंट टेपेस्ट्रीस" –फ्रीडमैन गैलरी (2020)

"लेटेंट टेपेस्ट्रीज़" में मूर्तिकला, फ़ोटो खीचने की कला, स्याही और ग्रेफाइट चित्रकारी के तत्वों का मिश्रण है, जिससे पता चलता है कि कलाकार ने नाजूक नर्सिंग अनुभव से दौड़ को कैसे चुनौती दी। कागज पर जोर देने के साथ, नैट लुईस स्वरूप और बनावट बनाता है ताकि वे कोशिका ऊतक से मिलते जुलते हों। यह एक संरचनात्मक दृष्टिकोण है जो दर्शकों ने आधुनिक कला का अनुभव करने के तरीके के साथ प्रयोग करने से सीखा।

विविध पुस्तकें

ये कार्य समकालीन अफ्रीकी–अमेरिकी अनुभव से संबंधित विषयों पर एक विशिष्ट, विशद रूप प्रदान करते हैं।

डैंडी लायनःशांतिरेल लेविस द्वारा द ब्लैक डैंडी और स्ट्रीट स्टाइल

वाइब्रेंट सूट, विस्तृत धनुष संबंध, और रंगीन सामान आधुनिक "बांका" की शैली का प्रतीक हैं। शंट्रेल पी। लुईस ने इस आंकड़े को एक "उच्च–शैली के विद्रोही" के रूप में परिभाषित किया और अपने काम में खुलासा किया कि कैसे इन व्यक्तियों ने वेश–भूषा को बदलने में मदद की है, लेकिन इसका क्या मतलब है कि यह काला, सुशोभन और मर्दाना हो। यह घुमावदार संग्रह अंतरंग तस्वीरों और विद्युतीकरण स्वरुप के साथ बांका उपसंस्कृति को दर्शाता है।

समीला लुईस द्वारा समीला लुईस और अफ्रीकी अमेरिकी अनुभव

इस काम में, डॉ समीला लुईस–एक लेखक, आलोचक, प्रोफेसर, इतिहासकार और चलचित्र कलाकार अपने आप में– उन व्यक्तियों के जीवन की पड़ताल करती हैं, जो अफ्रीकी–अमेरिकी कला पर ध्यान केंद्रित करते हैं। लॉस एंजिल्स और राष्ट्रीय कला समुदायों में एक प्रभावशाली आवाज, कला बनाने और इकट्ठा करने के लिए इसका क्या अर्थ है, इस पर एक अनूठा परिप्रेक्ष्य प्रदान करती है।

आई टू सिंग अमेरिकाः विल हेगुड द्वारा द हार्लेम पुनर्जागरण 100

विल हेगुड की परियोजना, हार्लेम पुनर्जागरण के लिए, यह एक प्रेम पत्र है। लेखक चित्रों, प्रिंटों, तस्वीरों, मूर्तियों और लिखित पंचांग पर ध्यान केंद्रित करके लोगों, कला, साहित्य, संगीत और युग के सामाजिक इतिहास को प्रकाशित करता है। रोमरे बेयर्डन, एलन रोहन क्राइट, पामर हेडन, जैकब लॉरेंस और जेम्स वान डेर ज़ी कुछ विशेष रुप से काले दृश्य कलाकारों में से एक हैं।

उन्नत पढ़ने

अमेरिकी कला और समकालीन कला संग्रह की अपनी समझ को आगे बढ़ाने के लिए निम्नलिखित शीर्षकों पर विचार करें।

अमेरिकी सदीःबारबरा हास्केल द्वारा कला और संस्कृति (1900–1950)

एक साल की व्हिटनी संग्रहालय प्रदर्शनी का विषय, यह पुस्तक 20 वीं शताब्दी की पहली छमाही से सबसे प्रसिद्ध अमेरिकी कला का प्रदर्शन प्रस्तुत करती है। प्रसिद्ध और कम–प्रसिद्ध दोनों कलाकारों के कामों को दर्शाते हुए, संस्करण उस सांस्कृतिक बदलाव को शामिल करता है जो इस समय के दौरान हुआ था और कला को सूचित किया था। बारबरा हास्केल की पुस्तक समृद्ध, विस्तृत, और सामाजिक राजनीतिक समय पे है। पाठक पाठ में शामिल 750 पूर्ण–रंग और डुओ–टोन चित्रणों को महत्व देंगे।

द अमेरिकन सेंचुरी:लिसा फिलिप्स द्वारा आर्ट एंड कल्चर

पिछले शीर्षक की एक निरंतरता, लिसा फिलिप्स का काम 20 वीं सदी के अंत में द्वितीय विश्व युद्ध के तुरंत बाद अमेरिकी कलाकारों पर प्रकाश डालता है। जैक–बेटे पोलक से लेकर विलेम डी कुनिंग और अन्य कलाकारों तक, यह पुस्तक युद्ध के बाद की अमेरिका में शैली, प्रदर्शन और आविष्कार पर जोर देती है। इस खंड में भी 750 पूर्ण–रंग और डुओटोन चित्र शामिल हैं।

कलाकारों का जीवन: कैल्विन टॉमकिंस द्वारा एकत्रित रूपरेखा हार्डकवर

विपुल पत्रकार केल्विन टॉमकिंस द्वारा लिखे गए कलाकार प्रोफाइल का यह संग्रह 1960 के दशक से लेकर आज तक के आधुनिक कला में सर्वश्रेष्ठ को उजागर करता है। छठा संस्करण सिंडी के प्रसिद्ध कलाकार लेखक द्वारा संकलित है। यह किताब कला इतिहास और मानव हित के प्रतिच्छेदन पर है, जिसमें कभी–कभी विकसित होने वाली दुनिया के विपरीत कलाकारों की कृतियों को दिखाया गया है।

अफ्रीकी अमेरिकी कला का संग्रहःहलीमा ताहा द्वारा कैनवास

विशेष रूप से कागज पर काम करता है जो कि समकालीन अफ्रीकी–अमेरिकी कला पर ध्यान केंद्रित करते हैं, वे इस पृष्ठ–टर्नर को खा जाएंगे। इस पुस्तक में, हलीमा ताहा ने इस मिथक को दूर करने के लिए अथक परिश्रम किया है , की संग्रह कला केवल धनी लोगों के लिए है। संग्राहकों को शुरुआती संसाधन देने के लिए होती है जिन्हें उन्हें फेंकने की आवश्यकता है, पुस्तक में लगभग 200 कार्य शामिल हैं, जिसमे कलाकारों की एक श्रृंखला है,जो डीलरों के साथ काम करने पर व्यावहारिक सलाह प्रदान करते हैं। संग्राहक बनने के टिकट के लिए इस गाइड को एक–तरफ़ा समझें ।

राल्फ एलिसन द्वारा अदृश्य आदमी

जब मैं इस पुस्तक को लिख रहा था, तब एलिसन का काम एक छलावा बन गया था, जिसमें मैं जिन कलाकारों पर शोध कर रहा था, उनके द्वारा लीटरमोटिफ की समीक्षा की गई थी। पुस्तक में अमेरिका और दुनिया भर में कई काले लोगों द्वारा सामना किए गए सांस्कृतिक और गहन मुद्दों पर चर्चा की गई है। प्रसिद्ध अंतिम वाक्य, "कौन जानता है? की कम आवृत्तियों पर, मैं आपके लिए बोलता है" नायक द्वारा सामना की गई शत्रुता की व्याख्या करता है।

कॉर्नेल वेस्ट द्वारा रेस मैटर्स

डॉ कॉर्नेल वेस्ट, एक प्रमुख नागरिक अधिकारों का आंकड़ा करने वाला व्यक्ति, जिसे नैतिक अधिकार और सांस्कृतिक समावेश पर अच्छी समझ है।यह पुस्तक अमेरिका में नस्लीय पूर्वाग्रहों और विषमताओं पर बातचीत करती है जो गहरे रंग की त्वचा वाले लोगों द्वारा महसूस की जाती है। मैंने इसे बक्शीश खंडमें रखा , लेकिन यह वास्तव में किसी के द्वारा अवश्य पढ़ना चाहिए जो प्रणालीगत नस्लवाद के बनावट को समझना चाहता है।

स्टोनी द रोडः रीकंस्ट्रक्शन, व्हाइट वर्चस्व और हेनरी लुई गेट्स जूनियर द्वारा जिम क्रो का उदय

विषय बोल्ड है। कुछ लोगों को लगता है कि अमेरिका में अश्वेतों और गोरों के समान नागरिक अधिकारों का युग समाप्त हो गया। डॉ गेट्स नोट करते हैं,की कई लोगों के लिए इस दासता का पता लगाना संभव था, फिर भी दास और पूर्व में समान जुनून के साथ गुलाम बनाए रखने की जरुरत ने, अमेरिका में एक काले राष्ट्रपति को अनुमति दी, जबकि इसके तुरंत बाद यह एक अनपेक्षित रूप से नस्लवाद को चुना गया।

एल्बम कवरः कान्ये वेस्ट द्वारा स्नातक

कान्ये ने कलाकारों ने तब से सहयोग किया है जब से उन्होंने समर्थक नृत्य और रैपिंग शुरू की। विर्जिल अब्लोह और केएडब्ल्यूएस के साथ अपने एल्बम 808 में माई ब्यूटीफुल डार्क ट्विस्टेड फैंटेसी जॉर्ज कॉन्डो कवर के सहयोग से, वह अपने विचारों को जीवन में लाने के लिए कलाकारों को जारी रखते हैं। एल्बम कवर के रूप में, मैं पाठकों को ताकाशी मुराकामी की रचनाओं और समकालीन कला पर उनके निशान का पता लगाने के लिए आमंत्रित करता हूँ।

इन कला पुस्तकों पर एक शब्द

ये कुछ शीर्षक हैं जिन्हें आप अपनी पुस्तक कॉललेन में जोड़ना चाहेंगे, क्योंकि आपने समकालीन अफ्रीकी–अमेरिकी कला अंतरिक्ष में अपने आप को विसर्जित किया हैं। मैं आपको इन कार्यों के साथ बैठने के लिए आमंत्रित करता हूँ, मैं इन्हें अपने पसंदीदा माध्यम से कुछ समय बिताने के लिए खर्च करता हूँ, और सावधान नोट लेता हूँ ताकि आप आत्मविश्वास के साथ कला एकत्र करना शुरू कर सकें।

प्द कमपिदपजपअए ुनमेजप सपइतप जप ॑पनजमतंददव ॑ हमजजंतम सम ईंप चमत पस जनव ॑नबबमेवण ॕचमतव बीम वतं चवेपंजम अपेनंसप्रंतम सम दनवअम वचमतम कश्ंतजम पद उवकव बीपंतव म ॑मद्रं वेजंबवसपए पस जनजजव उमदजतम संअवतंजम चमत ॑अपसनचचंतम नदं बवससम्रपवदम कश्ंतजम ॑पहदपपिबंजपअं म बवमेंण

कैटलॉग में संग्रहालय गाइड, पुरानी नीलामी आदि शामिल हैं। कैटलॉग, कला पत्रिकाः इनमें से कोई भी सूचीबद्ध नहीं है, लेकिन मुझे लगता है कि वे पिछले एकत्रित सिद्धांतों को और निजी संग्राहकों के दिमाग में क्या है यह समझने में बहुत मददगार साबित हो।

अध्याय— 2

हर दशक में जन्म लेने वाला एक अश्वेत कलाकारः 1900 से 1990

अफ्रिकी— अमेरिकी और अफ्रीकी डायस्पोरा कला इस अतीत सदी में संभवतः अवधि की सबसे अच्छी कला में से रही है।

एर्गो, इस काम के लिए कला और संस्कृति दोनों में महानता एकत्र करना है। नॉर्मन लुईस, केरी जेम्स मार्शल और मारियो मूर जैसे मास्टर चित्रकारों ने अमेरिका और दुनिया भर में कुछ सबसे प्रतिष्ठित कला संस्थानों में काम किया है। यहाँ मैंने उन कलाकारों में से कुछ को उजागर करने की स्वतंत्रता ली है। मैंने एक कलाकार को चुना, जिसका जन्म प्रत्येक दशक में 1900 से 1990 तक हुआ था। कुछ उदाहरणों में, मैंने एक संक्षिप्त इतिहास दिया और एक टुकड़ा चुना (जैसा कि नॉर्मन लुईस के मामले में है), या कार्यों की एक श्रृंखला का वर्णन किया (जैसा कि जैकब लॉरेंस की युद्ध श्रृंखला के मामले में है)। मुझे अपने समय के कुछ सबसे प्रभावशाली जीवित अमेरिकी कलाकारों से मिलने का सुख मिला है जैसेः डेरिक एडम्स, हावर्ड पिंडेल, मारियो मूर, और त्चाबाला स्व। इन कलाकारों के साथ मेरे मुठभेड़ों और साक्षात्कार के अंशों को उच्च प्रकाश के साथ ध्यान में रखा गया है। इसे अफ्रीकी—अमेरिकी कला के इतिहास का गहन विश्लेषण नहीं माना जाना चाहिए, बल्कि उन कलाकारों के बारे में मेरा चयन है जिन्होंने इस पुस्तक को लिखने के मेरे कारण को प्रभावित किया है। यह ध्यान देने योग्य है कि ये सभी कलाकार महत्वपूर्ण हैं, न केवल उनकी कला के कारण, बल्कि उनके मौद्रिक मूल्य, सामाजिक प्रतिष्ठा, और काली संस्कृति के आख्यान के महत्व के कारण।

नॉर्मन लुईस (बी. 1909)

अमेरिकन टोटेम आपको अमर बनाता है। 2019 के वसंत में व्हिटनी संग्रहालय द्वारा इसके अधिग्रहण के बाद पेंटिंग की लंबाई पर चर्चा की गई थी। यह नॉर्मन लुईस की सबसे प्रतिष्ठित पेंटिंग में से एक है। कैनवास हर कोण से विपरीत निकलता है: काले बनाम सफेद, तेज बनाम नरम, जो धीरे–धीरे अभी भी आंदोलन और रहस्य के साथ व्याप्त है। यह सुंदर है और अत्यधिक राजनीतिक है। कलाकार के "सिविल राइट्स" चित्रों में से एक, एक कूबड़ क्लान के एक हूड सदस्य के असंतोषजनक टोटेम प्रतिनिधि को दर्शाता है। निरीक्षण करें, आपको शिथिल रूप मिलेगा: एक खोपड़ी यहाँ, एक मुखौटा वहाँ।

नॉर्मन लुईस का जन्म न्यूयॉर्क शहर के हार्लेम क्षेत्र में हुआ था और बीसवीं शताब्दी के अंत में वहाँ पले–बढ़े। एक चित्रकार के रूप में, उन्होंने कला के अपने अनूठे सार कार्यों के माध्यम से काले अनुभव के बारे में अपने विचार व्यक्त करने का निर्धारित किया था। अमेरिकन टोटेम एक अमेरिकी त्रासदी का चित्रण है। पेंटिंग के हिस्से– हूड का प्रतीक, आँखों की रिक्ति– सभी के लिए महत्वपूर्ण हैं। एक अमेरिकी सांस्कृतिक अध्ययन के दृष्टिकोण से, यहाँ खोज करने के लिए बहुत कुछ है।

अमेरिकी टोटेम की अधिक विस्तार से समीक्षा करने से पहले, दर्शक लुईस के जीवन और करियर के अनुमान पर विचार कर सकता है। लुईस को आमेर – समाज की जटिलता से उनके हड़ताली चित्रण के लिए सराहना मिली। कई लोग उनके काम को काव्यात्मक और सामाजिक रूप से जागरूक मानते हैं। लेविस ने अपनी दृष्टि का संचार किया और आपको अतिरिक्त टिप्पणी दी: काम जटिल है और कभी–कभी स्पष्टीकरण आवश्यक है।

यह हमेशा से मामला नहीं था लुईस ने अपने पेशे को एक सामाजिक यथार्थवादी के रूप में शुरू किया, जिसमें गरीबी और नस्लवाद की असमानता को एक कुंद, सीधे–सादे तरीके से दिखाया गया था। हालाँकि, उन्होंने जल्द ही यह कहा कि "एक उदाहरणात्मक कथन को चित्रित करना जो केवल कुछ सामाजिक परिस्थितियों को दर्शाता है" परिवर्तन के लिए एक आदर्श एजेंट नहीं था, और कलाकार ने उसी के अनुसार अपना ध्यान केंद्रित किया।

आज वह न्यूयॉर्क स्कूल ऑफ एब्सेंट एक्सप्रेशनिस्ट कलाकारों से जुड़े कुछ

काले चित्रकारों में से एक है। वासिली कैंडिंस्की और मार्क टोबी से प्रेरित , यह 1946 के आसपास था कि लुईस अमूर्त अभिव्यक्तिवादी कलाकारों की इस पहली लहर में शामिल हो गए— एक समूह जिसमें फ्रांज क्लाइन, विलेम डी कूनिंग, जैक्सन पोलक, और अन्य जेस्चरल चित्रकार शामिल थे। हाँलांकि, लुईस ने नस्लीय असमानता के बारे में चर्चा करने के लिए प्रतिबद्ध किया, सभी ने आंकड़े निकालते समय दर्शक को कला की अपनी महारत के पीछे अपने विचारों को इकड्ठा करने की अनुमति दी।

लुईस चाहता था कि उसकी कला उसके लिए खुद बोले। उन्होंने कहा, "मैं आलोचना से ऊपर उठना चाहता था ताकि मेरे काम के बारे में इस तथ्य पर चर्चा न हो कि मैं काला हूँ"। आप कह सकते हैं कि लुईस ने अमेरिकी टोटेम के साथ यह लक्ष्य हासिल किया। उन्होंने अपने "नागरिक अधिकार " श्रृंखला के उज्ज्वल सुलेख रूपों से संक्रमण के दौरान तेल चित्रकला को पूरा किया— स्टार्क ब्लैक–एंड–व्हाइट पेंटिंग से बना एक संग्रह, जो नकारात्मक स्थान से भरा था, जिसने अमेरिकी इतिहास में एक विपत्तिपूर्ण अवधि का पता लगाया।

व्हिटनी क्यूरेटर डेविड ब्रेसलिन ने दावा किया कि अमेरिकन टोटेम में अभूतपूर्व पहुँच और सामूहिक अपील शामिल है। "एक सराहनीय नायक द्वारा नागरिक अधिकार आंदोलन को ऊंचाई पर लाया गया", यह काम व्हिटनी के स्थायी संग्रह की 2020 प्रदर्शनी में प्रदर्शन पर 1900–1965 के संग्रहालय के चयन का एंकर रहा।

1976 में कनी में अपने पूर्वव्यापी के लिए आयोजित एक साक्षात्कार में, लुईस ने कहा कि उन्होंने अपने करियर में पहले सामाजिक विषयों को चित्रित किया क्योंकि उनका मानना था कि इससे लोगों के सोचने का तरीका बदल जाएगा यदि वे यह देखना चाहते हैं कि काले लोगों के साथ क्या हो रहा था। बाद में वह अमूर्त चित्रों की ओर मुड़ गया, यहाँ तक कि स्पष्ट दृष्टि में भी निर्धारित करने के बाद उन छवियों में थोड़ा फर्क पड़ा कि लोग विषय के बारे में कैसा महसूस करते हैं।

उन्हें द स्पाइरल कलेक्टिव बनाने का श्रेय दिया जाता है, कलाकारों और लेखकों का एक समूह जो नस्लीय असमानता को दूर करने के लिए कला पर ध्यान केंद्रित करता है। इसके अलावा, लुईस ने 1960 के नागरिक अधिकार आंदोलन में भाग लिया। अमेरिकी टोटेम (1960) जैसे मार्मिक, नस्लीय रूप से

उपेक्षित चित्रों को सामाजिक परिवर्तन के सीसे के माध्यम से उनके सभी चित्रों को दर्शाता है।

अंततः, जब लुईस की चित्रकला शैली वर्षों में विकसित हुई, तो उन्होंने सामाजिक न्याय पर अपना ध्यान केन्द्रित किया – एक उल्लेखनीय उपलब्धि जिसमें लुईस ने खुद को एक आंदोलन के रूप में पुख्ता किया। नॉर्मन लुईस ने एड क्लार्क, हॉवर्डना पिंडेल, और अन्य काले कलाकारों की पसंद का मार्ग प्रशस्त किया, जिनका उद्देश्य अतीत की सीमाओं को धक्का देना है, ताकि दृश्य कला का उपयोग करके अपने उपकरण के रूप में लेन बनाया जा सके।

जैकब लॉरेंस (बी 1917)

1947 में जैकब लॉरेंस द्वारा युद्ध श्रृंखला को द्वितीय विश्व युद्ध की ऊँचाइयों पर चित्रित किया गया था। अफ्रीकी–अमेरिकी अंतर्राष्ट्रीय युद्ध में दुनिया की दूसरी यात्रा के मलबे प्रतिरक्षित नहीं थे। देश की अश्वेत आबादी का अनुमानित कुल 700 का नुकसान हुआ था। जैकब लॉरेंस ने विभिन्न भावनात्मक रोलरकोस्टर का दस्तावेजीकरण करते हुए एक 14–भाग श्रृंखला बनाई।

युद्ध श्रृंखला सारांश

सबसे अधिक तारीफ एक कलाकार को तब प्राप्त होती है, जब एक सहकर्मी उनके काम की प्रशंसा या प्रेरणा दे। डेरिक एडम्स ने प्रसिद्ध रूप से प्रैट इंस्टीट्यूट में आवेदन किया क्योंकि जैकब लॉरेंस ने एक बार वहाँ पढ़ाया था। संभवतः 20 वीं शताब्दी के सबसे प्रसिद्ध अफ्रीकी–अमेरिकी कलाकार, जैकब लॉरेंस उतने ही प्रफुल्लित थे जितना वे चाहते थे। अपने पूरे जीवन और करियर के दौरान, गिफ्ट किए गए कलाकार ने टुकड़ों के हुन–ड्रेज को चित्रित किया, जिनमें से कई पूरे अमेरिका के संग्रहालयों में केंद्रीय आकर्षण बन गए हैं।

जैकब लॉरेंस के काम अब कई संग्रहालयों के स्थायी आवास में रहते हैं, जिनमें व्हिटनी संग्रहालय, आधुनिक कला संग्रहालय और महानगर संग्रहालय और कला शामिल हैं। लॉरेंस को गहरे भूरे रंग के काले भूरे और काले आंकड़ों का उपयोग करते हुए अफ्रीकी अमेरिकी अनुभव को दर्शाने के लिए जाना जाता था। हाँलांकि वह हमेशा इस राय पर थे कि कोई "एक पेंटिंग में एक कहानी

नहीं बता सकता है", उन्होंने अपनी पेंटिंग के माध्यम से गहन संवेदनाओं को व्यक्त किया।

शायद इस व्यापक आघात में अफ्रीकी–अमेरिकी परिस्थितियों के बारे में गहन कहानियों को बताने की क्षमता थी जिसने उन्हें अपने समय के सबसे महत्वपूर्ण अफ्रीकी–अमेरिकी आंकड़ों में से एक बना दिया। उन्होंने अपनी

सामाजिक टिप्पणी को आगे बढ़ाने में अक्सर ऐतिहासिक घटनाओं को अपनाया। उनके कुछ उल्लेखनीय संग्रहों में प्रवास और युद्ध श्रृंखला शामिल हैं।

व्हिटनी संग्रहालय के स्वामित्व वाली युद्ध श्रृंखला उन घटनाओं के लिए जादुई है जो लॉरेंस ने अपने 14 टुकड़ों के माध्यम से वर्णित की है। उन्होंने उस समय कुछ कमी देखी थी– काले और गोरे अमेरिकियों ने एक ही स्थान और परिस्थितियों को साझा किया था ।

तथ्य यह है कि उनकी गहराई का एक सामाजिक रूप से जागरूक चित्रकार इन घटनाओं का गवाह और वर्णन करने के लिए हाथ पर था,जो इस संग्रह को और भी महत्वपूर्ण बनाता है।

वास्तविक जीवन और इतिहास

1917 में पैदा हुए जैकब लॉरेंस का पालन–पोषण न्यूयॉर्क शहर में हुआ था। हालाँकि वह शहर में पैदा नहीं हुआ था, उसकी पेंटिंग हार्लेम के आकार और रंगों की गहराई से प्रभावित थी। उन्होंने बहुत कम उम्र में पेंटिंग शुरू कर दी थी और शिक्षकों(जैसे कि अफ्रीकी अमेरिकी कलाकार चार्ल्स अल्स्टन) द्वारा उनकी प्रतिभा का पता लगाने के लिए प्रोत्साहित किया गया था। कम उम्र से ही, लॉरेंस की अनूठी शैली और कला के माध्यम से सामाजिक टिप्पणी पर ध्यान पहले से ही स्पष्ट हो रहा था। सिर्फ 21 साल की उम्र में, हाईटियन जनरल, टूसेंट ल'वर्तुरे पर चित्रों की उनकी श्रृंखला, बाल्टीमोर संग्रहालय कला में प्रदर्शित की गई थी। इसके बाद हैरियट टूबमैन, फ्रेडरिक डगलस और जॉन ब्राउन के जीवन के अन्य पेचीदा टुकड़े, उन्मूलनवादी और प्रतिरोध आंदोलनों के सभी प्रतिष्ठित आंकड़े थे।

उनकी प्रवासन श्रृंखला में अमेरिकी दक्षिण से उत्तर तक अफ्रीकी अमेरिकियों के प्रवास के 30 चित्रों को शामिल किया गया, उनके कथा ने चित्र कौशल को पुख्ता किया और देश के लिए अपनी दृष्टि की पूरी तरह से घोषणा की। इस

पृष्ठभूमि को ध्यान में रखते हुए, कोई भी संदर्भ और समपार्श्व की सराहना कर सकता है जिसके माध्यम से उसने द्वितीय विश्व युद्ध की घटनाओं को अपनी युद्ध श्रृंखला के माध्यम से देखा और दर्ज किया।

युद्ध श्रृंखला पेंटिंग

द्वितीय विश्व युद्ध के फैलने पर, लॉरेंस को यूएस कोस्ट गार्ड में नियुक्त किया गया, जहाँ उन्होंने सार्वजनिक मामलों के विशेषज्ञ के रूप में कार्य किया। अपने पहले वर्ष में, उन्होंने सेंट ऑगस्टाइन, फ्लोरिडा में एक नस्लीय अलगाव वाली रेजिमेंट में सेवा की। अफ्रीकी अमेरिकियों को दुनिया के दूसरे दौरे के मलबे से बचने के लिए प्रतिरक्षण नहीं थी। जैसा कि पहले उल्लेख किया गया है, राष्ट्र की अश्वेत आबादी का अनुमानित कुल 700 का नुकसान हुआ।

हालांकि, बाद में उन्होंने तटरक्षक कलाकार के रूप में नस्लीय रूप से एकीकृत पलटन में सेवा की। इस तरीके से, वह नस्लीय रूप में एकीकृत चालक दल के साथ पहली नौसेना नाव पर अपनी सेवा के माध्यम से अभूतपूर्व घटनाओं का एक और गवाह बना।

उन्होंने 1946 में सेना से छुट्टी के बाद एक गुगेनहाइम फैलोशिप पर युद्ध श्रृंखला को चित्रित किया। श्रृंखला में 14 टुकड़े के साथ, प्रत्येक प्रगतिशील कथा में एक पृष्ठ का गठन करता है जो उनकी सैन्य सेवा थी।

हाँलांकि बहुसंख्यक राय यह है कि लॉरेंस ने इस श्रृंखला को एक प्रकार की आत्मकथा के रूप में चित्रित किया और अपने युद्ध के अनुभवों का सीधे प्रलेखन किया, जो कुछ आलोचकों में भिन्नता भी रही। वे कलाकारों के नस्लीय विषयों पर सामाजिक निरंतरता और सेवा के दौरान उनके द्वारा देखे गए एकीकरण के हिस्से के रूप में चित्रों को देखते हैं। दोनों राय मान्य हैं, क्योंकि यह तर्क है कि चित्रों ने आत्मकथा और सामाजिक टिप्पणी को संयुक्त किया। लॉरेंस ने पहले से ही अपने चित्रों में गहरे मुद्दों से निपटने के लिए पर्याप्त रूप से प्रदर्शित किया था। यह संभावना नहीं थी कि वह युद्ध के सामाजिक महत्व और नस्लीय एकीकरण से अनजान होगा।

श्रृंखला के 14 टुकड़े युद्ध की वास्तविकताओं और भावनाओं के बंडल को रिकॉर्ड करते हैं जो एक आदमी के हाथ में है जिसने कि "चीजों को पेंट करने

की कोशिश की है जैसा कि मैं उन्हें देखता हूँ।" बनाने के लिए सच है, चित्र पूरी तरह से स्पष्ट हैं, अतिरंजना या विस्तार से रहित हैं।

वे पहले सूची से भेजे जाते है और अंतिम से अंतिम तक विजय प्राप्त करते हैं। यह पूछे जाने पर कि कौन सा टुकड़ा उनका पसंदीदा था, लॉरेंस ने अनुमान लगाकर प्रार्थना को चुना।

इस टुकड़े ने प्रार्थना के दौरान झुके हुए अपने सिर के साथ एक जहाज के सिर के सामने घुटने टेकते हुए एक आंकड़ा चित्रित किया। जहाज में आंतरिक गहरे ब्लूज़ के साथ आकृति के गहरे भूरे विपरीतता की भावना पैदा करने के लिए, न केवल पोत की बल्कि समुद्र की भी विशालता जरूरी थी । यह उस परम व्यर्थता को दर्षित है जिसे मनुष्य अपने प्रयासों के किनारे पर महसूस करता है और महान संघर्ष के समय उच्च शक्ति में अर्थ खोजने की वृत्ति करता है। पैनल एक विरोधाभास का भी प्रतिनिधित्व करता है जो चित्रों के युद्ध विषय के खिलाफ खड़ा रहा।

श्रृंखला में टुकड़ों द्वारा चित्रित भावनाओं के रोलरकोस्टर में सिर्फ एक सूची है। पेंटिंग शिपिंग आउट की भयानक संभावनाओं के माध्यम से ले जाती हैं। कथा के माध्यम से दौड़ते समय, यह भाग्य और परिस्थितियों में स्पष्ट एकीकरण का एक सूक्ष्म अनुस्मारक है जो युद्ध के वर्षों के दौरान अश्वेतों और गोरों दोनों के पास था।

अंतिम पैनल, विजय, एक घुटने टेकने वाले व्यक्ति का चित्रण करता है, जिसकी मुद्रा सब कुछ दिखाती है। पैनल और रंगों का दब्बू स्वर "पलक" को उस पल की अनुभूति कराता है, जब सैनिक को लगता है कि युद्ध में उसे जितना हासिल हुआ था, उससे कहीं अधिक उसने खो दिया था।

आकृति के हाथ अपने आप एक कहानी सुनाती है। बाएँ हाथ दाएँ की तुलना में हल्का रंगा है, और दोनों बीच में एक राइफल पकड़ा है। यह संयुक्त प्रयासों के लिए एक संकेत है जिसमे एक सेना पूरी तरह से अभियान के लिए एकीकृत है परंतु इसमें अंततः हिंसा के माध्यम से भाईचारा है।

14–पैनल वार सीरीज संग्रह में टुकड़ों की पूरी सूची :

❖ प्रार्थना

❖ एक और गश्ती

- ❖ भेजा जा रहा है
- ❖ चेतावनी
- ❖ अक्षर
- ❖ डॉकिंग – सिगरेट, जो?
- ❖ छुट्टी पर
- ❖ चौकी
- ❖ बैंगनी दिल
- ❖ कितनी देर?
- ❖ हताहत – युद्ध पछतावा के सचिव
- ❖ गुम बताया गया
- ❖ घर जा रहा है
- ❖ विजय

एड क्लार्क (बी 1926)

मुझे एड क्लार्क से मिलने का मौका कभी नहीं मिला; 2019 में उनका निधन हो गया। लेकिन जब तक मैंने किंवदंती के बारे में सुना, तब तक उन्होंने डेट्रोइट से बाहर यात्रा पर रोक लगा दी थी और उनका काम मेरी पहुँच से बाहर के स्तर तक पहुँच गया था।

एड क्लार्क भले ही न्यू ऑरलियन्स में पले–बढ़े हों, लेकिन उन्होंने शिकागो के आर्ट इंस्टीट्यूट में पढ़ाई के बाद मिडवेस्ट में अपने दाँत उकेरे। उनका पहला कार्यक्रम 1955 में शिकागो के एक वाईएमसीए में था।अपने अधिकांश लम्बे पेशे के लिए, बहुत कम संग्राहक अफ्रीकी–अमेरिकी कलाकारों और सफेद–प्रधान कला संस्थानों के कामों को खरीद रहे थे, जो कि आलोचना कारको को आगे बढ़ाने का अवसर प्रदान नहीं करते थे। हालाँकि, पेरिस कला की दुनिया में परवाह नहीं थी कि आप किस रंग के हैं। द्वितीय विश्व युद्ध के तुरंत बाद कई अफ्रीकी–अमेरिकी कलाकार जैसे एड क्लार्क को अंतरिक्ष की खोज का प्रस्ताव दिया गया। वह 1950 के दशक में वहाँ रहे थे, और तब से अक्सर यात्रा करते थे,और जब वे अपनी कला के मिश्रण में जोड़ते थे, तो तानवाला संयोजन और

संरचना के प्रभाव में कटाई करते थे।

ऐतिहासिक रूप से, अफ्रीकी–अमेरिकी कला समुदाय से उनको बहुत समर्थन मिला। अलैना सिमोन एक बहुआयामी अफ्रीकी–अमेरिकी कलाकार और विश्व पेशेवर, पहली बार 1990 के दशक के अंत में डेट्रायट में क्लार्क के काम को देखकर याद करते हैं, जो कि दिग्गज मोटर सिटी गैलरिस्ट जॉर्ज एन'नमड्डी द्वारा पेश किया गया था। "मीटिंग एड बढ़िया था," सिमोन ने आर्टनेट न्यूज़ को बताया कि "उन्होंने दुनिया कि यात्रा की थी और उन्होंने काम को चित्रित करने के लिए एक पुश झाड़ू का इस्तेमाल किया था – जो लाइनों के बाहर सोचने की उनकी क्षमता पर एक टिप्पणी की तरह था।"

निजी गैलरिस्ट अलीताश केबेडे एक लंबे समय से क्लार्क प्रशंसक हैं। उनका तीन दशकों से अधिक का करियर रहा है जिसमें उन्होंने काले कलाकारों को इकट्ठा करने और प्रदर्शित करने पर ध्यान केंद्रित किया था और खूंटी के पिग की तरह अल्स्टन को याद करते थे। केबे के अंतरिक्ष, लॉस एंजिल्स में अलीताश केबेड ललित कला ने पहली बार 1988 में एक एड क्लार्क पेंट दिखाया था। "थोड़ी देर बाद, सच सामने आता है," केबेड ने मुझसे कहा, "एड क्लार्क के रूप में एक चित्रकार को अंततः अच्छा होना चाहिए इसलिए सराहना की और सम्मान किया। "

उपलब्धियों की उनकी लंबी सूची के बावजूद लंबे समय तक क्लार्क के प्रशंसकों के लिए यह देखना अभी भी रोमांचक था कि उन्हें अपनी पीढ़ी के रंग के जीवित कलाकारों द्वारा शायद ही कभी इतना सम्मान हासिल हुआ होगा। क्लार्क ने अपनी मृत्यु से पहले मुख्य धारा की सफलता का जो आनंद उठाया, वह नेटवर्क का और भी महत्वपूर्ण नोट हो सकता है, जिसने पिछले कुछ वर्षों में स्थितियों का पोषण किया अपने नए स्तर के लिए। पिछले चार दशकों में उनके साथ काम करने वाले अन्य लोगों में पेग एलस्टन फाइन आर्ट्स, ऐतिहासिक रूप से महत्वपूर्ण न्यूयॉर्क निजी डीलर शामिल हैं, जिन्होंने काले कलाकारों की वकालत करने पर ध्यान केंद्रित किया है, और कलाकार डेविड हैमन्स जिन्हें क्लर्क के कामों का सबसे बड़ा संग्राहक कहा जाता है जो पर्दे के पीछे उनके वकील थे।

क्लार्क को हमेशा ब्लू चिप नहीं माना जाता था। 1980 के मध्य में बने झाड़ू पेंटिंग को 2007 में स्वान गैलरी में $ 25,000 पर नीलाम किया गया मगर इस

मूल्य पर भी यह नहीं बिका। मई 2019 तक फिलिप्स की नीलामी में गति निश्चित रूप से स्थानांतरित हो गई थीः 2007 का एक काम जो था $ 80,000–120,000 के बीच बेचने का अनुमान लगाया गया था वह $ 337,500 में बिका।

फेथ रिंगगोल्ड(बी 1930)

ऐतिहासिक रूप से, अफ्रीकी अमेरिकी कलाकारों को अक्सर अस्थिर किया गया था उनके काम के लिए। 1960 के दशक का नागरिक अधिकार युग एक गाली था अमेरिकी इतिहास में समय के लिए । इतनी हिंसा और क्रूरता के साथ इस अवधि के दौरान अफ्रीकी–अमेरिकियों पर केंद्रित, काले कलाकार जैसे कि फेथ रिंगगोल्ड ने कृति बनाई जिसने उससे बात की अमेरिका में अश्वेत व्यक्ति के संघर्ष के लिए । कला के कुछ टुकड़े इस प्रकार हैं जो बता रहे हैं और विश्वास रिंगगॉल्ड के "अमेरिकन पीपल सीरीज" # 20ः मरो के रूप में शोभा दे रहे हैं। "2016 में न्यूयॉर्क के आधुनिक कला संग्रहालय द्वारा अधिग्रहित। उसकी अमेरिकन पीपल सीरीज़ में 20 वाँ अंश क्या था, जब फेथ रिंगगोल्ड का समर्थन करने के लिए सैकड़ों लोग दिखाई दिए तो उन्होंने 1968 में अपनी गैलरी के उद्घाटन में अपनी उत्कृष्ट कृति का अनावरण किया। जबकि रिंगगॉल्ड के अगले हिस्से के लिए उत्साह उसे पहले से ही था। रिंगगॉल्ड दुनिया के लिए कुछ प्रस्तुत करने वाली थी । यह कहा जाता है कि एक महिला ने , 57 वीं लिफ्ट से उतरने पर न्यूयॉर्क में स्ट्रीट गैलरी पेंटिंग को देखा जो बिखरा हुआ था। रिंगगॉल्ड के अनुसार, महिला ने फिर उत्सुक होकर एलेवेटर के अंदर कदम रखा। सभी के साथ आसानी से नीचे जाएँ जो इसे देखेंगे। रिंगगॉल्ड के अनुसार, पेंटिंग, जिन दो को जोड़ती है वो पैनल और 6 फीट–दर –12 तक फैली हुई है, जो कि जैकब लॉरेंस की इतिहास की पेंटिंग के मध्य शताब्दी के पुनर्निमाण, और पिकासो की मारक कृति "गर्निका" से प्रेरित है ।1967 अमेरिका में ज्यादातर न्यूआर्क और डेट्रॉइट में हो रहे दंगे के जवाब में रिंगगॉल्ड ने मास्टरपीएस बनाने का सोचा। वर्ष 1965 और 1968 के बीच में, 150 दंगे हुए जिसमे 1,800 लोग घायल हुए और अकेले इन दंगों में 83 लोग मारे गए।

वह चाहती थी कि उसकी कृति लोगों को दिखाए कि दंगे हुए जिसमे न केवल "गरीब लोग की दुकानों तोड़ रहे थे" बल्कि वो लोग हर दशक में एक अश्वेत कलाकार के बजाय, "अपनी स्थिति बनाए रखने की कोशिश कर रहे थे,

" और कुछ लोग भागने की कोशिश कर रहे थे । "रिंगगोल्ड ने कहा कि" हर शरीर शामिल था "और बताया कि यही कारण था कि उनकी पेंटिंग के आधे आंकड़े सफेद थे जबकि अन्य काले थे, इसी कारण से उसने आंकड़े को चित्रित करने के लिए कॉकटेल कपड़े और सूट को चुना। रिंगगोल्ड की "अमेरिकन पीपल सीरीज़ # 20: डाई" एक शक्तिशाली है।

ब्लैक आर्ट का एक टुकड़ा जो अराजकता और हिंसा के लिए सच है नागरिक अधिकार युग के दौरान अनुभव किया गया। रिंगगोल्ड ने कैनवास पर हिंसा के दौरान हुए घटनाओं जैसे की दो छोटे बच्चे एक गोरा और एक काला बच्चा दिखाया गया जो कि जमीन पर गिरे हुए थे। इसलिए बहुत से लोग असुरक्षित महसूस करने लगे। यह सबसे शक्तिशाली चीजों में से एक रिंगगोल्ड की "अमेरिकन पीपल सीरीज़ # 20: डाई" को कहना होगा जिसने उस समय के बारे में इसे चित्रित गया।

फेथ रिंगगोल्ड का जन्म 1930 में न्यूयॉर्क शहर में हुआ था। वह हार्लेम पुनर्जागरण की अवधि के दौरान पैदा हुई थीं और अमीर अफ्रीकी–अमेरिकी संस्कृति और कला के संपर्क में आई थीं। जल्दी से रिंगगोल्ड ने कला में रुचि विकसित की। 1955 में ललित कला और शिक्षा में अपने स्नातक प्राप्त करने के बाद, रिंगगोल्ड ने सार्वजनिक स्कूल में कला सिखाना शुरू किया। वह सिटी कॉलेज में परास्नातक पूरा की।

एक कला शिक्षक के रूप में काम करते हुए, उन्होंने पहली बार अपनी लोकप्रिय श्रृंखला "अमेरिकन पीपल" की पेंटिंग शुरू की। रिंगगोल्ड्स अमेरिकन पीपल श्रृंखला में शामिल प्रत्येक चित्र में नागरिक अधिकारों के आंदोलन को एक विशिष्ट महिला परिप्रेक्ष्य से चित्रित किया। रिंगगॉल्ड का पहला एकल कार्यक्रम 1967 में था, जब विवादास्पद टुकड़े का अनावरण किया गया था।

अपने सबसे प्रसिद्ध काम में से शायद कुछ में, रिंगगॉल्ड ने अपनी आत्मकथा पब–लाइन किए जाने के असफल प्रयास के बाद अपनी कहानी कहने के लिए रजाई की एक श्रृंखला शुरू की। पहली रजाई, हार्लेम की गूँज जैसी कहानी की रचना की।

1983 में जेमिमा, माइकल जैक्सन के हूज़ बैड 1988 में और टार बीच (भाग–1 वीमेन न थे ब्रिज सीरीज) को श्रद्धांजलि थी।

आख़िरकार, रिंगगॉल्ड सैन डिएगो में यूनीवर्स–कैलिफ़ोर्निया की यूनीवर्सिटी में कला के प्रोफेसर बन गए, जहाँ उन्होंने 2002 तक पढ़ाया। अपनी कला की पहचान और नागरिक अधिकार कार्यकर्ता के रूप में काम किया। रिंगगोल्ड को कई सम्मानों से सम्मानित किया गया है पेंटिंग के लिए एक गुगेनहाइम फैलोशिप, कला पुरस्कार के लिए एक राष्ट्रीय बंदोबस्ती और एक (नएएसीपी) छवि पुरस्कार। उनके चित्रों को दुनिया भर के प्रमुख संग्रहालयों में "अमेरिकन पीपल सीरीज़ # 20" के साथ प्रदर्शित किया जाता रहा है, जो अब पिकासो के "लेस डेमोसिलेस डी'एविग्नॉन" के साथ–साथ आधुनिक कला के सबसे मूल्यवान चित्रों में से एक हैंग–इन हैं।

हॉवर्डना पिंडेल (बी 1943)

हॉवर्डना पिंडेल – लिलीप्रधान

कला संग्रह केवल दुहराव और व्यावसायिक नहीं होना चाहिए। यह एक भावनात्मक प्रयास है जो मूल्यों से अधिक संचालित होता है, भावुक और व्यक्तित्व से अधिक मात्र वित्तीय अनुमानों द्वारा होता है। सच कहा जाए,तो संग्रह को एक स्प्रेडशीट पर केवल एक अन्य रेखा के रूप में माना जाता, तो कुछ मान्यता प्राप्त कलाकारों द्वारा हजारों आधारशिला टुकड़े कभी नहीं बेचे जाते। इससे भी बदतर, जो लोग इन प्रतिष्ठित टुकड़ों के मालिक थे, उन्हें अपने संग्रह में इस तरह के प्रभावशाली कार्यों को जोड़ने का अवसर कभी नहीं मिला।

हावर्ड पिंडेल इस आधार को किसी और की तुलना में शायद अधिक बताते हैं। एक अद्वितीय कलात्मक शैली और पृष्ठभूमि की तुलना में अधिक अजीब, हॉवर्ड निश्चित रूप से कोई रन–ऑफ–द–मिल कलाकार नहीं है। उनकी अनूठी कला वास्तव में 80 के दशक और 90 के दशक के बाजार में ज्यादा नहीं पाई गई। ऐसे संग्राहकों के लिए जो ज्यादातर वित्तीय संदर्भों में सोचते थे, हॉवर्डना एक 'इफ़फ़्फ़ी' शर्त होगी, क्योंकि उनके कार्यों में बहुत बड़े वाणिज्यिक मूल्य के संकेत नहीं थे। लेकिन 30 साल और हावड़ा के कामों पर अगस्त की सुनहरी रोशनी में एक प्राच्य लिली की तरह खिलते हुए, अपने आप आ गए हैं।

आज, वह संयुक्त राज्य में सबसे लोकप्रिय कलाकारों में से एक है। यद्यपि उसने अपने पेशे के दौरान हमेशा आश्चर्यजनक टुकड़ों का उत्पादन किया है,

वह बहुत बाद तक महत्वपूर्ण प्रशंसा तक नहीं पहुँची। हॉवर्डेना के कार्यों सशित यू.एस. के भीतर और बाहर कुछ सबसे प्रतिष्ठित संग्रहालयों में दर्जनों एकल और समूह प्रदर्शनियों को शामिल किया है, जिनमें रोज़ आर्ट म्यूज़ियम, आधुनिक कला संग्रहालय और अमेरिकन आर्ट के व्हिटनी संग्रहालय शामिल हैं।

शुरुआती ज़िंदगी और पेशा

हॉवर्डेना पिंडेल का जन्म 1943 में फिलाडेल्फिया, पेंसिल्वेनिया में हॉवर्ड और मिल्ड्रेड डगलस के घर हुआ था। उसने छोटी उम्र से कला के लिए एक उपहार का प्रदर्शन किया, और इस उपहार को पहचानते हुए, उसके माता-पिता ने उसकी प्रतिभा को निखारने में मदद करने के लिए उसे कला कक्षाओं में पंजीकृत किया। उन्होंने फ़्लेइशर आर्ट मेमोरियल, फिलाडेल्फिया कॉलेज ऑफ़ आर्ट और टायलर स्कूल ऑफ़ आर्ट में अलंकारिक कला में अंततः अपने वादे को प्रदर्शित किया। हॉवर्डेना ने बोस्टन विश्वविद्यालय में अपना बीएफए पूरा किया और 1967 में येल विश्वविद्यालय से एमएफए प्राप्त किया। अफ्रीकी-अमेरिकी कला परिदृश्य में अपने कई साथियों के विपरीत, हॉवर्डेना तुरंत अपनी कलात्मक कौशल तक नहीं पहुँच पाई; इसके बजाय शायद ही कभी मंथन किया। उन्होंने 1967 में म्यूज़ियम ऑफ़ मॉडर्न आर्ट में प्रिंट्स विभाग और सचित्र पुस्तकों के साथ एक पद संभाला, जो क्षमता-श्रेणी में काम करती हैं, जिसमें प्रदर्शनी सहायक, सहायक संग्राहक और एसोसिएट क्यूरेटर शामिल हैं। लेकिन उसके कई साथियों की तरह, उसकी कला धीरे-धीरे निष्क्रिय (और अक्सर सक्रिय) नस्लवादी द्वारा परिभाषित की जाने लगी। उसके परिवेश के सेक्सिस्ट उपक्रम उदाहरण के लिए, वह स्नातक होने के बाद नौकरी को तुरंत सुरक्षित नहीं कर सकी। जब उसे लगा कि उसे नौकरी की पेशकश की गई है, तो वह केवल यह पता लगाने के लिए नियुक्ति पर पहुँची कि उन्होंने सोचा था कि वह एक आदमी है। उन्होंने सोचा कि उसका नाम एक टाइपो था और उसे हावर्ड बुलाया जाता था, लेकिन वह एक महिला निकली।जिसपे उनका जवाब आया कि "हमें इसमे कोई दिलचस्पी नहीं है।" वे कहती हैं, "वे एक महिला को नौकरी नहीं देना चाहते थे। मुझे लगता है कि वे चौंक गए थे कि मैं काला था, लेकिन फिर महिला ने इसे जोड़ा। वे मुझसे बैठकर बात भी नहीं करेंगे।"

इस तरह के मुठभेड़ों ने राजनीतिक रूप से चार्ज की गई कला को आकार

देने में एक भूमिका निभाई जो हॉवर्डना पैदा करेगी। वह बचपन में हुए एक घटना से संबंधित है जब वह और उसके पिता उत्तरी केंटकी से गुजर रहे थे। तभी उसके पिता रूट बीयर खरीदने रुके, लेकिन उसने देखा कि मग पर लाल घेरे बने हुए थे जिसपर उसने अपने पिता से पूछा की क्या यह काले लोंगो के लिये है। इसलिए उन्होंने कुछ खरीदना बंद कर दिया। उसके इस अनुभव ने उसे गहराई से प्रभावित किया और, जो उसके अनुसार, उसकी कला को अनुमति देने वाले मंडलियों का भावनात्मक आधार बन जाएगा।

एक कलाकार कई रंग

हावर्ड एक चित्रकार और मिश्रित मीडिया कलाकार हैं। उसकी अनूठी शैली कई प्रकार की तकनीकों और कभी कभी गूढ़ सामग्रियों के उपयोग को खींचती है, जिसमें कागज, मनीला फ़ोल्डर, एक छिद्र पंच और विषम परमाणु शामिल हैं। वह अक्सर मास्टर—पीस बनाने के लिए विनाश और पुनर्निर्माण की दिलचस्प प्रक्रियाओं का उपयोग करती है और रंग के साथ फट जाती है जिसे "पॉइंटिलिस्ट" हलकों द्वारा रेखांकित किया जाता है। मीडिया के माध्यम से हावर्ड अपनी कला को व्यक्त करती है—जिसमें पेंटिंग, कोलाज, "वीडियो ड्रॉइंग्स" और "प्रो—सेस आर्ट" शामिल हैं – इसने भी आलोचकों की प्रशंसा में मदद की कि अब उनकी कलाकृतियों का स्वागत है। हालाँकि वह एक लाक्षणिक चित्रकार के रूप में प्रशिक्षित थी, लेकिन उसकी रचनाएँ आलंकारिक की तुलना में कहीं अधिक सारगर्भित रही हैं, और इस वजह से बोस्टन में उसके कुछ परिचितों से उसकी कमाई हुई।

वह मुखर है और शुरू से ऐसी रही है। उसकी कला— सामाजिक मुद्दों का प्रतिनिधित्व करती है, और विशेष रूप से वह अपनी कला के माध्यम से उनसे निबटने के लिए कोई छिद्र नहीं खींचती है। 1979 में एक दुर्घटना में शामिल होने के बाद कुछ समय के लिए उनकी कला ने एक आत्मकथा के रूप में भी काम किया। यह वही साल था जिसमें उसने स्टोनी ब्रुक विश्वविद्यालय में कला सिखाना शुरू कर दिया, जहाँ वो अबतक पढ़ा रही थी। दुर्घटना ने उसे स्मृति हीन कर दिया। उनकी पेंटिंग, आत्मकथा, विशेष रूप से इस की याद दिलाती है। पेंटिंग में, उसने एक बड़े और जटिल महाविधालय के हिस्से के रूप में कैनवास के एक टुकड़े पर खुद की एक स्केच की रूपरेखा तैयार की। फिर उसने दोस्तों से प्राप्त पोस्टकार्ड्स को काट दिया जो यात्रा के दौरान प्राप्त हुआ

था। महाविद्यालय से जुड़ी स्ट्रिप्स के बीच पेंटिंग, और एक मार्मिक टुकड़ा होता है जिसमें उसकी खोई हुई यादों के ब्रेडक्रंब को शामिल किया जाता था।

लिलीप्रधान

संग्राहक और आलोचक एक व्यक्तित्व के साथ एक कलाकार की तरह हॉवर्डना सबसे अधिक मजबूत है। उनका व्यक्तित्व उनके काम के लिए बहुत सारे अतिरिक्त संदर्भ देता है और इस बात का हिस्सा है कि वह आज के बाद अच्छी तरह से क्यों माँगी गई है। वह कई पुरस्कारों की प्राप्तकर्ता हैं, जिनमें से अधिकांश उनके जीवन और कैरियर में बहुत बाद में आई। उन्हें 1987 में गुगेनहाइम फ़ेलोशिप, 1990 में लाइफटाइम अचीवमेंट के लिए कॉलेज आर्ट अवार्ड, 2018 में बेस्ट आर्ट बुक के लिए अवार्ड, आर्टिस्ट लिगेसी अवार्ड और 2020 में एक यूएस आर्टिस्ट फ़ेलोशिप में मिली। ये पुरस्कार एक पुनर्जागरण का हिस्सा हैं, जिसमें हॉवर्डना का काम का इन दिनों में आनंद लिया जा रहा है। उसके हाल के पुनरुत्थान की शुरुआत के बाद से, उसके कार्यों ने कई महत्वपूर्ण प्रशंसा प्राप्त करने के लिए संस्थानों में और पूरे अमेरिका में घटनाओं में कई प्रदर्शनियों का आनंद लिया। आज तक, वह अपने अनोखे ब्रांड की कला का निर्माण जारी रखती है, जो कि साल में बहुत कम टुकड़ों को पूरा करती है जैसे कि —एक या दो बड़े टिकट चित्र।

केरी जेम्स मार्शल (बी 1955)

जब केरी जेम्स मार्शल की 1997 की पेंटिंग पास्ट टाइम्स 2018 में सोथबी में $ 21.1 मिलियन में बिकी, तो यह काले कलाकारों के लिए एक मील के पत्थर सा था। आजतक इतने मूल्य में कभी किसी जीवित काले कलाकार द्वारा पेंटिंग नहीं बेची गई थी, और फिर भी यह केवल एक तार में नवीनतम था मील का पत्थर जो मार्शल ने अपने पूरे करियर के दौरान निर्धारित किया था। 2016 में, शिकागो के म्यूजियम ऑफ कंटेम्पररी आर्ट ने 23 अप्रैल से 25 सेप्टेम्बर तक, अपने काम की एक प्रदर्शनी की मेजबानी की थी, जिसे मास्टरी नाम दिया गया था। मार्शल को "अमेरिका के सबसे महान जीवित कलाकारों में से एक" के रूप में संदर्भित करते हुए, एमसीए ने चार दशकों के दौरान कलाकार के रूप में अपने विकास को प्रदर्शित करने वाले कार्यों को प्रस्तुत किया।

1955 में जन्मे, मार्शल ने अपने शुरुआती साल ब्रिमिंघम, अलबामा में बिताए। सेल्मा से मॉन्टगोमरी तक मार्च के आठ साल पहले निश्चित रूप से उसे गहराई से आकार मिला। "स्मारिका प्प" में, चार चित्रों में से एक, मार्शल ने स्वर्गदूतों के एक समूह को दर्शाया है जिसमें वायोला लिउज़ो शामिल है, एक गृहिणी जिसे कू क्लक्स क्लान ने हत्या कर दी थी जब वह मार्च में भाग लेने के बाद डेट्रायट में अपने घर लौट रही थी। पेंटिंग, जो बोस्टन में एडिसन गैलरी ऑफ अमेरिकन आर्ट में स्थायी संग्रह का हिस्सा है, जो 2019 के अंत में डेट्रायट इंस्टीट्यूट ऑफ़ आर्ट्स में एक विशेष प्रदर्शनी के केंद्र में थी।

मार्शल एक श्रमिक–वर्ग के घर में पले–बढ़े, उनके पिता जो कि एक रसोई कर्मचारी और उनकी माँ जो एक गृहिणी थी, के द्वारा पली–बढ़ी। एक शगल के रूप में, उनके पिता मोहरे की दुकानों पर मशीनों और वस्तुओं की खरीद करते थे, उन्हें अलग ले जाते थे और फिर पता लगाते थे कि उन्हें वापस कैसे रखा जाए। ऐसा करते समय, उन्होंने मार्शल को विश्लेषणात्मक और रचनात्मक रूप से सोचने के लिए प्रोत्साहित किया, उन्हें मशीनों की कल्पना करना और यह समझना कि अद्वितीय टुकड़ों ने एक साथ कैसे काम किया।

मार्शल के काम के दौरान, रचनात्मक और पुनर्रचनात्मक बुद्धिमत्ता का यह उच्च स्तर स्पष्ट है, जो विभिन्न टुकड़ों और पात्रों को एक दृश्य में संयोजित करने के लिए चित्र बनाते हैं, हालांकि उनके हिस्से अभी भी अलग हैं।

जब वे युवा थे, लॉस एंजिल्स चले गए, मार्शल ब्लैक पैंथर के मुख्यालय के करीब रहते थे। उनके स्वयं के शब्दों में, "आप बर्मिंघम, अलबामा में 1955 में पैदा हुए और काले पैंथर्स मुख्यालय के पास दक्षिण मध्य (लॉस एंजिल्स) में बड़े हुए और ऐसा महसूस नहीं किया कि आपको किसी तरह की सामाजिक जिम्मेदारी मिली है। आप 1963 में वॉट्स पर नहीं जा सकते हैं और इसके बारे में बात नही कर सकते। इससे बहुत कुछ तय होता है कि मेरा काम कहाँ जाना है। " अपने काम के दौरान, उन सामाजिक परिस्थितियों के बारे में स्पष्ट जागरूकता है जिसमें वह एक कलाकार के रूप में विकसित हुए और ईमानदारी से इन परिस्थितियों की वास्तविकता का सामना करने के लिए एक अनिच्छुक इच्छा दिखाई।

कलाकार चार्ल्स व्हाइट, जिन्होंने मार्शल का उल्लेख करना शुरू कर दिया था, जबकि छोटे कलाकार अभी भी हाई स्कूल में थे, अपने काम में विवेक

दिखाने के लिए एक समान रूप से ईमानदार और अधूरा दृष्टिकोण अपनाते थे, और मार्शल ने कभी भी उन शब्दों को नहीं कहा, जो उनके गुरु के प्रभाव पर थे। । 2018 में पेरिस समीक्षा में लिखते हुए, मार्शल ने कहा, "मैं चार्ल्स व्हाइट की विरासत के लिए एक कट्टर समर्थक रहा हूँ। मैंने इसे अक्सर कहा है, यह बिना कहे चल सकता है। मेरा हमेशा से मानना रहा है कि उनके काम को देखा जाना चाहिए जहाँ भी महान चित्र एकत्र किए जाते हैं और अवेलेला बनाई जाती है और कला—प्रेमी दर्शकों को दी जाती है। वह सचित्र कला के सच्चे स्वामी हैं, और किसी और ने काले शरीर को अधिक लालित्य और अधिकार के साथ नहीं खींचा। किसी भी अन्य कलाकार ने छवि बनाने में मेरे करियर के प्रति समर्पण को प्रेरित नहीं किया है। मैंने उनके उदाहरण में महानता का मार्ग देखा। " इस निबंध के प्रकाशन के बाद से, सोथबी और क्रिस्टी दोनों ने कलाकार के काम के लिए रिकॉर्ड—सेटिंग मूल्यों को प्राप्त करते हुए नीलामी के लिए व्हाइट अप की पेंटिंग लगाई है। यह व्हाइट के साथ अपने अध्ययन के दौरान था कि मार्शल ने पहली बार उस शैली का उपयोग करके कला का निर्माण किया जो तब से उनके काम की पहचान बन गई है, काले पुरुषों को एक बहुत ही गहरे त्वचा के साथ चित्रित किया गया है जो कि काला है। मार्शल के मसीए पूर्वव्यापी में से, द गार्जियन के आलोचक जेसन फरोगो ने इसकी समयबद्धता की ओर इशारा करते हुए लिखा, '' किसी भी अन्य वर्ष में, न्यूयॉर्क के मेट ब्रुर में केरी जेम्स मार्शल के चित्रों की हाल ही में खोली गई एक महत्वपूर्ण घटना होगी। नस्लवादी लोकतंत्र और राष्ट्रीय अविश्वास की वर्तमान पृष्ठभूमि के खिलाफ, यह एक देवता के रूप में आता है। " शिकागो रीडर की साशा गेफ़न ने मार्शल—ऑफ़ द अस्थाई अमेरिकी कला में परिभाषित भूमिका के बारे में बात की: "मार्शल की सबसे अधिक गिरफ्तार करने वाली पेंटिंग्स दुनिया को अपने सभी चमकदार परिसर में, सड़क किनारे पर और नाई की दुकान या लिविंग रूम, जीवन के प्रतीकों के बीच दिखाती हैं संरचनात्मक जातिवाद की मृत्यु पर जोर साथ में, इन पंक्तियों में अमेरिकी ज़ीगेटिस्ट के प्रति उनकी निर्विवाद प्रासंगिकता और उनकी समान रूप से निर्विवाद कालातीतता पर प्रकाश डालते हुए मार्शल अमेरिकन के काम की शक्ति और प्रभाव को दर्शाया गया है कि वे काले अमेरिकी के जीवन को चित्रित करते हैं।

अपनी तमाम सामाजिक टिप्पणियों के लिए, मार्शल के काम में गहरी सहूलियत हो सकती है, जिसमें उन काले समुदायों को शामिल किया गया है

जिनमें वह कम उम्र में आए थे, पहले बर्मिंघम में और फिर लॉस एंजिल्स में। सहानुभूति और करुणा उसके सभी कार्यों में चमकती है, विषय वस्तु को नुकसान पहुँचाने वाले चित्रण और उसके विषयों के लिए उसकी आत्मीयता स्पष्ट है। यह शायद उन सभी कामों की सबसे अचूक विशेषता है जो उसने पैदा की है, अपनी अतुलनीय क्षमता से दिल और दिमाग दोनो को छुआ।

मार्शल ने लॉस एंजिल्स के ओटिस कॉलेज ऑफ आर्ट एंड डिज़ाइन में अपनी बैचलर ऑफ फाइन आर्ट्स अर्जित की, यह एक संस्था है जिसने उन्हें एक सम्मानित डॉक्टरेट जारी किया । पूर्व में, उन्होंने शिकागो में इलिनोइस विश्वविद्यालय में पढ़ाया था। वह और उनकी पत्नी, अभिनेत्री चेरिल लिन ब्रूस, जिनसे वे मिले थे, जब वह हार्लेम स्टूडियो में निवासी कलाकार थे, आज भी वह शिकागो को अपना घर कहते हैं। 1997 में मैकआर्थर फाउंडेशन ने लिखा, "वैचारिक रूप से प्रायोगिक और कलात्मक रूप से अभिनव, मार्शल भी कला इतिहास और पश्चिमी चित्रकला प्रथाओं की परंपराओं के लिए ज्ञान और प्रशंसा की एक विशाल श्रृंखला का निर्माण करता है।" मैं आने वाले वर्षों के लिए मार्शल के काम का उल्लेख करते हुए कई सुखियों को देखने की उम्मीद करता हूँ।

रेनी कॉक्स (बी 1960)

जाने—माने कलाकार रेनी कॉक्स ने रूढ़िबाद को नष्ट करने में पेशा बनाया। 1960 में जमैका के कोलगेट में जन्मी रेनी बाद में अपने परिवार के साथ स्कार्सडेल, न्यूयॉर्क चली गई। यह न्यूयॉर्क में था, जहाँ कॉक्स ने शुरू में एक फिल्म निर्माता के रूप में काम किया था – और जहाँ उन्होंने इसके बजाय सिंडिकेट विश्वविद्यालय से स्नातक होने के बाद फोटोग्राफी की।

1990 के दशक की शुरुआत में फैशन फोटोग्राफर के रूप में एक बहुविकल्पी –उस समय के आसपास जब उन्होंने अपने पहले बच्चे को जन्म दिया–कॉक्स ने फाइन आर्ट फोटोग्राफी पर ध्यान केंद्रित करना शुरू किया, जहाँ वह मानती थीं की उनके पास अधिक रचनात्मक लाभ होगा । कॉक्स ने न्यूयॉर्क में स्कूल ऑफ विजुअल आर्ट्स से मास्टर ऑफ फाइन आर्ट्स की डिग्री प्राप्त की, व्हिटनी इंडिपेंडेंट स्टडी प्रोग्राम में दाखिला लिया, जहाँ उन्होंने जल्दी से फोटोग्राफी स्पेस में अपना नाम बनाया जो इतिहास बना। आज कॉक्स यकीनन सबसे विवादित, यद्यपि मनाया जाने वाला, अपने समय के कलाकारों में से एक

है। उसने नारीत्व और सशक्तिकरण का जश्न मनाने के लिए और अभी भी अपने विचारों को बोलने के लिए, नग्न और कपड़े पहने हुए, लगातार अपने शरीर का उपयोग किया गया कई मायनों में, इसे एक जातिवादी, सेक्सिस्ट समाज माना जाता है। कॉक्स महत्वपूर्ण सामाजिक मुद्दों पर प्रकाश डालने के लिए कोई अजनबी नहीं है। 2001 में, उसके टुकड़े यो मामा के लास्ट सपर ने भारी विवाद पैदा किया। कॉक्स के नग्न शरीर को यीशु के काले चेलों (और एक सफ़ेद जुडाह) की तालिका के साथ उकसाने वाला एक उत्तेजक कार्य, जिसे लियोनार्डो दा विंची के अंतिम भोज के रीमेक का नाम दिया गया है, जो रूढ़ियों को चुनौती देने और अल्पसंख्यक समूहों को सशक्त बनाने की मांग करता है। मेरी राय में, कॉक्स ने अपने संदेश लक्ष्यों को प्राप्त किया। वह सीमाओं को धक्का देने से डरती नहीं है, और उसकी कला का प्रभाव वास्तव में व्यापक है।

2019 में कई मौकों पर, मैं रेनी के साथ ब्रोंक्स में उसके स्टूडियो में बैठ गया और उसके उल्लेखनीय पेशे प्रक्षेपवक्र पर चर्चा की। हमने मातृत्व के बारे में बात की, उसकी यो मामा श्रृंखला (अन्य कलात्मक उपक्रमों के बीच) का शानदार प्रभाव, और यह कि कलाकारों के शब्दों में – "उनके बच्चे हो सकते हैं जो अभी भी एक व्यवहार्य पेशा है।" मुझे कॉक्स की आवाज़ गूंजती हुई लगती है – और उसका जोश संक्रामक है। साथ में, हमने अफ्रीकी–अमेरिकी आर्थिक प्रणाली के पुनर्गठन, और युवा लड़कियों और महिलाओं को अपने जीवन और शरीर का नियंत्रण वापस लेने के महत्व को समझने के लिए "उत्थान" जैसे विषयों की खोज की। हमने अपनी पसंदीदा रेनी कॉक्स सीरीज़ पर भी चर्चा की, जिसका शीर्षक था द डिस्क्रीट चार्म ऑफ़ द बुगीज़, जो कॉक्स के लिए एक कठिन समय के दौरान आया: जो मध्यम जीवन सा प्रतीत हुआ। छवियां मंत्रमुग्ध कर रही हैं: स्नो माउंटेन ने ब्लैक में कपड़े पहने कॉक्स को दर्शाया है, जो हरियाली से घिरे एक पगडंडी पर खड़ा है, जो कैमरे को बुरी तरह से घूर रहा है। इस बीच, काली गृहणी, कॉक्स को सरसों–नारंगी सोफे पर बैठा दिखाती है, जो एक मानक पूडल पर सुशोभित है, जबकि एक युवा श्वेत महिला नौकरानी की वर्दी में अपने कॉकटेल परोसती है। पृष्ठभूमि में, अपने शिशु बेटे को पकड़े हुए एक नग्न कॉक्स के जीवन–आकार आ तस्वीर लेता है। अभी भी छवियों को संसाधित करने के लिए बहुत कुछ है।

मैं रेनी कॉक्स के साथ बातचीत कर सकता हूँ और आगे भी, मैं बस यही करूँगा। मेरा आपसे आग्रह है कि फोटोग्राफर की कलात्मकता, यौन–क्रिया और मातृत्व के बारे में और उसके दृष्टिकोण के बारे में अधिक जानने के लिए पढ़ना जारी रखें और वह विरासत जिसे वह छोड़ने की उम्मीद करता है। कॉक्स की कलात्मक यात्रा हमेशा एक आत्मकथात्मक रही है, प्रत्येक श्रृंखला उसके जीवन में एक अवधि पर टिप्पणी पेश करती है।

"यो मामा" जो व्हिटनी इंडिपेंडेंट स्टडी प्रोग्राम में अपने समय के दौरान अपनी दूसरी गर्भावस्था से प्रेरित थीं। इस कार्यक्रम में गर्भवती होने वाली पहली महिला के रूप में, कॉक्स अपने साथियों की प्रतिक्रिया से दंग रह गई। जो अपने अपेक्षित बधाई के बजाय, अपने कैरियर के प्रक्षेपवक्र के बारे में सवालों और चिंताओं के एक समुद्र से मिला था।

कॉक्स ने हमेशा महसूस किया है कि बच्चा होना महत्वपूर्ण था लेकिन असंभव नहीं था। एक गर्भवती अश्वेत महिला के रूप में, उन्हें लगा कि इस बारे में एक बयान देना आवश्यक है; ऐसी छवियां बनाना महत्वपूर्ण था जो अन्य महिलाओं को सशक्त बना सकती हैं जो गर्भावस्था के दौरान समान मुद्दों से निपट रही थीं या यहाँ तक कि गर्भावस्था के बारे में भी सोच रही थीं। यह यो मामा श्रृंखला की उत्पत्ति थी। यो–माम ने एक नग्न कॉक्स को अपने काले बेटे के साथ घोर अँधेरी पृष्ठभूमि में हाथ में लिए हुए दिखाया। कई ने कॉक्स को अपने बेटे को एक हथियार की तरह रखने के लिए वर्णित किया है, एक तुलना जो पूरी तरह से टुकड़ा के उद्देश्य और सुंदरता से अलग हो जाती है। हिंसा कभी भी कॉक्स के लिए प्रेरणा नहीं रही, केवल महिला सशक्तिकरण रही है।

एक टुकड़ा जिसने 25 साल से अधिक समय तक अपनी प्रासंगिकता बनाए रखी है, होटन–टोटस वीनस एक हड़ताली ब्लैक एंड व्हाइट छवि है जो कॉक्स को उसके सीने और नितंबों के ऊपर रखे गए अतिरंजित कृत्रिम अंग में पेश करती है। यह छवि 1800 के दशक में सारा बार्टमैन के भड़काऊ उपचार से प्रेरित थी – वह चारों ओर परेड कर रही थी, उसी सफेद लोगों के मनोरंजन के लिए उसका शोषण और यौन शोषण किया गया था जिसने उसका मजाक उड़ाया था फिर भी विडंबना यह है कि उन्हें हलचल के रूप में कम करके आंका गया था। बार्टमैन के निधन के बाद, फ्रांसीसी प्रकृतिवादी जॉर्जेस क्यूवियर ने अपने शरीर का एक कास्ट बनाया, पूर्व में उसके कंकाल की सेवा की और उसके दिमाग

और जननांगों को चुना, जो 1974 तक पेरिस के एक संग्रहालय में प्रदर्शन पर रहा। हालांकि उसके अवशेषों को संग्रहालय से हटा दिया गया , जब तक कि उन्हें वापस नहीं लाया गया। 1994 जब मंडेला कार्यालय में आए। इस समय के आसपास, हॉटनॉट प्रासंगिक हो गया और कॉक्स ने फोटोग्राफी के माध्यम से सारा बार्टमैन की दिल तोड़ने वाली कहानी बताई। 25 साल बाद भी, हॉटटॉट की प्रासंगिकता अभी भी स्पश्ट है – किम कार्दशियन जैसी सफेद हस्तियों ने इस शरीर के प्रकार को अपनाया है, इसलिए अब यह हजारों महिलाओं द्वारा प्रत्यारोपण और इंजेक्शन प्राप्त करने के लिए स्वीकार्य और प्रतिष्ठित माना जाता है। कॉक्स ने कहा, "इस तरह से आकार वाली काली महिलाओं को स्वाभाविक रूप से अधिक वजन और अनाकर्षक के रूप में देखा गया है, लेकिन इसकी महिमा ने इसे बदल दिया है" अश्वेत महिलाओं को सदियों से अति कामुक माना जाता है और उनका अमानवीयकरण किया जाता है, फिर भी कॉक्स के विवादास्पद काम ने हमेशा युवा लड़कियों और महिलाओं को अपने नियंत्रण में लेने के लिए प्रेरित किया है।

निकाऐ, एक जातिवादी और कामुक समाज की कथा को चुनौती देते हैं।

मेरी पसंदीदा श्रृंखला में से एक, कॉक्स के लिए एक कठिन अवधि के दौरान द डिस्क्रिट चार्म ऑफ़ द बूगीज़ बनाया गया था – उसने चालीस की सीमा पार कर ली और अचानक महसूस किया कि वह एक अदृश्य चरण में पहुँच गई है। कॉक्स और पुरुषों से प्रशंसा एक बार कष्टप्रद बहुतायत कॉक्स ने अपने 20 और 30 के दशक के दौरान अनुभव किया था और धीरे–धीरे कम करना शुरू कर दिया था क्योंकि वह 40 के करीब पहुँच गई थी – वह आश्चर्यचकित थी कि क्यों हालांकि कॉक्स इस अवधि में अभी भी है। वह चेतना के एक नए स्तर को उजागर करता है: जो उसे नकारात्मक विचारों का सामना करने की अनुमति देता है बिना उसे उसके खिलाफ, एक ऐसी जगह जहाँ वह वास्तव में खुश हो सकता है।

द डिस्क्रीट चार्म द बूगीज़ के लिए फोटो कॉक्स के छप्पाकुवा में शूट किए गए थे। इस श्रृंखला के लिए उनकी प्रेरणा 60 के दशक की एक लेखिका जैकलीन सुज़ैन थीं, जिन्होंने अपनी किताब द वैली ऑफ डॉल्स का सामना करने वाली गोरी महिलाओं का सामना किया। कॉक्स ने जो दिलचस्प पाया वह यह है कि जब भी एक निश्चित वर्ग की श्वेत महिलाओं को व्यसनों या निर्भरता के साथ

समस्या होती थी, तो वे बेट्टी फोर्ड सेंटर जैसे पूल और नौकरों के साथ अच्छी जगहों पर समाप्त हो जाती थीं। हालांकि, जब काली महिलाओं को समान मुद्दों के लिए चित्रित किया गया था तब वास्तव में वह उदास दिखी।"

इस के परिणामस्वरूप, इसने कॉक्स को एक श्रृंखला चित्रण बनाने के लिए प्रेरित किया– मीडिया में जो चित्रित किया गया था, उसकी तुलना में एक अलग तरह की अश्वेत महिला की वास्तविकता को निगलना– जिसके एक अश्वेत महिला जैसी जीवनशैली थी। कॉक्स गरीबी में कभी नहीं रहे थे, और उनकी नई श्रृंखला की तस्वीरों ने उनके जीवन शैली का नेतृत्व किया। अश्वेत महिला को हमेशा स्थिति में हारे हुए या पीड़ित के रूप में डाले जाने से निराश होकर कॉक्स ने अपनी कल्पना से अश्वेत महिलाओं को सशक्त और उन्नत बनाया। घर में प्रतिष्ठित छवि मिस्सी में, कॉक्स को एक ईसाई डायर सूट में काफी ऊबाऊ लग रही है, जो एक ट्रॉफी कुत्ते को पूरी नौकरानी पोशाक में पेश की जा रही है। यह छवि एक बिल्कुल नया आख्यान बनाती है जिसे शायद ही कभी खोजा गया हो। यह दिखाता है कि काला जीवन को देखने के अन्य तरीके हैं। अक्सर काला जीवन एक नकारात्मक प्रकाश में मीडिया में दिखाई देती है, काले लोगों को अपराध करने वाली परियोजनाओं से बर्बरता के रूप में चित्रित किया जाता है। यह आख्यान खतरनाक है क्योंकि यह श्वेत लोगों को काले लोगों के अपने भय का उपयोग करने की इजाजत देता है, जो भेदभाव या घृणा अपराध करने के लिए औचित्य के रूप में उपयोग करता है। कॉक्स का काम इस मानसिकता के खिलाफ एक साहसिक बयान है, क्योंकि उसने दिखाया है कि अश्वेत लोग केवल पत्थर के खंभे नहीं हैं। इसके बजाय, प्रत्येक व्यक्ति एक ऐसा व्यक्ति है जिसके विविध हित हो सकते हैं और वह रह सकता है अच्छी तरह से बंद समुदायों में।

कॉक्स के पास दौड़, लिंग, पूर, एकीकरण प्रयोग और प्रेरणा के बारे में कहने के लिए बहुत कुछ है।

रेस एक अवधारणा है जो वास्तविक जीवन और उसके काम दोनों में बच नहीं सकती है। लेकिन जब लिंग की बात आती है, तो कॉक्स की राय इस विचार पर स्थानांतरित हो गई है कि लिंग को अपने मंच का उपभोग नहीं करना चाहिए। यह एक अवधारणा है की उसे उसके काम पर नहीं जाना चाहिए।

कॉक्स के अनुसार, एकीकरण ने अफ्रीकी–अमेरिकी आर्थिक प्रणाली को नष्ट कर दिया जो पुनर्निर्माण के बाद पनपा। एकीकरण से पहले, काले स्वामित्व

वाले व्यवसाय प्रचूर मात्रा में थे। बाद में, हमने इन प्रतिष्ठानों की संख्या में भारी गिरावट के साथ–साथ कई काले उद्यमियों को आर्थिक चक्र से बाहर होने के कारण को देखा। वित्तीय के साथ–साथ शैक्षिक नतीजे भी थे। ऐतिहासिक रूप से कॉलेजों और विश्वविद्यालयों को सबसे अधिक प्रतिभाशाली छात्रों की वजह से नुकसान उठाना पड़ा है, जो परंपरागत रूप से वाइट संस्थानों जैसे हार्वर्ड या येल जैसे पारंपरिक एचबीसीयू जैसे टस–केजी, बेथ्यून–कुकमैन या स्पाइडरमैन के रूप में उपस्थित होने का निर्णय लेते हैं। प्रयोग किसी भी कलात्मक प्रक्रिया में अभिन्न है, क्योंकि यह आपको अपने शिल्प को ऊंचा करने में मदद करता है। हालांकि कॉक्स केवल प्रयोग करने के लिए पीड़ित होने में विश्वास नहीं करता है, वह मानता है कि अज्ञात चीजों कैसी हैं और वो कैसे काम करना चाहते हैं, आप क्या करना चाहते हैं और आप इसे कैसे करना चाहते हैं। उसके द्वारा बनाए गए हर नए टुकड़े में प्रयोग का तत्व होता है।

एक कलाकार के रूप में, प्रेरणा आपके काम की प्रेरणा शक्ति है, और कॉक्स के लिए यह हर जगह है। वह अपने निजी जीवन और इतिहास से बहुत अधिक जानकारी प्राप्त करती है। एक मानव के रूप में, इतिहास चीजों की गति को समझने की कुंजी है; यह एक उपकरण है जो हमें गलतियों को दोहराने से रोकता है। "प्रेरणा महत्त्वपूर्ण है। यह आपको जीवित रखता है। "

समय के साथ कॉक्स का काम बदल गया है। अतीत में, उसकी सफलता ने उस भावना को नियंत्रित किया जो उसने महसूस की थी – वह एक अवसादग्रस्तता की स्थिति में थी जिसे केवल उसकी कला की प्रशंसा और मान्यता के माध्यम से ठीक किया जा सकता था। उसकी कला के बारे में नकारात्मक राय ने उसे कई महीनों तक चलने वाले भय में भेज दिया। अहंकार उसकी असुरक्षा को पोषित कर रहा था, फिर नकारात्मकता और प्रतिस्पर्धा उसके दिमाग से आगे निकलने लगी। जब तक वह बाली की परिवर्तनकारी यात्रा में शामिल नहीं हुई, तब तक उसके विचारों में परिवर्तन होना शुरू नहीं हुआ। एक दोस्त ने सुझाव दिया कि कुछ किताबें उसके जीवन को बदल देंगी, जिनमें एखर्ट टोलः द पॉवर ऑफ नाउ, ए न्यू अर्थ, और लिविंग द लिबरेटेड लाइफ और डीलिंग बॉडी के साथ काम करना शामिल है। बयान "क्यों आप दुनिया में अपने आप को मान्य करने के लिए इंतजार कर रहे हैं?" और "आप पागल लोगों से पूछ रहे हैं कि वे आपको मान्य करें" जो उस समय कॉक्स के साथ बहुत गूंजता था।

इस बीच, उनका हालिया काम बेनोइट मंडेलब्रोट का प्रभाव दिखाता है, जिन्होंने 80 के दशक में भग्न की खोज की थी। पवित्र रेखागणित माली, फारस और तुर्की जैसे देशों में प्रमुख था कृ लगभग हर जगह। कला के रूप में कॉक्स के आकर्षण ने उन्हें रंग के लोगों के लिए एक दुनिया बनाने के लिए प्रेरित किया। यह एक ऐसी दुनिया थी जो उस चीज़ से मिलती–जुलती नहीं थी जो उसने देखी या जानी थी। इस तकनीक की उसकी खोज ने उस बच्चे जैसी ऊर्जा को वापस उसके काम में ला दिया, जिससे बहुत खुशी मिली।

हाल ही में, कला संग्रहालय काले कलाकारों, विशेष रूप से काली महिला कलाकारों में अधिक रुचि दिखा रहे हैं। ब्याज के बावजूद, कॉक्स का काम कई स्थायी संग्रह में प्रस्तुत किया गया है। लेकिन इलियट पेरी, पैगी क्रॉफ्टआउट, रसेल सीमन्स और डेमन डैश जैसे प्रसिद्ध निजी संग्रहकर्ता, सभी कुछ ऐसा देखते हैं जो संग्रहालय–द्वारपालों से चूक गए हैं: अविश्वसनीय रूप से गहरा और कालातीत सांस्कृतिक रूप से प्रासंगिक कलाकृतियाँ हैं।

डेरिक एडम्स (बी 1970)

डेरिक एडम्स सबसे विनम्र स्टार कलाकार हैं जिनसे मैं अभी तक मिला हूँ। हमारी पहली मुठभेड़, हाँलांकि, संक्षिप्त थी, मुझ पर इसने स्थायी रूप से प्रभाव डाला। 2019 की गर्मियों में, एक कला सलाहकार, अनवरी मुसा, ने मुझे स्विज़ बीट्ज़ और एलिसिया कीज़ के घर एक कला पार्टी में आमंत्रित किया। मैं कला जगत और मूसा की सलाहकार फर्म आर्टमैटिक के अध्याय 7 में मूसा के कनेक्शन के बारे में अधिक बात करता हूँ। वहां का दृश्य अविश्वसनीय था। यह एक ऐसा व्यक्ति था जिसने कला की दुनिया में कलाकारों, संग्रहाध्यक्ष,विक्रेता,संग्रहकर्त्ता और अन्य हस्तियों से भरा था।

मैंने पाया कि डेरिक एक बेंच पर बैठा था, जिसमें उसने स्विज़ और एलिसिया दोनों का चित्रण किया था। मैं उनके पास गया। हमने कुछ शब्दों का आदान–प्रदान किया, और वह यह था आर्टनेट आयोग ने मुझे उनके साथ अपने दूसरे लेख के लिए मिशन दिया , यह पूछने पर कि क्या मैं किसी कलाकार का साक्षात्कार कर सकता हूँ। एक शूरवीर जिसे मैं जानता था, ने एक औपचारिक परिचय बनाया, जिसके बाद डेरिक मुझसे एक साक्षात्कार के लिए मिलने को तैयार हो गया। उस नवंबर में, मैं डेरिक के साथ उनके ब्रुकलिन स्टूडियो में

मिलने गया। समीक्षकों द्वारा प्रशंसित और बहुआयामी कलाकार के रूप में, डेरिक एडम्स काले विषयों के आविष्कारशील चित्रों के लिए जाने जाते हैं। जैसा कि आप देखेंगे, हमारी चर्चा डेरिक की रचनात्मक दृष्टि से लेकर अन्य कलाकारों के लिए उनकी वकालत, बाल्टीमोर के उनके गृहनगर में एक कला निवास खोलने की उनकी महत्वाकांक्षा और उनकी प्रशंसा के कारण हुई क्योंकि उनके लगभग आधे संग्राहक काले थे।

बाल्टिमोर दृश्य की वृद्धि

मेरे समय में डेरिक के साथ बात करते हुए, यह स्पष्ट हो गया कि उन्हें बाल्टीमोर कला दृश्य से विशेष प्रेम था। बाल्टीमोर को अपना गृहनगर मानते हुए, आपको यह स्पष्ट लगेगा। लेकिन इसके अलावा भी बहुत कुछ था। डेरिक बार–बार बाल्टीमोर की परिक्रमा कर रहा था, विशेष रूप से हाल ही में। "मैं बाल्टीमोर से नहीं हूँ, और हाल से ही मैं सिर्फ बाल्टीमोर की रचनात्मक संस्कृति में रुचि रखता हूँ," उन्होंने कहा, "यह युवा कला–मुख्य रूप से अफ्रीकी मूल के कलाकारों के लिए समृद्ध रहा है।"

मेरे समय में डेरिक के साथ बात करने में यह स्पष्ट था कि उन्होंने बाल्टीमोर में एक काले कलाकार के अनुभव और एक काले कलाकार के रूप में विकसित होने के बीच विरोधाभासों को आकर्षित किया, कहते हैं, न्यूयॉर्क एक कलाकार के रूप में विकसित होने वाली एक अपरिचित प्रक्रिया है। उन्होंने कहा, "क्योंकि ये युवा कलाकार न्यूयॉर्क में नहीं हैं, वे तथाकथित बाजार से दूर हैं और इस तरह से विकसित करने में सक्षम हैं कि वे यहां (न्यूयॉर्क में) नहीं कर पाए। लेकिन वे अभी भी न्यूयॉर्क के बहुत करीब हैं, इसलिए वे अभी भी रडार पर हैं।

डेरिक बाल्टीमोर काले कलाकारों के विकास में रुचि रखते थे, और इसके कारण वो अक्सर अधिक से अधिक क्षेत्र में जाया करते थे।

ऐसा करने पर, वह उस वृद्धि का हिस्सा बनने की उम्मीद करता है। जैसा कि मैं बाद में अपने समय में डेरिक के साथ बात कर पाउँगा, यह युवा अश्वेत कलाकारों के लिए एक सूत्रधार के रूप में उनकी भूमिका का कारण था। उन्होंने बाल्टीमोर में अश्वेत कलाकारों के विकास के लिए जितना संभव हो सके उतनी तेजी से आगे बढ़ने की आशा की और नवोदित कलाकारों के लिए न्यूयॉर्क में अनुभव के रोल मॉडल के रूप में कार्य करने के लिए अपनी विशेषज्ञता का

इस्तेमाल किया।

हालांकि, डेरिक ये सभी करने के लिए तैयार नहीं थे। वह न्यूयॉर्क के लोगों को बाल्टीमोर के दृश्य में अधिक दिलचस्पी बनाना चाहते थे। जैसा कि उन्होंने कहा, "मैं कुछ लोगों को पुनर्निर्देशित करना चाहता था, जो न्यूयॉर्क में यहाँ क्या हो रहा है, बाल्टिमोर में क्या हो रहा है, इसे देखने के इच्छुक हैं क्योंकि यह बहुत करीब है।"

डेरिक एडम्स पोर्ट्रेट का विषय

किसी भी कलाकार के काम का विषय हमेशा मेरे लिए दिलचस्प रहा है। जैसा कि हमने बात करना जारी रखा, मैंने डेरिक के चित्रों के विषय में अधिक जानने के लिए खुद को अंतर–प्रतिष्ठित पाया। इस तथ्य पर ध्यान दिलाते हुए कि, जब मैं पहली बार उनसे मिला, तो उनके घर के सामने के कमरे में स्विज़ बीटज़ और एलिसिया कीज़ का चित्र लटका हुआ था, मैंने ध्यान दिलाया कि उन्होंने शायद ही कभी मशहूर हस्तियों का चित्रण किया हो। उनके चित्र के विषय कौन थे?

डेरिक ने बताया कि उनके चित्रों के विषय दो स्रोतों, कल्पना या फोटो संदर्भों में से एक से आए थे। "अगर मैं किसी की तस्वीर खींचता हूँ या छवि बनाता हूँ, तो मैं आमतौर पर संयुक्त बनाता हूँ, विभिन्न प्रकार के संयुक्त पोज़। आम तौर पर चेहरे की कल्पना की जाती है।" इसका मतलब यह है कि स्विज़ बीटज़ और एलिसिया कीज़ का उनका चित्र उनके आदर्श से हटकर था। ब्रुकलिन संग्रहालय ने डेरिक को एक काम करने के लिए कहा, जिस समय उन्हें संग्रहालय द्वारा सम्मानित किया जा रहा था, उसी समय स्विज़ बीटज़ और एलिसिया कीज़ को आकृत किया जा रहा था। डेरिक ने कहा कि वह ऐसा करने में खुश थे, क्योंकि वह प्रत्येक विषय को अपना मित्र मानता था। दिलचस्प है, डेरिक अपनी सामान्य रचनात्मक प्रक्रिया से इस प्रस्थान को लेने के लिए उत्साहित था। "मैंने तय किया कि यह एक दिलचस्प चित्र बनाने के लिए दिलचस्प है जिसे मैंने महसूस किया लेकिन साथ ही उन्हें इस तरह से सौंदर्यबोध किया कि उनकी छवि मेरे कुछ अन्य कामों के अनुरूप बन गई।" इस तरह, डेरिक ने अपनी विशिष्ट शैली को अपने चित्रों में विषयों को चित्रित करने के एक नए तरीके के साथ जोड़ा। जबकि उसकी काम की एक प्रति समाप्त हो गया, मूल पेंटिंग स्विज़ बीटज़ और एलिसिया कीज़ को उपहार में दी गई थी।

इस बीच, अपनी प्रसिद्ध "फ्लोटर" श्रृंखला में, डेरिक ने परिवार के सदस्यों को अपने चित्रों के विषय के रूप में इस्तेमाल किया। "फ्लोटर" श्रृंखला में डेरिक ने एक पूल में तैरते हुए काले विषयों को दर्शाया। उनके अधिकांश विषय पूल फ़्लोट्स में तैर रहे हैं, जबकि अन्य परिचित वस्तुओं जैसे समुद्र तट गेंदों को पकड़े हुए हैं। डेरिक कहते हैं कि इस श्रृंखला में इस्तेमाल किए जाने वाले अधिकांश चेहरे उनके परिवार के सदस्यों पर आधारित हैं।

व्युत्पन्न एडम्स चित्र के लिए प्रेरणा

अन्य कलाकारों के साथ जैसा कि मैंने साक्षात्कार किया है, मैंने डेरिक की रचनात्मक प्रक्रिया के बारे में सोचा। इसकी प्रेरणा उन्होंने कहाँ से ली की पेंट को कैनवस में डाला जाए? डेरिक ने अपने दैनिक स्थान की चीज़ों से खुद को आकर्षित किया। "मैं सब कुछ पर ध्यान देता हूँ, स्टोर की खिड़कियों से लेकर कैफे की बातें करने वाले लोगों तक। मुझे स्रोत सामग्री के रूप में परिवेश के बारे में सोचना पसंद है। "

डेरिक ने बताया कि वह लगातार आस–पास के लोगों की प्रेरणाओं को देख रहे हैं। वो हरेक चीज जैसे बाल सवारने से लेकर बात करने तक। वह छोटे विवरणों में मूल्य पाता है और उन छोटी चीजो से अपने विषयों की नींव तैयार करता है । "मेरा मानना है कि, काले लोगों के रूप में, ऐसी चीजें हैं जो हम करते हैं, ऐसी चीजें जो सामान्य अभ्यास हैं, जो कि संस्कृति और सांस्कृतिक उत्पादन के बहुत जटिल और दिलचस्प रूप देती हैं," वे कहते हैं।

अपने काम को देखने के समय में, मैंने तीन विषयों पर विशेष ध्यान दिया कि वह समय को बार बार देखती है: काली आकृति, पूल में लोगों के चित्र और टेलीविजन। आश्चर्य है कि उन्होंने अपने काम में इन विषयों का बार–बार उपयोग करने की प्रेरणा कहाँ से प्राप्त की, मैंने उनसे इसके बारे में पूछा। उन्होंने कहा, "जब मैंने "फ्लोटर" श्रृंखला शुरू की, मैं चित्रांकन में काले आंकड़ों का प्रतिनिधित्व करने के वैकल्पिक तरीकों के बारे में सोच रहा था। सच कहूँ तो, हम सभी एक उत्तर आधुनिक परिवेश में रहते हैं। अश्वेत लोगों के रूप में, हमें अपने हर काम में इसे स्वीकार नहीं करना चाहिए। "

डेरिक ने स्पष्ट किया कि उनकी प्रेरणा का एक मुख्य स्रोत इस बात का उपयोग करने में पाया जाता है कि वे "काले कट्टरपंथी कल्पना" को किस प्रकार

से उपयोग में लाते हैं, हम कैसे रहते हैं। "यह उसी तरह है जैसे कैसे रैपर्स उन्हें व्यक्त करते हैं– खुद को," उन्होंने कहा। "रैपर्स की एक ताकत सबसे विस्तृत जीवन शैली की कल्पना करने की क्षमता है। आखिरकार, अगर वे भाग्यशाली हैं, तो वे किस बारे में बात कर रहे हैं यह वास्तविकता बन गया है। " डेरिक अपनी कला के बारे में बहुत कुछ महसूस करते हैं। उनके दिमाग में, यदि आप एक निश्चित तरीके से खुद को चित्रित करना चाहते हैं, तो एक निश्चित स्तर की स्वतंत्रता के साथ रहना, संभव है, और उस तथ्य को आपकी कला के माध्यम से बढ़ावा दिया जा सकता है। डेरिक ने अपनी कला और कार्यकर्ता संस्कृति के बीच संबंध पर भी ध्यान दिया। जैसा कि उन्होंने कहा,जो उनके काम में दृढ़ता का एक विषय रहा। उन्होंने उम्मीद जताई कि इससे सामान्य स्थिति का एहसास होगा जो युवा अश्वेत लोगों की पीढ़ियों को प्रभावित करेगा। "हमें संस्कृति को स्थिर करने के लिए सामान्य स्थिति की एक निश्चित भावना का प्रतिनिधित्व करना होगा ताकि हमारे बाद आने वाले युवा अपने आप को पूरी तरह से आयामी मनुष्यों के रूप में देख सकें – हमेशा किसी चीज़ के खिलाफ नहीं, बल्कि मूल रूप से मौजूदा जैसे एकात्मक और प्राकृतिक है, "उन्होंने समझाया।

एक विषय के रूप में टेलीविज़न का उपयोग करने के लिए डेरिक की प्रेरण ा के रूप में वह बार–बार घूमता है, उसने अपने समय में मुख्य रूप से काले कलाकारों से भरे कार्यक्रम और उन कार्यक्रम को प्रभावित करते हुए देखा, जो उसे प्रभावित करते थे। इनमें शामिल हैं: लिविंग कलर में, द कॉस्बी शो, एक अलग दुनिया, जेफरसन और, व्हाट्स हैपनिंग। इनमें से प्रत्येक शो में मुख्य रूप से कले प्रतियोगी को दर्शाया गया है और, उनकी संस्कृति पर एक बड़ा प्रभाव डालने के अलावा, जैसा कि हम आज जानते हैं, ये भी डेरिक से प्रेरित हैं। क्या हो रहा है!! डेरिक का पसंदीदा था उन्होंने कहा कि जिस तरह से यह अपने चरित्रों की आर्थिक स्थितियों पर ध्यान केंद्रित करने के बजाय युवा काले बच्चों मजे से खेल रहे हैं, वह उनके लिए विशेष रूप से एक बच्चे के रूप में दिलचस्प था, जिसने उनकी संस्कृति और जीवन के बारे में अपना दृष्टिकोण बढ़ाया। जब हम डेरिक के निर्माण के बारे में टेलीविजन के प्रभाव पर चर्चा करना जारी रखते थे, तो उन्हें याद था कि जब वे बड़े हो रहे थे, तब उन्हें यह महसूस नहीं हुआ था कि काले लोगों के प्रतिनिधित्व में कोई कमी है। उन्होंने कई बार टिप्पणी की जहाँ वह अपनी दादी को बताएंगे कि उन्हें ऐसा नहीं लगा कि टेलीविजन कार्यक्रम में अश्वेत लोगों के लिए प्रतिनिधित्व की कमी थी। बल्कि, उन्होंने

महसूस किया कि विज्ञापनों में प्रतिनिधित्व की कमी थी। अमेरिका में जीवन के प्राथमिक रूप से श्वेत चित्रण का उपयोग करने के बजाय विज्ञापन ने शायद ही कभी अपने जीवन जीने वाले काले परिवारों को चित्रित किया। दिलचस्प बात यह है कि उन्हें विशेष रूप से याद है कि विज्ञापनों में शायद ही कभी काले लोगों को नाश्ते की मेज पर दिखाया गया हो। उन्हें लगता है, इस दिन तक, यह लोकप्रिय टेलीविजन कार्यक्रम में अश्वेत लोगों के प्रतिनिधित्व की तुलना में अधिक हानिकारक और बहिष्कृत था। तो जब डेरिक ने वास्तव में प्रतिनिधित्व की कमी की ओर ध्यान देना शुरू किया? तो उन्होंने इसे संस्थागत स्थानों में अधिक देखा। "मैंने कभी किसी तरह का प्रतिनिधित्व नहीं किया। मुझे लगता है कि ज्यादातर काले अमेरिकियों के लिए यह आम मामला है। मुझे लगता है कि जब हम संस्थागत अंतरिक्ष में अधिक हो जाते हैं, तो हम विशिष्टता या असमानता को समझने लगते हैं, उदाहरण के लिए आइवी लीग। (डेरिक ने कोलंबिया विश्वविद्यालय से एमएफए की उपाधी प्राप्त की।) "जब मुझे लगा कि हम अलग होने के विचार को महसूस करना शुरू कर रहे हैं।"

आज उसे प्रेरित करने वाले कलाकार

हर कलाकार के पास कोई है जो उन्हें प्रेरित करता है। जैसे–जैसे वे अपनी कला का निर्माण करते हैं, वे चारों ओर देखते हैं और साथ काम करने वालों की सराहना करते हैं कि वे कला की यातनाएं देने वाली संस्कृति और दुनिया में इसके स्थान के बारे में कुछ कहें। इस कारण से मैं जानना चाहता था कि आज काम करने वाले डेरिक को किसने प्रेरित किया। उनका जवाब लगभग तत्काल था। "मिकालीन थॉमस एक सहकर्मी के रूप में मेरे लिए बहुत बड़ी प्रेरणा हैं," उन्होंने प्रशंसा के साथ कहा। "हमने एक साथ स्नातक में भाग लिया, इसलिए हम करीब हैं, लेकिन यह निकटता वास्तव में प्रशंसा और सम्मान की भावना से आ रही है।"

जैसा कि डेरिक ने अन्य कलाकारों को सूचीबद्ध किया, जिसने उन्हें डेविड हैमन्स, एम्मा अमोस, एड्रियन पाइपर, एड क्लार्क, निकोल ईसेन और ब्रूस नौमान के रूप में प्रेरित किया, मैं उनका उल्लेख सुनने के लिए इच्छुक था। ब्रूस नौमान, डेरिक की तरह ही एक अंतःविषय कलाकार है। मुझे आश्चर्य हुआ कि क्या इसका डेरिक के मेट पर प्रदर्शन से कोई संबंध था, "डेरिक 6 से 8 ढूंढना" डेरिक

ने बताया कि कलाकार के रूप में प्रदर्शन हमेशा उनकी शब्दावली का हिस्सा होता है। डेरिक के दिमाग ने हमेशा कला के बारे में सोचा था कि निष्पादन की सबसे अच्छी विधि उस बातचीत को सुविधाजनक बनाने के लिए थी जिसे आप करना चाहते हैं – यह पेंटिंग, मूर्ति, तस्वीरें या प्रदर्शन हो सकती है। मेट ने डेरिक को एक ऐसी श्रृंखला के लिए आमंत्रित किया, जिसमें संग्रहालय में ही काम करने वाले कलाकारों की टिप्पणी थी। "मैंने सोल लेविट को चुना, एक और कलाकार जिसे मैं वास्तव में पसंद करता हूं," डेरिक ने कहा। "उनके काम के बारे में मेरी व्याख्या यह है कि यह अंतरिक्ष, रूप, नियंत्रण, और तरलता के बारे में है – जो मुझे लगता है कि सार्वजनिक स्थान के साथ जुड़ने में महत्वपूर्ण हैं। एक कलाकार के रूप में और एक अश्वेत व्यक्ति के रूप में, मैंने संचालन करने के विचार के बारे में सोचा।

डेरिक ने दोनों क्षैतिज और ऊर्ध्वाधर रेखाओं को मापा, जो लेविट रचना और प्रतिवर्ती सूट बनाते थे और उसके भीतर छलावरण करते थे। डेरिक को याद आया कि वह संग्रहालय में दो घंटे तक दीवार के सामने खड़ा था, फ़िर उस पार चला गया और लाइनों के निर्माण की नकल करने लगा क्योंकि वह उस पोशाक से संबंधित थी जिसे उसने पहना था।

एक अश्वेत कलाकार के रूप में, डेरिक कहता है कि वह काली संस्कृति में पाए जाने वाले अतिरिक्त स्तर का आनंद लेता है। यह सामग्री डेरिक के दिमाग में महत्वपूर्ण चर्चाओं में कुछ अतिरिक्त की सुविधा देती है, जो इसे "औपचारिक" से परे रखती है। एक मुस्कुराहट के साथ उन्होंने कहा, "मुझे यह विचार पसंद है कि हम काले लोगों के रूप में यह देखने और अनुभव करने की तालिका में जोड़ने के लिए कुछ अतिरिक्त काम करे।"

युवा कलाकार के लिए एक सूत्रधार के रूप में कार्य करना

एक इंटरव्यू में जो डेरिक ने ऑरलैंडो लाइव को एक शब्द में खुद का वर्णन करने के लिए कहा। वह शब्द जो उसने चुना "सूत्रधार" था। मुझे इसमें दिलचस्पी थी और, अगर मैं उन अन्य लोगों के साथ बातचीत करता हूँ जो जानते थे कि वे सबूत थे, तो यह युवा कलाकारों के साथ उनके काम के संबंध में था। मैंने उनसे पूछा कि उन्होंने कैसे निर्णय लिया कि किस कलाकार की मदद की जाए और क्यों।

"वह हमेशा जटिल है," वह शुरू हुआ। "आमतौर पर मैं सभी कलाकारों को शुरू करने में मदद करने के लिए वास्तव में खुला हूँ। लेकिन यह ऐसा है जैसे बिग जी ने कहा था: जब मैं दरवाजे के पास जाता हूँ और उसे खुला छोड़ देता हूँ , तो यह आपके ऊपर है ... 'मुझे पसंद है, यह वही है जो मैं कर सकता हूँ। यह मैं ही जानता हूँ। मैं आपको यहाँ ला सकता हूँ और आपको उस जगह से परिचित करा सकता हूँ जहां मैं काम करता हूँ – लेकिन इसके बाद भी यह आप पर है। "

मैंने नोट किया कि यह वास्तव में, कौन बनाता है और कौन नहीं करता है, के बीच का अंतर है। आपके लिए दरवाजा खुला हो सकता है लेकिन युवा कलाकार के रूप में यह आपकी जिम्मेदारी है। 60 और 70 के दशक से आने वाली उनकी पीढ़ी में, डेरिक हमेशा मौद्रिक लाभ से जुड़ी सफलता पर ध्यान केंद्रित करने के बजाय "इसे काम करने" के बारे सोच में रहा था। हालाँकि, युवा पीढ़ी, जैसा कि डेरिक सुझाव देती है, फ़ेलोशिप और अन्य कलाकारों के समुदाय पर मौद्रिक मूल्य पर अधिक केंद्रित है।

अपने खुद के एक कलाकार निवास का आरंभ

डेरिक कई संगठनों के लिए बोर्ड पर है, जिसमें प्रोजेक्ट फॉर एंप्टी स्पेस, बाल्टीमोर में यूबी काले, और लोअर ईस्ट साइड पर प्रतिभागी शामिल हैं। हो सकता है कि वह अपने खुद का एक कलाकार निवास शुरू कर रहा हो? इससे यह पता चला है, कि बिल्टमोर में वह क्या कर रहा है। उन्होंने वहाँ कुछ संपत्ति खरीदी और इसे पुनर्निर्मित करने के लिए कार्य किया जा रहा है, जहाँ काले दृश्य कलाकारों और लेखकों से लेकर पाक कलाकारों और प्रौद्योगिकी–आध. ारित व्यक्तियों तक सभी एक सहायक सहकर्मी साथ आ सकते हैं और रोमांचित कर सकते हैं। जब मैंने उनसे पूछा कि निवास की अवधि क्या होगी, डेरिक ने आत्मविश्वास से उत्तर दिया, "एक महीने। ऐसे स्टूडियो बन रहे हैं जिनमें काफी कमरे हैं। इसलिए लक्ष्य यह है कि 2021 में, जब यह सब हो जाए, तो हम लोगों को भाग लेने के लिए आमंत्रित करना शुरू हुआ, जिसमें बाल्टीमोर का एक व्यक्ति भी शामिल था। स्थानीय व्यक्ति प्रत्यक्ष आगंतुकों को वास्तविक, महत्वपूर्ण स्थानों में मदद करेगा जो काम के लिए प्रेरित करेंगे। "

जैसा कि डेरिक ने अपने रेजिनेंस के लिए अपनी योजनाओं के बारे में बात करना जारी रखा, उनका दिल बाल्टीमोर और इसके आने वाले कलाकारों पर केंद्रित था। उन्होंने बताया कि निवासी बाल्टीमोर में केंद्रित एक कलाकार निवास है, जहाँ लोग आकर प्रतिबिंबित कर सकते हैं और संस्कृति के बारे में अधिक जान सकते हैं। उन्होंने यह भी कहा कि बाल्टीमोर से आने वाले कलाकारों को कुछ संसाधनों से जोड़ना उनका लक्ष्य था, जो उन्होंने न्यूयॉर्क

जैसे अधिक लोकप्रिय क्षेत्रों में पाया। उन्होंने सुझाव दिया, "शायद मैं न्यूयॉर्क को बाल्टीमोर में ला सकता हूँ ताकि न्यूयॉर्क में लोगों को यह न लगे कि बाल्टीमोर अब तक है।"

सफलता के बावजूद विनम्र बने रहना

हमारी बातचीत जारी रही, मैंने डेरिक को बताया कि एक बात जो किसी भी बातचीत में इतनी लगातार बनी हुई थी कि सफलता के शिखर पर पहुँचने के बावजूद, वह इतना अच्छा और विनम्र बना रहा। यह कैसे संभव हुआ? उन्होंने मुझे यह स्पष्ट किया कि एक कलाकार के रूप में वह एक चीज के बारे में अडिग थे उन्हें अपनी कामयाबी के लिए मनाया जा रहा था, उन्होंने अपने साथियों के साथ उत्सव को साझा किया। उन्होंने कहा, "जब मैं किसी इवेंट में होता हूँ या किसी के घर पर पार्टी करता हूँ तो सबसे ज्यादा मज़ा करता हूँ। मैं चारों ओर देखता हूँ और कमरे में हर कोई कुछ न कुछ कर रहा होता है।" "यह सभी काले लोग इन सभी अद्भुत चीजों को कर रहे हैं जो मुझे पसंद है, 'वाह, यह बहुत अच्छा है।"

डेरिक जो कुछ भी करता है उसके पीछे यह एक प्रेरणा शक्ति है। उनके विचार में, युवा अश्वेत लोगों को यह देखना चाहिए कि सामान्य, सुसंगत स्थान हैं जहाँ वे रचनात्मक कलाकारों के रूप में घूम सकते हैं और अपनी संस्कृति का जश्न मना सकते हैं। डेरिक स्पष्ट करते हैं कि उनके पास जीवन में एक फोकस है – बस होने के लिए। यह काम करने के लिए। मनचाही चीजें पाने के लिए। "हम इस पूल पर बैठे हैं। हम जीवन के बारे में सोच रहे हैं और हमें सोचना भी चाहिए।

हर दिन लगातार कुछ चीजों पर विचार नहीं करना एक वास्तविक मानवीय अनुभव है। "

इस दृश्य ने उनकी रचनात्मक प्रक्रिया और उनकी कला दोनों में अनुवाद किया है। डेरिक सोचता है कि वह क्या देखना चाहता है जब भी वह अपने स्टूडियो में रोशनी चालू करता है। वह कहता है कि वह बहुत कुछ ऐसी चीजें लाएगा, जो "अनमोल और मूल्यवान" हैं, जो उसके रचनात्मक स्थान में हैं और इसका उपयोग वह बुरी और समस्याग्रस्त के बजाय अपनी कला को बनाने के लिए करता है। जैसा कि आप डेरिक की कला को देखते हैं, मेरा मानना है कि आप तूलिका के प्रत्येक प्रहार के पीछे इस फोकस को महसूस कर सकते हैं। यह आज इतना शक्तिशाली काला कलाकार है।

मारियो मूर (वी 1987)

हजारों लोग हैं, जो अक्सर समाज में अनदेखी करते हैं, जो चुपचाप हर चीज को देख कर अनदेखा करते हैं । अमेरिका में हममें से ज्यादातर अश्वेत लोगों के लिए, वे लोग हैं, या जो हमारे भाई, बहन,मौसी या चाचा हैं। वे अपने व्यापार के बारे में जानते हैं, और केवल तभी जब हम उनकी उपस्थिति पर ध्यान देते हैं, जब कुछ गलत होता है या हमें कुछ विशेष चाहिए होता है। यह तभी होता है जब कोई ऐसी समस्या बन जाती है जिसे ये अदृश्य लोग "आवश्यक श्रमिकों" में बदल देते हैं, जो वैश्विक स्वास्थ्य और वित्तीय संकटों के बीच भी हमारे जीवन को बनाए रखते हैं।

2019 में, मारियो मूर ने अपनी कला प्रदर्शनी में इन अदृश्य श्रमिकों को सार्थक रूप से दर्शाया,"कई जीवन का काम।" इसने इनमें से कई लोगों को, अफ्रीकी–अमेरिकी पुरुषों और महिलाओं को पकड़ा, जो प्रिंसटन विश्वविद्यालय में और उसके आसपास काम करते हैं। वे सुरक्षा रक्षक, खाद्य सेवा कार्यकर्ता, और कई अन्य हैं, जो छात्रों और कर्मचारियों के लिए सुखद जीवन बनाते हैं।

मूर की निरंतर विकसित शैली अफ्रीकन–अमेरिकियों के जीवन को सबसे आगे लाती है, न केवल उनके संघर्षों को बल्कि उनकी सफलताओं को भी उजागर करती है। इन कार्यों का निर्माण तब किया गया जब वह प्रिंसटन में 2018–19 होडर फेलो में थे।अफ्रीकी–अमेरिकियों को पता चलता है कि ज्यादातर लोग नहीं देखेंगे, लेकिन जिनकी उपस्थिति विश्वविद्यालय में जीवन के लिए महत्वपूर्ण है। श्रृंखला की एक पेंटिंग में एक सुरक्षा रक्षक, माइकल मूर (कोई संबंध नहीं) है, जो प्रिंस मूरेंट से प्रिंसटन यूनिवर्सिटी आर्ट संग्रहालय जाने के

दौरान गलती से मिले थे। मारियो ने संग्रहालय में प्रवेश किया और अपने बाल कटवाने के लिए जगह खोजने के दौरान सुरक्षा रक्षक के साथ बातचीत की। अपने स्वयं के शब्दों में, "काम के लिए मेरा दृष्टिकोण पहले कभी भी किए गए किसी भी काम से बहुत अलग था। संसाधनों और लोगों के साथ काम करने के कारण, जो मुझे पहले से ही पता था, जैसे कि इन चित्रों और चीजों को करना। मैं यादृच्छिक लोगों के लिए नहीं चल रहा था, मैं नहीं जानता कि आप उस तरह का काम कर रहे हैं लेकिन यह एक बहुत अलग प्रक्रिया थी।" कुछ मिनट की बातचीत के बाद, माइकल मूर एक पेंटिंग श्रृंखला के लिए एक विषय बनने पर सहमत हुए। उसकी विशेषता वाला टुकड़ा उसे कला से भरे एक कमरे की ओर ले जाने वाले दरवाजे को खुला दिखाता है। उसके पीछे कला के कार्यों की एक दीर्घा है जो प्रिंसटन संग्रहालय में मौजूद नहीं है, लेकिन कुछ कलाकारों के नायकों से काम करता है। दर्शकों को एक स्वागत योग्य सुरक्षा रक्षक, जो काले, ललित कला की एक गैलरी द्वारा आमंत्रित किया जा रहा है, की विशिष्ट भावना मिलती है। जब वह बड़ा हो रहा था, मूर के पिता ने डेट्रायट इंस्टीट्यूट ऑफ आर्ट्स में एक सुरक्षा रक्षक के रूप में काम किया। एक बार जब वह प्रिंसटन में होडर फेलो बन गया, तो मूर को पता था कि वह प्रतिष्ठा के छोटे, लेकिन महत्वपूर्ण, काले समुदाय को उजागर करना चाहता था।

एक अन्य प्रमुख प्रभाव उनकी दादी हेलेन मूर से मिला। "मुझे लगता है कि शायद सबसे महत्वपूर्ण चीजों में से एक है जैसा कि पृष्ठभूमि मेरी दादी की तरह है," उन्होंने कहा। "मैं कहता हूँ क्योंकि वह एक शिक्षा कार्यकर्ता है जो मेरी पूरी जिंदगी मेरे साथ रही। यह सब मुझे उसके दर्शन के रूप में पता है जैसे वह कैसे करता है और वह क्या करता है, वह अक्सर मुझे इन सभी मार्चों में ले जाता रहा है, लेकिन मेरी दादी की वजह से वह सब मेरे काम में लग जाते थे। "मूर 1987 में डेट्रायट में पैदा हुए थे। उनकी माँ एक कलाकार हैं जिन्होंने उन्हें और अधिक सीखने के लिए प्रेरित किया। उन्होंने रिचर्ड लुईस से पेंट करना सीखा। उनकी माँ कॉलेज फॉर क्रिएटिव स्टडीज़ में काम करती हैं, और उन्होंने उन्हें ऐसी पुस्तकों की आपूर्ति की जो उन्हें महान स्वामी और आधुनिक अफ्रीकी–अमेरिकी कलाकारों दोनों के लिए उजागर करती हैं। उन्होंने कारवागियो के लिए एक जुनून पाया। इस तरह से आधुनिक और शास्त्रीय कार्यक्रम उनकी प्रशंसा के विषयों और उनके चित्रों की पृष्ठभूमि बनाती है। सौंदर्यशास्त्रीय रूप से हड़ताली होने के नाते, उनकी रचनाएँ अफ्रीकन–अमेरिकी अनुभव और काले बड़े समाज के

साथ बातचीत करती हैं। "मूल रूप से, जो मैं काम के भीतर लुभाने की कोशिश कर रहा हूँ, वो आखिरकार अमेरिकी आदर्श है।"मूर ने कहा "ठीक है,आपके पास एक छाया है जो उस आकृति पर डाली जाती है जो पेंटिंग के सामने किसी की भी छाया हो।"

अधिक राजनीतिक नहीं होते हुए भी, द वर्क ऑफ कई लाइफ़टम्स के टुकड़े अमेरिका में काले अनुभव के प्रति संवेदनशीलता दिखाते हैं, जिससे अदृश्य लोग जीवन को बेहतर बनाते हैं। कई बार जीवन के काम में दिखाए गए टुकड़ों में से प्रत्येक के लिए, मूर विषयों के साथ बैठे और उनके साथ बात की। उन्होंने प्रत्येक के साथ लगभग आधे घंटे का समय लिया, जीवन रेखाचित्र बनाए और अपने विषयों के व्यक्तित्व को सीखा। वह बाद वो काम करने के लिए तस्वीरें लेता था। इन वार्तालापों ने उन्हें चित्रों के माध्यम से अधिक पूर्ण व्यक्ति दिखाने में सक्षम किया। लगभग हर पेंटिंग के साथ, व्यक्ति को कुछ मनगढ़ंत पृष्ठभूमि में रखा जाता है। जबकि उनके वास्तविक जीवन की नौकरियों, जैसे कि विश्वविद्यालय की कैंटीन या मैदान में एक कॉफी की दुकान द्वारा सूचित किया जाता है, मूर ने पृष्ठभूमि की छवियां जोड़ीं जो सरल चित्रों से जटिल कहानियों तक कलाकृतियों का निर्माण करती हैं। वास्तव में, प्रत्येक टुकड़ा तीन कहानियां बताता है: कलाकार की कहानी, विषय की कहानी और अफ्रीकी–अमेरिकियों की कहानी जो संयुक्त राज्य अमेरिका में जीवन के लिए बहुत महत्वपूर्ण हैं।

कई जीवन काल के काम में सभी टुकड़े गहरी भावनात्मक हैं। कई मामलों में, टुकड़ा खुशी को प्रकट करता है, लेकिन सभी नहीं। कई लोग शांत भावनाओं से बात करते हैं, जैसे कि ऊब या सरल परिचित। दूसरों को ऊटपटांग और दोस्ती की भावना देते हैं। कई दर्शकों और यहाँ तक कि खुद के विषयों के लिए, शांत भावना का यह प्रदर्शन मारियो मूर की सबसे बड़ी ताकत है। उनके विषय कैनवास से बाहर निकलने और आपके साथ एक श्लोक शुरू करने के लिए तैयार हैं। "यथार्थवादी" से अधिक, ये "जीवित" है ।

सुच्चाबाला स्व (1990)

केवल कुछ ही वर्षों में सुच्चाबाला स्व ने कला की दुनिया में खुद के लिए एक नाम बनाया है, उनकी अनूठी और अडिग शैली ने लोगों को बदलने के लिए प्रोत्साहित किया कि वे काले शरीर के बारे में कैसे सोचते हैं और कैसे

देखते हैं, और सब से ऊपर सौंदर्य पर जोर देते हैं। समान भाग उदासीन और कामुक, उनका काम काले लोगों के विचारों और पूर्व धारणाओं के बारे में बयान देता है। उसकी कलाकृति में, सभी धारणाएँ – दोनों के बारे में कि हमें उसकी विषय–वस्तु को कैसे प्रति–सजीव करना चाहिए और उन सामग्रियों के बारे में जो कला की रचना करनी चाहिए–उन विचारों के लिए गौण हो जाएँ जिन्हें वह व्यक्त कर रहा है।

बार्ड कॉलेज में बीए पूरा करने के बाद, सेल्फ ने येल स्कूल ऑफ़ आर्ट में भाग लिया, जहाँ उन्होंने पेंटिंग और प्रिंटमेकिंग में एमएफए अर्जित किया। इसके तुरंत बाद, 2015 में, बर्लिन में शूर–नरूला गैलरी ने अपने पहले एकल कार्यक्रम में अपने काम का प्रदर्शन किया, जिसके बाद उन्होंने न्यूयॉर्क के थियरी गोल्डबर्ग में 2016 के एकल कार्यक्रम में साथ काम किया। तब से, दुनिया भर के संग्रहालयों ने उनके काम को ठीक कर दिया है, और उन्होंने लॉस एंजिल्स के हैमर संग्रहालय, मियामी के पेरेज़ आर्ट म्यूज़ियम, मियामी के रूबेल फैमिली कलेक्शन, द स्टूडियो संग्रहालय इन हार्लेम, एल म्यूज़ो डेल आरियो, द ब्रोंक्स में स्थायी संग्रह में योगदान दिया है। जिसमे म्यूज़ियम ऑफ़ आर्ट्स, ब्रुकलिन संग्रहालय, आधुनिक कला संग्रहालय और न्यूयॉर्क शहर का संग्रहालय आदी शामिल हैं।

शायद कोई ऐसा टुकड़ा नहीं है जिसे सेल्फ ने उत्पादित किया हो, जो कि मिल्क चॉकलेट की तुलना में उनकी शैली और संवेदनाओं से अधिक प्रभावशाली है, 2017 मिश्रित–मीडिया का काम जिसके लिए उन्होंने ऐक्रेलिक, वॉटरकलर, फ्लैश, क्रेयॉन, रंगीन पेंसिल, तेल पेस्टल, पेंसिल का उपयोग किया था, हाथ से रंगीन फोटोकॉपी और कैनवस के रंग को मिश्रित किया। मिल्क चॉकलेट, जो पीछे से एक क्रुद्ध नग्न महिला का चित्रण करती है, जो काले बॉडी के रूप में एक उत्सव है , विषय की विस्तृत मुस्कान विश्वास और गर्व के बिना अनिश्चित शब्दों में एक घोषणा है।

अपनी कला के पदार्थ के बारे में, स्व कहती है, "काम राजनैतिक है क्योंकि यह राजनीतिकरण है; राजनीतिक निकायों को काम में चित्रित किया जाता है। मैं एक राजनीतिक व्यक्ति हूँ क्योंकि अगर मैं एक राजनीतिक व्यक्ति नहीं रहता, तो इससे देश में मेरी सुरक्षा और मेरी भलाई प्रभावित होगी। लेकिन मैं काम नहीं कर रहा हूँ। मैं अपने अनुभव के दस्तावेज को छोड़ने का काम कर रहा हूँ, मेरे

जैसे लोगों के अनुभव के बारे में विचार करना छोड़ दें। "

जून 2019 में, सेल्फी आउट ऑफ बॉडी (2015) क्रिस्टीज़ की नीलामी में चली गई और $ 471,322 की कीमत घटाकर $ 76,430 के पूर्व–नीलामी के अनुमानों को तोड़ दिया, मूल बिक्री मूल्य पर $ 3,000M वापसी हुआ। केवल चार महीने बाद, एक और क्रिस्टी नीलामी में, नीलम $ 487,000 में बिका। यह उसके करियर को ब्रेकनेक रैपिडिटी में हड़ताली दिखाता है जिसके साथ यह विकसित हुआ है। नीलामी से पहले, 2017 में फोर्ब्स ने लॉस एंजेलिस के कला संग्राहक डीन वेलेंटाइन के हवाले से उन्हें अपनी "30 अंडर 30" सूची में शामिल किया, जिन्होंने कहा, "मुझे उनके काम की जटिल कामुकता पसंद है। यह एक तरह का एंटी–पिकासो है। " स्व का जन्म हार्लेम में हुआ था, जिसने उनकी सर्वश्रे ठ–प्रसिद्ध श्रृंखला, बोदेगा रन को प्रभावित किया जो कि नई हेवन , कनेक्टिकट में स्थित है।

अध्याय– 3

कला संग्रहालयः सदस्यता के अपने फायदे हैं

संग्रहालय और प्रदर्शनियाँ

क ला के बारे में जानने के लिए, और एक विशिष्ट कलाकार या समूह के बारे में अपनी समझ को गहरा करने के लिए, आप संग्रहालयों में जाने और प्रदर्शनियों में भाग लेने की आदत बना सकते हैं। संग्रहालय दर्शक कला को करीब से अनुभव करने और विशिष्ट कलाकारों या टुकड़ों पर अपने विचारों को शब्दों में बदलने की अनुमति देते हैं, और प्रश्न में कला के अर्थ के बारे में एक सामंजस्यपूर्ण निष्कर्ष निकालते हैं। ये हवन सौंदर्य और समाजशास्त्रीय चर्चा का एक मंच है, और एक व्यक्ति के कलात्मक स्वाद के लिए एक मंच है। प्रदर्शनी एक अधिक सूचित है और संग्राहक बनने के लिए सर्वोपरि हैं। संयुक्त राज्य अमेरिका में 35,000 संग्रहालय मौजूद हैं। हालाँकि, वहाँ खेलने के लिए असीम ज्ञान है, और चित्रण पर कला का खजाना है, मैं समकालीन कला दर्शकों और संग्राहकों से आग्रह करता हूँ कि वे निम्नलिखित स्थानों को अपनी सूची में अवश्य देखेंः न्यूयॉर्क सिटी में मेट्रोपॉलिटन म्यूज़ियम ऑफ़ आर्ट इंस्टीट्यूट ऑफ शिकागो, डेट्रायट इंस्टीट्यूट ऑफ आर्ट्स, अटलांटा में कला का उच्च संग्रहालय, बोस्टन में समकालीन कला संस्थान, और समकालीन– पोरी कला संग्रहालय ह्यूस्टन और शहर का कोई भी संग्रहालय जिसमें आप रहते हैं। ये स्थान कालो में विस्तृत अंतर्दृष्टि प्रदान करते हैं और समकालीन कला, सभी सार्थक प्रदर्शनियों की मेजबानी करते हुए विशिष्ट कलाकारों और विचारधाराओं पर प्रकाश डालते हैं।

संग्रहालय कोई संदेह नहीं है हालाँकि, वे समुदाय की भावना भी प्रदान करते हैं। शायद वे कलाकार के करियर में वैधता लाते हैं, जिससे उन्हें उद्योग में

खुद को आगे बढ़ाने की अनुमति मिलती है। प्रश्न में कलाकार उभर रहा है या स्थापित है, एक कला प्रदर्शनी व्यक्ति के करियर की प्रगति को समझने के लिए मौलिक है (उस आंदोलन के साथ जिसके साथ वे संबंधित हैं) जैसे समुदाय से जुड़ने के लिए, और सार्वजनिक जागरूकता बढ़ाने और धन उगाहने के लिए, मार्ग प्रशस्त करने के लिए हमारे उद्योग के भविष्य के लिए।

कला का महानगरीय संग्रहालय

मेट का परिचय और इसकी ऐतिहासिक प्रदर्शनियाँ

महानगरीय संग्रहालय ऑफ़ आर्ट, जिसे आमतौर पर मेट के रूप में जाना जाता है, अमेरिका में सबसे बड़ा और सबसे व्यापक आर्ट संग्रहालय है और दुनिया के प्रमुख संग्रहालयों में से एक है। 2019 में अपने तीन स्थानों पर 6,479,548 से अधिक आगंतुकों के साथ यह दुनिया में चौथा सबसे अधिक दौरा किया जाने वाला कला संग्रहालय है। यह 17 विभिन्न प्रबन्धकीय विभागों के बीच दो मिलियन से अधिक कार्यों के अपने विशाल संग्रह को विभाजित करता है।

19 वीं शताब्दी के दौरान संग्रहालय बढ़ता रहा। साइप्रट कला के सेसनोला संग्रह की खरीद में कांस्य युग से रोमन काल के अंत तक के टुकड़े शामिल थे। इस अधिग्रहण ने शास्त्रीय प्राचीन वस्तुओं के प्रमुख स्रोत के रूप में मेट को ठोस बनाने में मदद की। इसके अलावा, संग्रहालय को विरासत में मिला– अमेरिकी कलाकार जॉन केंसेट द्वारा 1872 में उनकी मृत्यु के बाद 38 पेंटिंग, और 1889 में एडोर्ड मैनेट द्वारा "टुकड़े"।

इस बीच, 20 वीं शताब्दी तक, मौसम ने दुनिया के सबसे महान कला केंद्रों में से एक के रूप में दोहराव प्राप्त कर लिया था। 1907 में, संग्रहालय ने अगस्टे रेनॉयर द्वारा एक टुकड़ा हासिल कर लिया। फिर 1910 में हेनरी मैटिस द्वारा कार्य करने के लिए यह पहला सार्वजनिक संस्थान बन गया। 1917 में प्राचीन मिस्र के दरियाई

घोड़े की मूर्ति "विल–लियाम" का उपनाम दिया गया था। आज संग्रहालय में प्रदर्शन पर प्राचीन मिस्र की वस्तुओं के 26,000 टुकड़े हैं, जो काहिरा के बाहर कहीं भी मिस्र की कला का सबसे बड़ा संग्रह है। उनके 2,500 यूरोपीय चित्रों में

दुनिया के सर्वश्रेष्ठ संग्रह शामिल हैं। अमेरिकी विंग में अमेरिकी चित्रों, मूर्तियों और सजावटी कला का दुनिया का सबसे व्यापक संग्रह है।

संग्रहालय हथियारों और कवच, अफ्रीका की कला, एशियाई कला, पोशाक, इस्लामी कला, आधुनिक और समकालीन कला, तस्वीरों, रॉबर्ट लेहमन संग्रह और अधिक सहित संग्रह की एक विस्तृत विविधता रखती है। किसी भी समय दस लाख वर्ग फुट की इमारत में प्रदर्शन पर वस्तुओं के दसियों–रेत हैं।

मेट बस अपनी प्रदर्शनियों के लिए प्रसिद्ध है; आइए अब तक की सबसे अधिक देखी गई कुछ प्रदर्शनियों पर नज़र डालें।

- ❖ *स्वर्गीय निकाय: फैशन और कैथोलिक कल्पना–1.6 मिलियन से अधिक आगंतुकों के साथ यह प्रदर्शनी सूची में सबसे ऊपर है। मेट फिफ्थ एवेन्यू और मेट क्लोइस्ट्स में पोशाक संस्थान द्वारा संग्रह की गई, इस प्रदर्शनी ने फैशन और मध्ययुगीन कला के बीच के संबंधों को मेट संग्रह से खोजा। इसने कैथोलिक धर्म की भक्ति प्रथाओं और परंपराओं के साथ फैशन के संबंध की जाँच की। उन्होंने इस प्रदर्शनी को पापल वस्त्र, सिस्टिन चैपल से सामान और 20 वीं शताब्दी के आरंभ में आरम्भ किया।*

- ❖ *तूतनखामुन के खजाने – 1,360,957 आगंतुकों के साथ यह प्रदर्शनी ने युवा फिरौन तूतनखामुन की कब्र में रखे गए खजाने की खोज की जो प्राचीन मिस्र की कला और इतिहास के एक शानदार दौर से गुजरे थे। तूतनखामुन के बचपन से लेकर कला के अनूठे कार्यों तक के खजाने प्रदर्शित किए गए।*

- ❖ *मोना लिसा– लौवर से एक ऋण, कला का काम आ गया। 1963 में मेट पर जहाँ यह लगभग 3 सप्ताह तक रहा। उस समय के दौरान, संग्रहालय में इसके संक्षिप्त समय के दौरान प्रभावशाली टुकड़े को देखने के लिए 1,077,521 आगंतुक आए। कई फ्रांसीसी लोगों द्वारा कीमती पेंटिंग के संरक्षण के कारण विदेशी यात्रा का अत्यधिक विरोध किया गया; इसके बावजूद, इस टुकड़े ने यात्रा को सुरक्षित बना दिया।*

- ❖ *वेटिकन कलेक्शंस– 896,743 आगंतुकों को आकर्षित किया ,यह प्रदर्शनी में वैटिकन म्यूज़ियम, सेंट पीटर एंड इट्स ट्रेज़री, अपोस्टोलिक पैलेस और वैटिकन लाइब्रेरी से तैयार किए गए कार्य शामिल हैं। यह संग्रह पश्चिमी दुनिया के सबसे प्रभावशाली में से एक है, क्योंकि यह उनकी परंपरा का प्रतिनिधित्व करता है।*

- ❖ *पेरिस में चित्रकार – पेरिस हमेशा से ही एक कलात्मक आकर्षण रहा है,*

और इस प्रदर्शनी ने 883,620 आगंतुकों को आकर्षित किया। 20 वीं शताब्दी के पहले दशकों के दौरान, फ्रांस कई प्रभावशाली कलाकारों का घर था, जो आधुनिक कला का केंद्र बन गया। प्रदर्शनी पेरिस स्कूल से 100 से अधिक टुकड़ों में प्रदर्शित होती है, जिसमें ब्रैक, चागल, डबुफ– भ्रूण, मैटिस, मोदिग्लिआनी, मिरो और पिकासो जैसे स्वामी शामिल हैं। यह आधुनिक पेरिस का एक महान चित्रण था।

❖ चीनः लुकिंग ग्लास के माध्यम से – यह प्रदर्शनी आमंत्रित करती है–पश्चिमी फैशन पर चीनी संस्कृति के प्रभाव को कम करते हुए 815,992 आगंतुकों को लाया गया। कॉस्टयूम इंस्टीट्यूट ने एशियाई कला विभाग के साथ मिलकर यह खुलासा किया कि चीन ने सेंटु–रेज के लिए फैशनेबल कल्पना को कैसे प्रेरित किया है। चीनी कल्पना को दर्शाने के लिए चीनी परिधानों, चित्रों, फिल्मों और अन्य कलाओं के विपरीत उच्च फैशन के टुकड़े प्रस्तुत किए गए। दशकों से पॉल पोएर्ट और यवेस सेंट लॉरेंट जैसे पश्चिमी डिजाइनर पूर्व से वस्तुओं और छवियों से मुग्ध हो गए, इन प्रभावों को अपने स्वयं के डिजाइनों में शामिल करते हैं। 140 से अधिक हाउते कॉउचर और अवेंट–गार्डे रेडी–टू–वियर टुकड़े प्रदर्शन पर रहे।

अब जब हमने मेट पर सबसे प्रसिद्ध एक्स–ब्वॉयज में से कुछ को खोजा है, तो आइए एक वर्तमान का अन्वेषण करें। द न्यू वन्स, विल फ्री अस एक प्रदर्शनी है, जिसे केन्याई–अमेरिकी कलाकार वांगेची मुटू द्वारा डिजाइन किया गया था। इस प्रदर्शनी से पहले मेट की ऐतिहासिक अग्रभाग मुट्टू की मुक्त खड़ी मूर्तियों से सुशोभित होंगे जो एक बार खाली निचे बदल देंगे। मुटु ने द ब्रेज़्ड ऱ, प, प्प और प्ट नाम की चार कांस्य मूर्तियां बनाई हैं। टुकड़े लिंग और नस्लीय राजनीति की आलोचना करते हैं, जो कि पश्चिमी और अफ्रीकी दोनों कलाओं में प्रचलित एक मूल भाव का उल्लेख करते हुए सायराटिड का निर्माण किया। यह एक मूर्तिकला आकृति है जो आमतौर पर महिला है और समर्थन करने के लिए कार्य करती है। यह एक कैराटिड पारंपरिक रूप से भार–वाहक के रूप में अपनी भूमिका तक ही सीमित है, फिर भी मुटु एक नारीवादी के साथ इसे चुनौती देते हैं जो अपने पारंपरिक कर्तव्यों से सैराटिड को राहत देता है। शायद इस काम को एक जिम्मेदारी के रूप में देखा जा सकता है कि समाज में महिलाओं, विशेष रूप से अश्वेत महिलाओं का सामना करना पड़ता है। मट्टू की सजावट की सजावट उच्च कोटि की अफ्रीकी महिलाओं के अलंकरण से प्रेरणा लेती है, कॉइल से जो मनके शरीर और कवच की आकृति के कवच को कवर करते हैं। आंकड़े आधिकारिक

हैं, शक्ति, संस्कृति और प्रतिनिधित्व के बीच संबंधों की जाँच करते हैं।

कला संस्थान शिकागो

आर्ट इंस्टीट्यूट ऑफ शिकागो और मिकालीन थॉमस 'रंबल 1879 में स्थापित, शिकागो का आर्ट इंस्टीट्यूट संयुक्त राज्य अमेरिका के सबसे पुराने और सबसे बड़े कला संग्रहालयों में से एक है। शिकागो के ग्रांट पार्क में, संग्रहालय को अपने क्यूरेटेड कला संग्रह के लिए व्यापक रूप से मान्यता प्राप्त है, जो लगभग 1.5 मिलियन लोगों को वार्षिक रूप से आकर्षित करता है। इसके संग्रह में पाब्लो पिकासो के द ओल्ड गिटारिस्ट और एडवर्ड हॉपर के नाइटहॉक्स जैसे प्रतिष्ठित कार्यों के 11 विभाग हैं। स्थायी संग्रह में 30 से अधिक विशेष वार्षिक प्रदर्शनियों के साथ 300,000 से अधिक कलाएँ शामिल हैं जो इसके पहलुओं को उजागर करती हैं कला संग्रह और नवीन वैज्ञानिक अनुसंधान प्रस्तुत करते हैं। यह एक शोध संस्थान के रूप में संग्रहालय में एक संरक्षण विज्ञान विभाग, पाँच संरक्षण प्रयोगशालाएँ और रायर्सन और बर्नहैम लाइब्रेरीज़ हैं, जो संयुक्त राज्य के सबसे बड़े कला इतिहास और वास्तुकला पुस्तकालयों में से एक है। हालाँकि संग्रहालय पहले से ही बड़े पैमाने पर रहा है, लेकिन अब इसमें कई अतिरिक्त हैं।

संग्रह की वृद्धि के कारण सबसे हालिया परिवर्धन में से एक रेनज़ो पियानो द्वारा डिज़ाइन किया गया मॉडर्न विंग, 2009 में खुला और संग्रहालय के आकार में जबरदस्त वृद्धि हुई, जिससे बाद यह मेटरोपीन म्यूजियम ऑफ़ आर्ट के बाद देश का दूसरा सबसे बड़ा कला संग्रहालय बन गया।

इस बीच, शिकागो के आर्ट इंस्टीट्यूट में कला संग्रह दुनिया भर से 5,000 साल के मानव इतिहास और सांस्कृतिक अभिव्यक्ति को समेटता है। यह संग्रहालय शुरुआती जापानी कलाकृतियों से लेकर समकालीन अमेरिकी कला तक के टुकड़े रखता है। वास्तव में, यह संयुक्त राज्य अमेरिका में पश्चिमी चित्रों के बेहतरीन संग्रह में से एक के लिए पहचाना जाता है। इन सब के अलावा उनके पास अफ्रीकी–अमेरिकी आधुनिक और समकालीन कला का एक व्यापक संग्रह है।

हाल ही में काले समकालीन कला, कला बाजार में एक वस्तु बन गई है और कला संस्थान ने इसके अनुसार अधिक अधिग्रहण किया है। एक टुकड़ा

जो विशेष रूप से ध्यान देने योग्य है वो मिकालीन थॉमस 'रंबल फ्रिटिंग रेस्लिंग रेसलिंग सीरीज़ पर आधारित है । मिकालीन थॉमस एक अमेरिकी मूल का कलाकार है जो अब न्यूयॉर्क से बाहर काम कर रहा है। वह काले महिलाओं की हड़ताली पेंटिंग और तस्वीरें बनाता है जिससे महिला पहचान और सुंदरता की अवधारणाओं का पता लगाते हैं।

भारी रूप से कला इतिहास और पॉप संस्कृति से प्रेरित 19 वीं शताब्दी के फ्रांसीसी चित्रों से 1970 के दशक की ब्लाक्सप्लिटेशन फिल्मों में थॉमस के काम के स्रोत रहे हैं। वह हेनरी मैटिस से लेकर पाम ग्रियर तक के लोगों से प्रभावित रही है। उसके चित्र उसकी खुद की तस्वीरों पर आधारित हैं, जिसे वह फिर स्फटिक, कोलाज, एक्रिलिक पेंट और तामचीनी में शामिल करती है। पारंपरिक पश्चिमी चित्रों के प्रभाव को उसके काले विषयों की नकल की गई पोज़ में देखा जा सकता है। थॉमस के आख्यानों के ये नायक अक्सर अपमानजनक रूप से दीवारों से घिरे होते हैं। यह पैटर्न 2015 से उक्त रंबल में से एक है। यह टुकड़ा "कट–एंड–पेस्ट" फोटो, टेप, पेपर और एक्रेलिक पेंट से बना एक मिश्रण है। उनकी शक्तिशाली छवियां काली महिलाओं की विविध सुंदरता और शरीर के प्रकारों का जश्न मनाती रहती हैं।

दीया डेट्रायट

डेट्रायट इंस्टीट्यूट ऑफ आर्ट्स मेजबान अमेरिकन आर्ट के चयन की विशेषता नई प्रदर्शनी की मेजबानी करता है। डेट्रॉइट इंस्टीट्यूट ऑफ आर्ट्स के पूरे देश में सबसे बड़े और सबसे प्रमुख कला संग्रहों में से एक है। मिशिगन के मिडटाउन डेट्रायट में, डीआईए के संयुक्त राज्य में शीर्ष छह संग्रहालयों में शुमार किया जाता है, जिसके लिए दुनिया भर के कार्यों का संग्रह किया जाता है। नियमित घटनाओं और डेट्रायट चयनों की तरह नई प्रदर्शनियों के साथ नियमित रूप से अचनाक सामने आता है, जो डीआईए डेट्रायट समुदाय में कला के लिए एक सकारात्मक शक्ति है।

आयोजन

डेट्रॉइट इंस्टीट्यूट ऑफ आर्ट शुक्रवार रात लाइव का आयोजन करता है, जो स्थानीय और अंतर्राष्ट्रीय संगीतकारों द्वारा मुफ्त प्रदर्शन का एक साप्ताहिक चयन

है। वे डेट्रायट फिल्म सिनेमाघरों में अंतर्राष्ट्रीय और कला सिनेमा का चयन भी करते हैं। दैनिक पारिवारिक कार्यक्रमों, कार्यशालाओं और मुफ्त गैलरी खेलों के साथ दीया परिवारों के लिए एक आदर्श स्थान है। स्कूल क्षेत्र की यात्राएँ और अन्य समूह भी इन कलाओं में एक गहन गोता लगाने के लिए व्यक्तिगत स्टूडियो कक्षाओं को निर्धारित कर सकते हैं जो संग्रहालय को पेश करते है।

संग्रह

दीया संग्रहालय कला के कार्यों में लोगों को अधिक सिखाने के लिए मुफ्त सार्वजनिक निर्देशित पर्यटन प्रदान करता है। अपने संग्रह में अधिक आकर्षक अनुभव के लिए, डीआईईए एक हाथ में यंत्र के साथ चलचित्र पर्यटन प्रदान करता है। उनके कला और दिमाग के व्याख्यान में प्रमुख कलाकारों, इतिहासकारों और संग्रहाध्यक्ष से कला और संस्कृति के बारे में विभिन्न विषयों पर बातचीत की सुविधा है। रिवर कोर्ट 1932–1933 डिएगो द्वारा चित्रित डेट्रोइट उद्योग भित्ति चित्रों वाला एक कमरा है। अक्सर माइकल एंजेलो की सिस्टिन चैपल की तुलना में, इसकी अवधि और महत्व विशिष्ट भव्य कमरे में भित्ति चित्र शामिल हैं।

प्रदर्शनियाँ

डीआईईए में कई घूर्णन कला प्रदर्शनियां हैं जो विभिन्न कलाकारों और कलाओं की अवधि को दर्शाती हैं। 1550 से 1700 तक डच और फ्लेमिश प्रिंट और ड्रॉइंग की उनकी प्रदर्शनी 26 जुलाई तक चलती है, और वे ब्रूगल की "द वेडिंग डाँस" की प्रदर्शनी भी लगाते हैं। इसमें फ्रीडा काहलो और सल्वाडोर डाली द्वारा 27 सितंबर के माध्यम से एक प्रदर्शनी में तीन महत्वपूर्ण कार्यों को दिखाया गया है, जिसमें दिखाया गया है कि कैसे कलाकारों ने अपनी खुद की सरलीकृत दुनिया बनाई।

डेट्रोइट संग्रह प्रदर्शनी

डेट्रॉइट इंस्टीट्यूट ऑफ आर्ट की सबसे प्रमुख प्रदर्शनियों में से एक डेट्रोइट कलेक्ट्स है: निजी संग्रह से अफ्रीकी अमेरिकी कला का चयन। यह निजी संग्राहकों द्वारा डेट्रायट क्षेत्र में अफ्रीकी अमेरिकी कला के संग्रह के समृद्ध और विशद इतिहास की पड़ताल करता है। प्रसिद्ध अफ्रीकी–अमेरिकी कलाकार रोमरे बेयरडेन, चार्ल्स मैकगी, अल लविंग, मारियो मूर और एलिसन सार सभी प्रदर्शनी

में दिखाए गए हैं।

डेट्रॉइट संग्राहक से यह भी पता चलता है कि विभिन्न अमेरिकी मीडिया, शैलियों, और अफ्रीकी–अमेरिकी संस्कृति के विषय में स्थानीय संग्राहकों की रुचि ने उन्हें काले कलाकारों के साथ कलाकृति एकत्र करने के लिए कैसे प्रेरित किया। ऑनलाइन कला के विभिन्न कार्यों को देखने के लिए प्रदर्शनी के साथ एक सूची उपलब्ध के करता है। प्रदर्शनी की मुख्य विशेषताएं dia.org@ detroitcollects पर देखी जा सकती है।

उच्च अटलांटा

अटलांटा के हाई संग्रहालय में कुछ चीज़ों की प्रदर्शनी–एक उत्कृष्ट कृति जो ब्लूमबर्ग न्यूज के एक अध्ययन के अनुसार, अटलांटा में काले घरों की संख्या 2010 से कम से कम $ 200,000 प्रति वर्ष है। यह अटलांटा में कला के लिए जाना जाने वाला उच्च संग्रहालय है। 1905 से, इसने कला प्रेमियों में कुछ को उजागर करने वाली प्रदर्शनियों में खो जाने का अवसर प्रदान किया है। पिछली सदी के महानतम कलाकारों में एक प्रदर्शनी जो बाहर खड़ी थी, रोमरे बेयर्डेन समथिंग सम समथिंग एल्स, जो सितंबर 2019 से फरवरी 2020 तक हाई म्यूज़ियम ऑफ़ आर्ट में लगाई गई।

रोमरेय बर्डेन की जीवन यात्रा

हाई म्यूज़ियम ऑफ़ आर्ट में प्रदर्शनी को रोमारे बेयरडेन ने जीवन की रंगीन रूपरेखा श्रृंखला को संबोधित किया गया था। रोमारे बेयरडेन ने खुद न्यूयॉर्क की एक प्रसिद्ध पत्रिका के साथ एक साक्षात्कार के बाद प्रदर्शनी के लिए प्रेरणा प्राप्त की। इसके बाद, उन्हें सीधे अपने रूपरेखा को एक प्रदर्शनी में रखने और आगंतुक को उपलब्ध कराने के लिए कहा गया। जो पहले एक साधारण साक्षात्कार लगता था, वह बाद में बेयरडेन के लिए इस विचार को वास्तविकता में बदलने की प्रेरणा बन गया। जो कलाकार की मृत्यु के दशकों बाद भी उसका काम जीवित है।

एक रंगीन प्रदर्शनी

यह एक गहरा अर्थ है क्योंकि यह रोमरे बेयरडेन के जीवन के अनुभवों से संबंधित है; रंगीन रूप सबसे बाहर खड़ा लगता है। प्रदर्शनी में, उन्होंने रंगों के साथ संचार किया, पेंटिंग के माध्यम से प्रत्येक संदेश को व्यक्त करने की कोशिश की। यह न केवल प्रदर्शनी को एक रंगीन अनुभव बनाता है; बल्कि यह उनके अनुभव के क्षणों को फिर से जीवन में लाता है। अनूठी शैलियों और रंगों के साथ, प्रदर्शनी आगंतुकों को अपने आराध्य–जीवन के माध्यम से यात्रा पर ले जाती है। ट्रेन की सवारी जैसी बुनियादी घटनाओं से लेकर अंतिम संस्कार जैसी सार्थक घटनाओं तक उनकी यात्रा आकर्षक थी। इन घटनाओं में से हर एक घटना उनके जीवन के विभिन्न पक्षों का खुलासा करते हुए प्रदर्शनी में एक टुकड़ा बन गई। उनकी कला के प्रेमियों के लिए यह प्रदर्शनी उच्च स्तर की थी।

रोमेर बर्डेन की स्मृति

कला के उच्च संग्रहालय के लिए, प्रदर्शनी एक प्रतिभाशाली कलाकार की स्मृति में थी। अटलांटा के लोगों के लिए बनाई गई कुछ उत्कृष्ट कृतियों में रोमारे बेयरडेन में झलक मिली थी।

आई सी ए

समकालीन कला संस्थान (आइ सी ए) बोस्टन कला संग्रहालय और बोस्टन, मैसाचुसेट्स, संयुक्त राज्य अमेरिका में एक प्रदर्शनी स्थल है। इसकी स्थापना 1936 में बोस्टन म्यूजियम ऑफ मॉडर्न आर्ट के रूप में हुई थी। 1948 में संस्था ने अपने सहयोगी, न्यूयॉर्क के मामा से सहयोग खोने के बाद अपना नाम आइसीए में बदल दिया। अभी आइसीए बिल्डिंग का निर्माण 2006 में डीलर स्कोफडीओ और रेन्फ़रो द्वारा किया गया। संग्रहालय और प्रदर्शनी अंतरिक्ष कला के लिए आधुनिक दृष्टिकोण के साथ आधुनिक कला वेजता प्रदर्शन पर ध्यान केंद्रित करते हैं। संस्था ने रचनात्मक कलाकारों की पहचान करने और उन्हें अपने कौशल का पोषण करने के लिए एक अवसर प्रदान करने से बड़ी प्रतिष्ठा और सार्वजनिक छवि प्राप्त होती है। पिछले 80 वर्षों से,आइसीए ने समकालीन कला जैसे फिल्म, दृश्य कला, साहित्य और चलचित्र के समकालीन कला को प्रोत्साहित किया है।

आर्थर जाफा का 2016 का वीडियो लव द मैसेज, द मैसेज इज डेथ एक पूर्व प्रदर्शनी है जिसे आईसीए द्वारा चित्रित किया गया है, जो चलचित्र

को दृश्य कला के रूप में प्रदर्शित करता है। आर्थर एक अमेरिकी कलाकार, चलचित्रकलाकार और फिल्म निर्देशक हैं, जिन्होंने अफ्रीकी–अमेरिकी इतिहास और अनुभव का पता लगाने के लिए सात मिनट की वीडियो बनाई। वीडियो विभिन्न स्रोतों जैसे पॉप वीडियो, पुलिस कैमरा, खेल की घटनाओं, नागरिक वीडियो और टीवी समाचार को जोड़ती है। यह अलग–अलग क्षणों को संकलित करता है जैसे कि नागरिक अधिकार मार्च; मार्टिन लूथर किंग अपने कार के पीछे बैठकर लोगों को हाथ दिखा रहे थे; पूर्व राष्ट्रपति बराक ओबामा एक सफेद वर्चस्ववादी द्वारा मारे गए नौ चार्ल्सटन पारिशियन के लिए अपने अद्भुत अनुग्रह स्तवन का गायन करते हैं; टेक्सास में एक पूल पार्टी में एक किशोर लड़की पर पुलिस अधिकारी द्वारा अत्यधिक बल का उपयोग हेतु एककरते हुए; और बेयोंस का संगीत वीडियो "7 / 11" जफा ने इन चित्रों को उस फुटेज के जरिए आत्म–निरीक्षण किया, जिसमें उन्होंने अपनी माँ को अपनी बेटी की शादी में नाचते हुए और अपने पिछले कामों का संग्रह करते हुए दिखाया था। कान्ये वेस्ट के सुसमाचार–प्रेरित हिप–हॉप ट्रैक हल्की किरण की पृष्ठभूमि में कान्ये वेस्ट का हिप हॉप ट्रैक उल्टरलीघट बीम चल रहा था। वीडियो में सूर्य की आवर्ती छवि थी इसे जफा ने दैनिक क्रियाओं को तौलने के लिए एक उपयुक्त पैमाने के रूप में इश्तेमाल किया। उदाहरण– समकालीन कला के रूप में। वीडियो आर्ट चलती तस्वीरों पर भरोसा करते हुए वीडियो या ऑडियो डेटा का उपयोग करता है। जाफा का वीडियो एक इंस्टॉलेशन वीडियो है जिसमें प्रदर्शन कला के साथ वीडियो के विभिन्न टुकड़े इकट्ठे होते हैं। वीडियो नागरिक अधिकारों से लेकर राष्ट्रपति ओबामा के स्तवन , मूर्तिकला,वास्तुकला, डिजिटल और इलेक्ट्रॉनिक कला को जोड़ती है। वीडियो 21 वीं सदी में काले अमेरिकियों के इतिहास को दर्शाने में महत्वपूर्ण कार्यों को दर्शाता है और घटनाओं का वर्णन करता है। इस प्रकार लव इज़ द मैसेज, द मैसेज इज़ डेथ एक वीडियो कला का एक टुकड़ा है जो काले संगीत और अनुभव की शक्ति, सुंदरता और अलगाव की प्रतिकृति है।

समकालीन ह्यूस्टन

ह्यूस्टन और नारी वार्ड में समकालीन कला संग्रहालयः वी द पीपल

1948 में स्थापित, समकालीन कला संग्रहालय ह्यूस्टन (सीएएसएच) ,ह्यूस्टन,

टेक्सास के संग्रहालय जिले में है। यह संग्रहालय समकालीन कला को जनता के सामने लाने के लिए कड़ाई से समर्पित है। एक स्वतंत्र संस्थान के रूप में, संग्रहालय हमारे समय के सबसे प्रेरणादायक अंतरराष्ट्रीय, राष्ट्रीय और क्षेत्रीय कला को दिखाने के लिए प्रतिबद्ध है। उनका उद्देश्य नई कलाओं को प्रस्तुत करने और प्रदर्शनियों, व्याख्यानों, प्रकाशनों और विभिन्न प्रकार के अन्य शिक्षा-क. र्यक्रमों के माध्यम से आधुनिक जीवन के प्रति अपने संबंधों को प्रदर्शित करके जनता को जोड़ने का काम करता है। सीएएसएच 1972 में खोले गए पुरस्कार विजेता वास्तुकार गुन्नार बिर्केट्स द्वारा डिजाइन की गई एक प्रभावशाली स्टेनलेस-स्टील की इमारत में स्थित है। संग्रहालय के दस नामक प्रदर्शनी जिसमें कई कलाकार शामिल थे जिन्होंने गैर-पारंपरिक मीडिया में काम किया था। 70 के दशक के दौरान सीएएसएच ने शुरुआत करके सीमाओं को आगे बढ़ाया। जॉन चैम्बरलेन की डेल गैस जैसी प्रदर्शनियां, जो संयुक्त राज्य अमेरिका में हिस्पैनिक कलाकारों का सर्वेक्षण करने वाली पहली प्रस्तुतियों में से एक थी।

80 के दशक में, संग्रहालय ने तेजी से विकास किया और प्रदर्शन कला और समकालीन स्थिर वस्तु चित्रण के लिए प्रतिष्ठानों को शामिल करके अपनी प्रदर्शनियों का विस्तार किया। तब से, इस अभिनव श्रृंखला में 175 से अधिक विभिन्न प्रदर्शनियों का प्रदर्शन किया गया है। 90 के दशक तक, संग्रहालय में कला को शामिल किया गया था जो पिछले 40 वर्षों के भीतर बनाया गया था, जो अंतरराष्ट्रीय स्तर पर मान्यता प्राप्त कला और कलाकार थे। संग्रहालय की गैलरी की दो मंजिलों का उपयोग प्रतिवर्ष छह से आठ प्रदर्शनियों को प्रदर्शित करने के लिए किया जाता है। सीएएसएच में एक दिलचस्प प्रदर्शनी नारी वार्ड: वी द पीपल, कलाकार के टेक्सास में पहला संग्रहालय सर्वेक्षण है। वार्ड 1963 में सेंट एंड्रयू, जमैका में पैदा हुआ था और वर्तमान में न्यूयॉर्क के हार्लेम में रहता है और काम करता है। उन्हें अपने मोहल्ले में एकत्र की गई सामग्री से प्राप्त अपनी भद्दी-भद्दी स्थापनाओं के लिए जाना जाता है। वार्ड को बेबी स्ट्रॉलर, बोतल, दरवाजे, कैश रजिस्टर, शॉइल, और बहुत कुछ जैसी वस्तुओं को पुनः प्रस्तुत करने के लिए जाना जाता है। वह इन मूर्तियों का उपयोग जाति, गरीबी, आर्थिक विघटन, लोकतंत्र और संस्कृति के आसपास के सामाजिक और राजनीतिक मुद्दों पर टिप्पणी करता है। उनके काम का अर्थ खुला छोड़ दिया गया है, जिससे दर्शक अपनी स्वयं की व्याख्याओं को प्रस्तुत कर सकते हैं।

नारी वार्ड: हम लोग संयुक्त राज्य अमेरिका के संविधान के पूर्व-परिचित

एक परिचित वाक्यांश हैं। यह उन मूल्यों को उद्घाटित करता है जो संविधान का लक्ष्य है– जैसे लोकतांत्रिक शासन–व्यवस्था, न्याय, स्वतंत्रता और समानता। प्रदर्शनी में वार्ड ने रंगीन फावड़ियों का उपयोग करके वाक्यांश को मंत्र दिया गया। यह प्रदर्शनी सवाल उठाती है कि "हम कौन हैं?" यह दर्शकों को अपने विचारों को उत्पन्न करने के लिए छोड़ देता है, संभवतः वाक्यांश के भीतर असमानताओं को उजागर करता है। वार्ड का काम शक्तिशाली, परिवर्तनकारी है और परिवर्तन के लिए उत्प्रेरक का काम करता है।

अध्याय– 4

कभी–कभी मुफ्त वास्तव में स्वतंत्र है: आर्ट गैलरी

आर्ट गैलरीः कला के बारे में देखने और जानने के लिए एक जगह

समाज के लगभग हर पहलू के लिए एक संरचना है, और इसमें कला दीर्घाएँ भी शामिल हैं। कला को खरीदने और बेचने की व्यवस्था तब से है जब से कला आसपास रही है; यह जल्द नहीं बदलेगा। सबसे पहले, एक आर्ट गैलरी का दौरा करने के बजाय अंतरंग लग सकता है। वे आम तौर पर न्यूनतम विक्षेप और नियंत्रित प्रकाश व्यवस्था के साथ बड़े खाली स्थान होते हैं जो प्रश्न में कला को सबसे अच्छा दिखाते हैं।

वे अवैयक्तिक रिक्त स्थान होने के लिए कुख्यात हैं इसलिए जब आप चलते हैं तो स्वागत करने वाले आपकी उपस्थिति को स्वीकार नहीं करते है तो आश्चर्यचकित न हों। कई कला दीर्घाओं को संग्रहालयों की नकल करने के लिए डिज़ाइन किया गया है, लेकिन समानता के बावजूद कुछ अलग अंतर हैं। संग्राहक बनने के इरादे से कला के बारे में सीखने वाले एक कला उत्साही के रूप में इन अंतरों को जानना महत्वपूर्ण है।

पहला बड़ा अंतर यह है कि संग्रहालयों के विपरीत, कला दीर्घा ऐसे व्यवसाय हैं जो प्रदर्शित कला को बेचते हैं। दीर्घा तब परिचालन खर्चों को कवर करने और लाभ उत्पन्न करने के लिए बिक्री के दौरान किए गए धन का उपयोग करती हैं। उनके पास अक्सर उन कलाकारों के लिए एक निश्चित मानदंड होता है जो दीर्घा में चित्रित होते हैं या जो एक साझा का उपयोग करते हैं जैसे शैली, तकनीक, माध्यम आदि। अंततः, कलाकारों को आमतौर पर कलाकृति की खरीद मूल्य का एक हिस्सा भुगतान किया जाता है, जो कि दीर्घा द्वारा लिया गया प्रतिशत घटाता है।

यह भी ध्यान रखना महत्वपूर्ण है कि कई दीर्घाएँ कला की विशिष्ट श्रेणियों में काम करती हैं। कुछ समकालीन कला के विशेषज्ञ हो सकते हैं जबकि अन्य यूरोपीय कुंआरियाँ पर ध्यान केंद्रित करते हैं। दीर्घा अक्सर एक या एक छोटे समूह के कलाकारों के लिए महीने लंबी प्रदर्शनियों को प्रस्तुत करके विस्तारित अवधि के लिए एक कलाकार पर ध्यान केंद्रित करते हैं। इन प्रदर्शनियों को तब विज्ञापन, फोन कॉल और उद्घाटन के माध्यम से संभावित खरीदारों को दिया जाता है। यद्यपि दीर्घाएं कला के बारे में जानने के लिए एक महान स्थान हैं अंततः वे अपने कलाकारों की कलाकृति को बढ़ावा देने और बेचने के लिए एक व्यवसाय हैं। कला

दीर्घा में प्रवेश करते समय यह संभावना है कि आप सफेद दीवारों, सफेद घन रचना और शांत स्थानों को करेंगे। यह विशुद्ध रूप से एक विपणन रणनीति है जिसमें कई दीर्घाओं का उपयोग संपन्नता के वारिस को व्यक्त करने के लिए किया जाता है। इन प्रतिष्ठानों को अभिजात वर्ग, शिक्षित और परिष्कृत व्यक्तियों और संस्थानों को आकर्षित करने के लिए पर्यवेक्षण किया गया है। यह अग्रभाग एक मनोवैज्ञानिक बाधा बनाता है जो ऐसे लोगों को हतोत्साहित करता है जो दीर्घा प्रदर्शनियों में अभिजात्य वर्ग 'में नहीं आते हैं। इस सब के अलावा, दीर्घा प्रदर्शन पर कला के द्वारपाल हैं, और यह तय करने के लिए पूर्ण शासन है कि कौन टुकड़ों की खरीद करता है। यद्यपि दीर्घाओं से खरीदारी करने से आपको विशेष काम करने की सुविधा मिलती है लेकिन प्रवेश की बाधा काफी अधिक है। संग्राहकों को अक्सर एक प्रतिष्ठित खरीदार के रूप में मोर्चे पर धकेल दिया जाता है जो उन संग्राहकों द्वारा नीचा दिखाया जाता है, जिनके साथ ऊपरी इचेलॉन खरीदने का इतिहास रहा है।

यद्यपि यह शौकीन कला प्रेमियों के लिए निराशाजनक हो सकता है, जो पसंदीदा श्रेणियों में फिट नहीं होते हैं, लेकिन यह हतोत्साहित महसूस करने का एक कारण नहीं है, क्योंकि दीर्घा कला जगत के एकमात्र द्वारपाल नहीं हैं।

अलीताश केबेडे– आर्ट के लिए एक जुनून और कलाकारों के लिए एक आँख

कला की दुनिया के भीतर अलीताश केबेडे ने प्रसिद्धि के लिए उठने से पहले अपने लिए एक प्रमुख कलाकार का नाम बनाया है ।

एक संग्राहक और दीर्घा निदेशक के रूप में अलीताश ने कला जगत में एक ताकत के रूप में खुद को स्थापित किया है, न केवल अपने लगन के माध्यम से बल्कि अपनी तीक्ष्ण नजर और आगे क्या हो रहा है, के बारे में भी पूर्व ज्ञात करके। 80 और 90 के दशक में डेटिंग करते हुए, उन्होंने उन कलाकारों की पहचान के लिए बार–बार अपनी सहज अंतर्ज्ञान को साबित किया जिनकी पहचान बढ़ रही थी। उन्होंने कला के बारे में सूचित अंतर्दृष्टि के लिए अपने प्रतिष्ठा को पुख्ता किया है, साथ ही साथ उन्होंने खुद को एक मॉडल बनाया है जो सभी नए संग्राहकों के लिए सुलभ है, उनकी शुरुआती सफलताओं के माध्यम से साबित होता है कि पर्याप्त पवनचक्कियां संभव हैं।

अपने करियर की शुरुआत में अलीताश ने अपनी कला दीर्घा को जुनून से शुरू किया, जिसने संग्राहकों को तेजी से सिखाया। उसने कई रोमारे बेयरडेन और जैकब लॉरेंस के टुकड़े बेचे। इस बीच ध्यान देने के बावजूद कि स्वर्गीय एड क्लार्क ने अपनी कला को धीरे–धीरे आगे बढ़ाया। यह वह युग था जब क्लार्क एक घरेलू नाम बन गए थे, उनके अमूर्त चित्र हॉलमार्क से बहुत दूर थे, जो अब बन गए हैं। पूर्वानुमान में, उनकी कला के लिए उनका उत्साह अनिश्चित रूप से प्रस्तुतियाँ लगता है, जो वह खुद उनके बारे में सोचती हैं और वह दूसरों को उनके प्रति प्रतिक्रिया करते हुए देखती हैं, भले ही वे उनके टुकड़ों को नहीं खरीद रही हों। जैसा कि वह बताती हैं, उस समय उनकी दीर्घा में जो दर्शक दिखाई दे रहे थे, वे परंपरा से बहुत दूर थे।

"मैं उन लोगों को उजागर कर रहा था, जिन्होंने पहले कला पर ज्यादा ध्यान नहीं दिया था," अलीताश कहते हैं। विशेष रूप से, वह एक हॉलीवुड कलाकार का उल्लेख करती है, उस समय एक युवा आकांक्षी अभिनेता, जिसने उसे बताया कि कॉलेज में कला की प्रशंसा का अध्ययन करने के बावजूद, उसने किसी भी ऐसे कलाकार के बारे में नहीं सीखा था जिसे वह अपने अंतरिक्ष में देख रहा था। बेयरडेन क्लार्क, नॉर्मन लुईस, और एम्मा अमोस जैसे युवा कलाकार अभिनेता के रहस्योद्घाटन थे।

यह पूरी तरह से अद्वितीय नहीं है। वह जिस निजी कला को निपटा रही थी, वह उतनी ही शिक्षा से जुड़ी हुई थी, जितनी कि एक जिम्मेदारी जिसमें उसने खुलासा किया।

अलीताश अपने शब्दों के साथ स्पष्ट है,कि उन्होंने एक काले संग्राहक के रूप में अपने कर्तव्य का पालन किया और संस्कृति विरासत के एक प्रधान के रूप में काम किया। वह इसे एक नैतिक अनिवार्यता के रूप में देखती है, जिसे लोगों और सरकारों को कला, संगीत, साहित्य, फैशन और कविता का एक रिकॉर्ड बनाना चाहिए, जो अतीत को आकार देकर प्रत्येक युग को परिभाषित करता है। उसके काम के लिए उसका जुनून तुरंत स्पष्ट है, उसके कुछ काम करने की अपार योग्यता जो वह अपने सभी प्रयासों के लिए स्पष्ट और मूलभूत दोनों के रूप में देखती है। एलिटश की शुरुआत के बारे में सब कुछ अपरंपरागत था, जिसमें प्रदर्शक के रूप में उनके शुरुआती प्रयास भी शामिल थे। 1982 में अपने पहले समूह की प्रदर्शनी को याद करते हुए, उन्होंने कुछ कलाकारों को काम दिया, जिनके काम में वे शामिल थेः विंसेंट स्मिथ, रोमारे बेयरडेन, स्कंडर बॉगहोसियन, जैकब लॉरेंस और जेड के ओलोरंटुबा। आवारा यात्रा के लिए उपयुक्त, जिसे उसने अपने कला की दुनिया में ले लिया जो एक दीर्घा या संग्रहालय के बजाय वेस्ट हॉलीवुड 1930 के टुडोर–शैली के आवास में अपने एक बेडरूम के अपार्टमेंट में थी। जब वह अपनी दूसरी प्रदर्शनी लगाती है, तो यह मेल एडवर्ड्स के इर्द–गिर्द घूमती है, एक मूर्तिकार, जो कहती है, हो सकता है कि उस समय पाँच या उससे कम संरक्षक मिले हों। आज उनकी मूर्तियां छह–फिगर के ऊपर की मूल्य में बिक रही है,जो विश्व स्तर के संग्रहालयों में अक्सर दिखाई देते हैं। 1980 के दशक की शुरुआत में उसने अपनी प्रदर्शनी में शून्य बिक्री को बंद कर दिया – प्रत्येक मूर्तिकला जो चयनित हो गई थी उसे एक सोने की पट्टी की तरह एक भूमिगत तिजोरी में दफन कर दिया।

इथियोपिया में जन्मे, अलीताश कला की सराहना करते हुए बड़े हुए। उसने एक समय के लिए संगीत उद्योग में काम किया, कला में बदलाव करने का फैसला करने से पहले अटलांटिक रिकॉर्ड्स में नौकरी कर ली। लॉस एंजिल्स से न्यूयॉर्क शहर उसने ट्यूडर सिटी में निवास किया, और कई कलाकारों से मुलाकात की और समुदाय में खुद को विसर्जित किया। उसके इरादे स्पष्ट थेः वह उठाना चाहती थी।

काले कलाकारों को अपने काम के इर्द-गिर्द और अधिक उत्साह पैदा करना और संग्राहकों को नए और पुराने लोगों को प्रोत्साहित करना और खरीदारी करने पर विचार करना। एक के बाद एक कलाकार, उसने खुद के लिए एक रास्ता ढूंढ लिया, कला में घर की तुलना में वह संगीत में कभी भी अधिक महसूस कर रही थी। जो एक जोखिम की तरह लग रहा था वह निर्णय होने के कारण समाप्त हो गया जो सबसे अधिक समझ में आता है।

जब वह बाहर शुरू कर रही थी, तो अलीताश ने पहली बार खरीदारों के लिए पेश किया, जिसमें वकील, डॉक्टर, लेखक, अभिनेता, फिल्म समर्थक, संगीत निर्माता, और कला की दुनिया में विज्ञापन देने वाले अधिकारियों को पेश किया, यहाँ तक कि इतिहास के सबसे प्रसिद्ध व्यक्तियों में से एक को मूर्तिकला बेच दिया। गायक और संगीत उद्योग के अग्रदूत। उसने अपनी कला को सब्दो के माध्यम से एकत्र करने के बारे में चर्चा की, रचनात्मकता की लहर में भाग लिया और मनोरंजन उद्योग में बदलाव किया, जो अप-एंड-कॉमर्स के साथ जुड़ गया, जो तब से सफलता की ऊंचाइयों पर पहुँचे हैं।

शायद जिस विश्वास के साथ अलीताश एक संग्राहक के रूप में अपने कर्तव्यों के बारे में जाना जाता है,जिसने कला जगत को ऐसे लोगों के लिए खोल दिया।यह एक कहानी से संबंधित है जो वह एक नए डुप्लेक्स में बना रही थी, और पुराने किराए और नए के बीच की खाई को पाटने के लिए, उसने व्यापार में एक एड क्लार्क के शुष्क-वर्णक की पेशकश की। यह एक ऐसी कहानी है, जो इतनी निराधार है, यह उसके करियर की विशेषता है, साथ ही घर को प्राथमिक महत्व देते हुए, जो क्लार्क ने अपने करियर में निभाया है, उसे आगे बढ़ाते हुए और हर मोड़ पर, एक निजी डीलर के रूप में अपने वर्तमान समय में दिखावे के लिए। क्लार्क के करियर के लिए एक श्रद्धांजलि के रूप में, उन्होंने युवा फिल्म निर्माता और यूसीएलए फिल्म स्कूल के स्नातक एंड्रयू रोसेनस्टीन के साथ एक दस्तावेजी पर गुणात्मक चित्रकार के साथ जोड़ी बनाई है।

जब अलीताश ने अपना प्रथम आर्ट सैलून खोला, तो उसका नाम अलीताश केबेंडे कंटेम्परेरी आर्ट रखा। यह उनके सपनों के घर से बाहर था। यह घर उसके उद्देश्यों के लिए एकदम सही था, लेकिन अलग भी था। उसने एक दीर्घा में कदम नहीं रखा था और वह इसे खुद स तैयार करना चाहती थी। उसे अपने दम पर काम करने की जरूरत थी। उसने उस कला में आश्चर्य देखा जो वह

देख रही थी और उस पर अभिनय किया था। वह हर कदम पर अपने पेशे की ओर अग्रसर हो रही थी, जो अंततः उसने खुद के लिए बनाया था।वह कहती है कि वह उस समय जो कुछ भी चल रहा था, उसके बारे में आशावादी बनी रही, और इस आशावाद को अच्छी तरह से स्थापित किया, जो उस शानदार कलाकार का अनुसरण करता था जिसे उसने बाहर निकाल दिया था –जो उन कलाकारों के काम लेने के लिए उपलब्ध थे, उनके मूल्य दशकों से आसमान छू रहे थे।

अध्याय– 5

कला मेले पर

मायावी कला के मेले में कुछ सहक्रियात्मक है। हलचल भरी घटनाएं एक सभा स्थल का प्रतिनिधित्व करती हैं – जहां संग्रहकर्त्ता और दर्शक कई दीर्घाओं से कला का अनुभव कर सकते हैं और सीधे प्रदर्शकों संवाद कर सकते हैं।

कला मेले बिक्री, ईंधन चर्चा को संचालित करते हैं, और कलाकारों के लिए अपने काम और एजेंडा को बढ़ावा देने के लिए एक आदर्श तरीके का प्रतिनिधित्व करते हैं, जो कि व्यापक रूप से व्यापक दर्शकों की खेती करते हैं। वे दुनिया के कुछ प्रमुख संग्रहालयों, दीर्घाओं, प्रतिनिधि, आलोचकों, संग्रहाध्यक्ष, सलाहकारों और अन्य खिलाड़ियों के सामने अपनी कला का प्रदर्शन करने के लिए उभरती प्रतिभाओं को अनुमति देते हैं। जो वहां एक ही स्थान पर बड़ी मात्रा में कला का उपभोग कर सकते हैं और महानगरीय क्षेत्रों के बाहर स्थित दीर्घाओं को वांछित ग्राहक तक पहुंचने का साधन देते हैं।

कला मेले नेटवर्किंग के लिए आदर्श वातावरण हैं। ये कार्यक्रम एक ऐसी जगह प्रदान करते हैं जहां कलाकार अपने काम को साझा कर सकते हैं, जहां वे दूसरों को अपनी प्रगति के बारे में सिखा सकते हैं, और जहां कलेक्टर सार्थक खरीदारी कर सकते हैं और जहां बाजार का नेतृत्व किया जा सकता है। दीर्घा द्वारपाल हैं लेकिन एक बार अंदर जाने के बाद सभी पार्टियों के लिए अवसर समाप्त हो जाते हैं। ये हलचल, भीड़ वाली घटनाएं हैं, जहां उद्योग के नेता और उभरती प्रतिभाएं बलों में शामिल हो सकती हैं, नए कलाकारों और रुझानों को अपने रडार पर रख सकती हैं, और उद्योग के भविष्य पर चर्चा कर सकती हैं।

शीर्ष मेले कला छात्रों सहित 20,000 से 40,000 वैश्विक कला को आकर्षित करते हैं, और उन लोगों के लिए आवश्यक हैं जो अपने पेशे में प्रगति की उम्मीद करते हैं। इसका मतलब है कि प्रदर्शकों को धैर्यवान और व्यक्तिपरक होना चाहिए,

और उन विक्रेता से जुड़ने के लिए तैयार रहना चाहिए जिनके पास अच्छी तरह से स्थापित स्वाद और प्राथमिकताएं हैं, न कि केवल बड़ी चीज के अंतर्ज्ञान का उल्लेख करने के लिए।

देश के सबसे प्रसिद्ध समकालीन कला मेलों में मियामी बीच, फ्रीज़ न्यूयॉर्क और एक्सपो शिकागो में प्रशंसित आर्ट बेसल हैं।

आर्ट बेसल, मियामी बीच, पिकासो बेबी

2013 में, जे जेड ने "पिकासो बेबी" गीत की विशेषता वाला एल्बम मैग्ना कार्टा जारी किया। गीत में मेरी पसंदीदा पंक्ति है, "कला बेसल के बाहर ट्विन बुगाटी। मैं बस जीवन को जीवंत बनाना चाहता हूँ। " यह वास्तव में बोलता है कि 2002 में खुलने के बाद से यह कितना बड़ा कला मेला सामने आया है। मेला गीत, कला बेसल का संदर्भ दिया गया, यह एक अंतरराष्ट्रीय कला मेला है जिसको अब बेसल, हांगकांग और मियामी बीच में वार्षिक मंचन किया जाता है। जो प्रत्येक मेजबान शहर में स्थानीय कला संस्थानों के साथ सहयोग करके, आर्ट बेसल कम्यू–नाइट्स को कला कार्यक्रम विकसित करने में मदद करता है, जबकि कलाकारों और संग्रहालयों को कलाकृति खरीदने और बेचने के लिए एक साथ आने का मंच देता है।

स्विट्जरलैंड में 1970 में शुरू, आर्ट बेसल के मेलों ने हर साल हजारों आगंतुकों को आकर्षित किया है, जिसमें कला जगत के प्रमुख व्यक्ति शामिल हैं। 2019 में मियामी बीच कला बेसल मेले में 29 देशों में से 269 अंतर्राष्ट्रीय दीर्घाओं को भेजा गया, जिनमें से 20 दीर्घा पहली बार मियामी बीच में दिखाई गई। इस खंड में मैं मियामी बीच आर्ट बेसल मेले के बारे में जानने के लिए आवश्यक सभी चीजों पर जाऊँगा, जिसमें टिकटों का प्रसाद और प्रदर्शनी पर चर्चा का एक उदाहरण है।

दीर्घाओं के प्रकार

दीर्घाओं

कला बेसल के मियामी बीच स्थान में उत्तरी अमेरिका, लैटिन अमेरिका, यूरोप और एशिया सहित दुनिया भर की प्रमुख दीर्घाएं हैं। मेले का मुख्य क्षेत्र प्रमुख

अंतर्राष्ट्रीय कलाकारों द्वारा महत्वपूर्ण कार्य करता है। ये कलाकार आधुनिक और समकालीनों के स्थापित स्वामी से लेकर नए आने वाले कलाकारों तक हैं। माइकल रोसफेल्ड गैलरी द्वारा दिखाए गए 2019 संस्करण के मेरे पसंदीदा टुकड़ों में से एक ब्यूफोर्ड डेलाने का "अनटाइटल्ड (ग्रीन स्ट्रीट), 1950" था।

मेरिडियन

मेरिडियन आर्ट बेसल मेले में बड़े पैमाने पर प्रो–जैक्स के लिए एक विशिष्ट खंड है जो कला मेलों के पारंपरिक लेआउट के अनुरूप नहीं है। मियामी बीच में पिछले साल के आर्ट बेसल मेले में, दर्शक थिएस्टर गेट्स द्वारा निर्देशित एक वीडियो, "डांस ऑफ़ मलगा," 2019 देख सकते थे।

नोवा

नोवा सेक्टर प्रस्तुत करता है कि पिछले तीन वर्षों के भीतर बनाया गया था। ये कार्य एक–से–तीन कलाकारों द्वारा बनाए गए हैं, जिनमें पिछले साल मेले में अमोअको बोअफो की "कोबाल्ट ब्लू ईयररिंग," 2019 शामिल है।

पदों

पदों का क्षेत्र दीर्घाओं को प्रदर्शित करता है जो उभरते कलाकारों की अनूठी एकल प्रस्तुतियों को प्रदर्शित करता है। 2019 के मेले में ताऊ लुईस द्वारा खुद से सिखाया कनाडाई कलाकार ने ऐसे कार्यों का प्रदर्शन किया, जिन्होंने पुनर्नवीनीकरण किए गए चमड़े, तार, रेकी से बने पॉली फाइबर, रेबार, हार्डवेयर, पत्थर और डॉलर, और सीशेल्स से "कूपर कोल" को उकेरा।

सर्वेक्षण

यह क्षेत्र ऐसी दीर्घाओं को प्रदर्शित करता है जो ऐतिहासिक रूप से प्रासंगिक कलात्मक प्रथाओं को उजागर करती हैं, जैसे कि पिपी हाउल्डवर्थ गैलरी का निर्णय। फेथ रिंगगोल्ड को दिखाने के लिए "स्लेव रेप □ 1: फियर विल मेक यू वेक," 1972, जो हमें अमेरिका के क्रूर नस्लीय विवाद की याद दिलाता है –जैसे अफ्रीकी अमेरिकियों के खिलाफ आलोचना।

संस्करण

वहाँ भी एक क्षेत्र में सुविधाओं काम करती है, जैसे प्रिंट की सुविधा । मूर्तिकार लियोनार्डो देव जिन्होंने क्राउन प्वाइंट प्रेस के साथ "सीपीपी6" को प्रकाशित किया था।

काबिनेट

अन्त में, काबिनेट क्षेत्र में आधुनिक और समकालीन दोनों कलाकारों द्वारा विषयगत एकल प्रस्तुतियाँ शामिल हैं। इन प्रस्तुतियों को एक अलग अनुभाग में प्रदर्शित किया जाता है। 2019 के मेले में काबिनेट सेक्टर में टॉर्केव डायसन के "हॉट कोल्ड (काला पानी 1919)" जैसे काम जो उनके साहसिक कार्य को प्रदर्शित करते हैं किया था।

टिकट

टिकट टू आर्ट बेसल को ऑनलाइन या बॉक्स ऑफिस पर खरीदा जा सकता है। टिकट विकल्प एक दिन पास से लेकर प्रीमियम $ कार्ड तक है, जो आपको चार–दिवसीय पास और अन्य घटनाओं के लिए विशेष पहुंच प्रदान करता है। सार्वजनिक उद्घाटन के दौरान एक दिन का टिकट एक सार्वजनिक दिन के लिए मान्य होता है। स्थायी टिकट सभी चार दिनों के लिए एक व्यक्ति को प्रवेश प्रदान करता है। कॉम्बिनेशन टिकट एक डे टिकट है जो आपको आर्ट बेसल और डिज़ाइन मियामी दोनों तक पहुँच प्रदान करता है। प्रीमियम $ कार्ड आर्ट बेसल वर्निसेज और सभी सार्वजनिक दिनों में विशेष उपयोगी है। 2019 में, इसने आपको थैले के साथ एक मुफ्त आर्ट बेसल पुस्तक, प्राथमिकता टूर बुकिंग, और दक्षिण फ्लोरिडा में संग्रहालयों का चयन करने के लिए मुफ्त पहुँच प्रदान की।

कला बेसल पर कला खरीद

कला बेसल में दुनिया के कई सबसे बड़े संग्रहकर्ता हैं जो चित्रित कलाकारों से कलाकृति का पीछा करते हैं। जबकि मिलियन–डॉलर की सीमा में कीमतों के लिए कला के कई काम बिकते हैं, ऐसे बहुत से टुकड़े हैं जिनकी कीमत $ 50,000 से कम है, इसलिए आरटल पर कला खरीदना है सभी संग्राहकों के लिए सुलभ है।

आर्ट बेसल का एक वैश्विक वीआईपी प्रतिनिधि नेटवर्क है जो दुनिया भर में कला संरक्षक के साथ संबंध बनाता है और बनाए रखता है। 29 कला विशेषज्ञ, जो वीआईपी प्रतिनिधियों की रचना करते हैं, वीआईपी मेहमानों को विशेष पहुंच और सेवाएं प्रदान करते हैं जो मेले में व्यक्तिगत अनुभव प्रदान करने में मदद करते हैं। इन वीआईपी मेहमानों में निजी संग्राहक और प्रमुख हस्तियां,संग्रहाध्यक्ष और कला सलाहकार शामिल हैं जो अंतर्राष्ट्रीय कला जगत से जुड़े हैं।

वीआईपी टिकट केवल आमंत्रण भर जो आपको कला मेले की अवधि के लिए एक विशेष वीआईपी दर्जा प्रदान करते हैं।

वीआईपी पूर्व दर्शन में शामिल होने का अवसर प्रदान करती है। टिकट को खोलने से एक दिन पहले कला बेसल में शामिल होने की अनुमति दी जाती है, जिससे उन्हें कला को भ्रमित करने और बिना भीड़ के देखने का अतिरिक्त समय मिल जाता है। वीआईपी टिकट धारकों को निजी वीआईपी लाउंज में भी विशेष पहुंच प्रदान की जाती है, जहां कला बेसल के प्रायोजक ब्रांड अपने अनुभागों में कला सहयोग और उत्पादों का चयन करते हैं।

आर्ट बेसल और यूबीएस ग्लोबल आर्ट मार्केट रिपोर्ट

यू. बी.एस का समकालीन कला और कलाकारों का समर्थन करने वाला एक विस्तारित इतिहास है, यही वजह है कि इसने 26 वर्षों से आर्ट बेसल के साथ भागीदारी की है। आर्ट बेसल के साथ अपनी साझेदारी के माध्यम से यूबीएस "आर्ट बेसल एंड यूबीएस ग्लोबल आर्ट मार्केट रिपोर्ट" का सह–प्रकाशन करता है, जो एक वार्षिक वैश्विक कला बाजार विश्लेषण है जो पिछले वर्ष के भीतर कला की दुनिया में सबसे महत्वपूर्ण विकास को उजागर करता है। यह रिपोर्ट एक स्वतंत्र और वस्तुनिष्ठ अध्ययन है जो दीर्घा व्यवसाय, ऑनलाइन बिक्री, कला मेलों और वैश्विक कला बाजार में एक असंबद्ध रूप प्रदान करने के लिए और अधिक कारक है।

कला प्रदर्शनियों से दूर मियामी बीच विश्व स्तरीय कला संग्रह की एक विस्तृत विविधता की मेजबानी करता है जैसे दीर्घाओं और निजी संग्रह जिसमें आधुनिक और समकालीन कला शामिल हैं। आर्ट बेसेल अपने वार्षिक कला मेले

के दौरान इनमें से कई संस्थानों के साथ विशेष कला प्रदर्शनियों का समन्वय करता है। इन कला प्रदर्शनियों में से कई प्रसिद्ध संग्रहालयों जैसे कि समकालीन कला मियामी या लोव आर्ट संग्रहालय जैसे प्रसिद्ध संग्रहालय हैं। वे वैकल्पिक कला स्थानों जैसे टिड्डी परियोजनाओं या गर्ल्स क्लब जैसे निजी संग्रह में भी जगह लेते हैं।

आर्ट बेसल एक सांस्कृतिक संस्था है जो द बे म्यूज़ियम ऑफ़ आर्ट के साथ एक ऑफ़–साइट कला प्रदर्शनी का समन्वय करती है, जिसने मिकालीन थॉमस द्वारा बेहतर नाइट्स प्रदर्शनी का आयोजन किया। प्रदर्शनी में एक अपार्टमेंट वातावरण बनाया गया था जो 1970 के दशक के अंत में घरेलू सौंदर्य को प्रतिबिंबित करने के लिए पुनर्गठित किया गया है, जिसमें अशुद्ध लकड़ी के पैनलिंग और वॉलपेपर हैं जो कि मिकालीन थॉमस के हस्ताक्षर वस्त्र हैं।

द बेटर नाइट्स इंस्टॉलेशन में मिकालीन थॉमस द्वारा दोनों काम शामिल थे और रंग के उभरते और स्थापित दोनों कलाकारों द्वारा काम का चयन किया गया था। अधिष्ठापन ने कलाकार द्वारा व्यवस्थित अलग–अलग कार्यक्रम प्रस्तुत की, जिसमें लाइव प्रदर्शन और अतिथि डीजे द्वारा प्रस्तुतियां शामिल हैं। कला बेसल मियामी बीच कला मेले के आम बोलचाल के ऐसे प्रतिष्ठान हैं जो संरक्षक अपने अनुभव का विस्तार करने के लिए यात्रा कर सकते हैं।

दुनिया के सबसे प्रमुख कला मेलों में से एक होने के नाते, आर्ट बेसल विश्व स्तर पर कला की उन्नति के लिए कई पहल करता है। यूबीएस के साथ अपनी साझेदारी के माध्यम से, आर्ट बेसल ने कलाकारों को अपनी कला को प्रस्तुत करने के लिए एक महत्वपूर्ण मंच प्रदान किया है। अपनी विभिन्न दीर्घाओं के साथ, साइट पर बातचीत और ऑफ़–साइट प्रदर्शन, आर्ट बेसल संग्राहक और कलाकारों के लिए एक समान स्थान है।

वित्तीय और बाजार के रुझान

आर्ट बेसल और टेफ की आर्ट बाजार रिपोर्ट्स से महत्वपूर्ण जानकारियां दुनिया में मेलों जैसे कला पारिस्थितिकी तंत्र में हाल के रुझानों पर उनकी अंतर्दृष्टि को सुनना हमेशा आकर्षक होता है। ये दो आदरणीय संस्थाएँ अपने व्यापक संसाधनों का उपयोग नए और निरंतर दीर्घकालिक रुझानों का विश्लेषण करने के लिए

कर सकती हैं, जिससे हम सभी को बेहतर ज्ञान प्राप्त करने की अनुमति मिलती है कि चीज़ें कहाँ हैं। आर्ट बेसल की "द आर्ट मार्केट 2020" और टेफ की "आर्ट मार्केट रिपोर्ट" की समीक्षा करें, तो हम देख सकते हैं कि अफ्रीकी-अमेरिकी कला और कला संग्रह के वित्तीय अंत से संबंधित कई प्रमुख रुझान हैं।

कला बेसल और कला बाजार 2020 विवरण

"कला बाजार 2020 विवरण" में, कला बेसल सब कुछ खोजता है जैसे विक्रेता और दीर्घाओं के वित्तीय स्वास्थ्य और कला बाजार में व्यापक आर्थिक परिवर्तन और आकार देने वाले रुझान। विवरण के मुख्य प्रायोजक यूबीएस ने आंकड़ों का खजाना एकत्र किया। समग्र निष्कर्ष यह था कि 2019 में समग्र बिक्री में गिरावट आई थी, फिर भी कुल मिलाकर बिक्री की मात्रा दस वर्षों में उच्चतम स्तर पर पहुंच गई थी।

इस बीच 2019 में, संयुक्त राज्य अमेरिका दुनिया में सबसे बड़ा कला बाजार बना रहा, मूल्य के हिसाब से वैश्विक बिक्री का 44% था। साल-दर-साल 5% बिक्री में गिरावट आई, अमेरिका ही अपनी बिक्री के दूसरे उच्चतम स्तर के लिए जिम्मेदार है। अगले दो सबसे बड़े बाजारों में भी साल-दर-साल गिरावट आई। यू.के., जो कि दूसरा सबसे बड़ा बाजार है, में इसके बाजार में 9% से 12.7 बिलियन की गिरावट आई। उस गिरावट के साथ भी, यू.के. अभी भी मूल्य के हिसाब से वैश्विक कला बाजार का 20% है। अंत में, चीन में बिक्री दो अंकों (10%) से गिर गई, देश मूल्य के अनुसार वैश्विक कला बाजार का 18% का प्रतिनिधित्व करता है। रिपोर्ट में, यूबीएस अंततः तर्क देता है कि ये साल-दर-साल दर्पण आर्थिक विकास और धन सृजन के रुझान को कम करता है। यहाँ तक कि इन गिरावटों के साथ, वैश्विक कला बाजार बहुत बड़ा है। अकेले 2019 में 64 बिलियन डॉलर की कला का लेन-देन हुआ। लेन-देन की वृद्धि मुख्य रूप से दीर्घा और डीलर क्षेत्र (2% से अधिक वर्ष की वृद्धि) में देखी गई, जबकि सार्वजनिक नीलामी (17% वर्ष-वर्ष), कला मेलों (1% वर्ष) की बिक्री में गिरावट आई थी –वर-वर्ष), और ऑनलाइन बिक्री (2% वर्ष दर वर्ष)।

जो खरीदा जा रहा है, उसके संदर्भ में, नए खरीदार शुद्ध हैं – महिला कलाकारों, काले कलाकारों द्वारा काम का पीछा करते हुए, और दूसरों को संभावित रूप से निगरानी के रूप में देखा जाता है। यह ब्लू-चिप से दूर है,

सफेद पुरुष कलाकारों को कला पारिस्थितिकी तंत्र के भीतर अधिक समानता बनाने में एक सकारात्मक कदम के रूप में देखा जा रहा है।

टेफ की कला बाजार विवरण

टेफ की कला बाज़ार विवरण में आज के कला पारिस्थितिकी तंत्र के बारे में कुछ आकर्षक अंतर्दृष्टि का भी पता चलता है, विशेष रूप से संरक्षक–आयु की भूमिका पर। विवरण का मुख्य प्रायोजक बैंक ऑफ अमेरिका था।

विवरण में आप देख सकते हैं कि संरक्षण कला क्षेत्र का एक बहुत बड़ा काम है। वास्तव में, विवरण के सर्वेक्षण में 78% उत्तरदाताओं ने कहा कि वे नियमित रूप से धर्मार्थ और गैर–वाणिज्यिक कला संगठनों और पहलों का समर्थन करते हैं। लगभग 33% कला संरक्षक साप्ताहिक या मासिक आधार पर कला के लिए इन–तरह के मौद्रिक सहायता प्रदान करते हैं। ये नकद योगदान महत्वपूर्ण हैं। हालाँकि, इन योगदानों के वित्तीय पहलुओं से परे, संरक्षण ने कला बाजार को समरूप रखा है। इस संरक्षण का अधिकांश हिस्सा सार्वजनिक कला संग्रहालयों जैसे बड़े संगठनों को जाता है। संस्थानों को दान देने से संरक्षक एकत्रित प्रथाओं को आकार देता है। अंततः संग्राहक जो काले कलाकारों द्वारा काम का अधिक प्रतिनिधित्व चाहते हैं, जो काम दान करने और कला संस्थानों में वित्तीय योगदान देने के बारे में रणनीतिक होने से बाधाओं को दूर करने में मदद कर सकते हैं।

एक और दिलचस्प प्रवृत्ति कला–सुरक्षित ऋण का उदय है। यू. एस और यू. के में एसेट–बेस्ड लेंडिंग मार्केट कई सालों से मौजूद है, लेकिन कुछ चुनौतियां हैं। इनमें से कुछ में उत्कृष्ट अर्थव्यवस्था के बारे में कलंक, बाजार की स्थितियों में बदलाव के साथ बंधी कमजोरियां,संग्राहक, विक्रेता और सलाहकारों के बीच जागरूकता की कमी शामिल हैं, और कुछ कोल–टॉर्स इस अवधि के लिए अपने काम को आत्मसमर्पण नहीं करना चाहते हैं। जबकि ये चुनौतियाँ मौजूद हैं, कला–सुरक्षित ऋण कला पारिस्थितिकी तंत्र में संग्राहकों के लिए यह एक सम्मोहक विकल्प हो सकता है।

ये ट्रेंड देखिए

ये दोनों कला बेसल के "बाज़ार कला 2020" रिपोर्ट और टेफ की "कला बाजार विवरण" दोनों में पहचाने गए कुछ रुझान हैं। जबकि रुझान आते हैं और जाते हैं, ये रुझान देखने लायक हैं, विशेष रूप से, क्योंकि हम विघटनकारी और चुनौतीपूर्ण समय से गुजर रहे हैं। चाहे आप एक कलाकार, संग्राहक हों या कला पारिस्थितिकी तंत्र में कोई अन्य भूमिका रखते हों, हम आपको करीब से ध्यान देने के लिए प्रोत्साहित करते हैं।

अध्याय– 6

कला विद्यालय और कलाकार निवास

कला विद्यालय और कलाकार निवास नए कलाकारों को खोजने के लिए एकदम सही हैं।

कला संग्रह एक बहुत ही सम्मिलित प्रयास हो सकता है। नए दिलचस्प कला से प्रभावित होने वाले संग्राहकों के लिए एक नए प्रतिभाशाली कलाकार को खोजने का रोमांच कुछ और ही है। एक असली रत्न जो मूल्यवान हो सकते हैं, इसके लिए संग्राहकों को शुरुआती दिनों में युवा कलाकार का समर्थन करना चाहिए, जिसकी सबसे अधिक आवश्यकता होती है। बीएफए और एमएफए कार्यक्रम संग्राहकों को युवा कलाकारों को खोजने का सही मौका प्रदान करते हैं।

क्यों नए कलाकारों के लिए खोज करने के लिए बीएफए और एमएफए कार्यक्रम एक बेहतरीन जगह है?

बीएफए और एमएफए कार्यक्रम दुनिया भर से कुछ बेहतरीन प्रतिभाओं को आकर्षित करते हैं। नतीजतन, ये कार्यक्रम बहुत प्रतिभाशाली कलाकारों के लिए एक सिद्ध आधार बनते हैं, और वे उन संग्राहकों के लिए महान हो सकते हैं जो एक कलाकार के साथ एक मूल्यवान संबंध पर शुरुआती शुरुआत करना चाहते हैं।

जैसा कि हाल के रुझानों से पता चलता है कि 20 वीं और 21 वीं शताब्दी की कई गंभीर प्रतिभाएं कला विद्यालयों द्वारा बड़े हिस्से में आकार में थीं। उनमें से कुछ, जैसे कि अपरिवर्तनीय रूप से प्रतिभाशाली केहिंडे विली, ने अपने स्कूल के दिनों में ही बहुत कम उम्र में लोकप्रियता हासिल कर ली।

हालाँकि, चूंकि ये कलाकार अभी भी विकसित हो रहे हैं, इसलिए हमेशा यह जोखिम होता है कि वे पेंटिंग, मूर्तिकला या फोटोग्राफी के बजाय, संग्रहाध्यक्ष,

शिक्षण या व्यवस्थापक के माध्यम से कला में कहीं और अपना हित खोजेंगे। लेकिन फिर, एक सभ्य व्यापार में एक संग्राहक को एक प्रतिभाशाली व्यक्ति से एक दुर्लभ पेंटिंग प्राप्त करना पड़ सकता है। मैं इसे खारी टर्नर को बाद में इस अध्याय में, कोलंबिया विश्वविद्यालय के ललित कला कार्यक्रम में परास्नातक के प्रथम वर्ष के छात्र के रूप में देखता हूँ।

प्रतिष्ठित बीएफए और एमएफए प्रोग्राम जो जाँच करने लायक हैं

नए कलाकारों के लिए आकर्षक कुछ कला विद्यालय हैं। पूर्व छात्रों और निपुण संकाय सदस्यों के अपने प्रतिष्ठित रिकॉर्ड के कारण इनमें से कुछ स्कूल नई प्रतिभाओं की तलाश करते हुए शुरू करने के लिए एक शानदार जगह हैं। वे सम्मिलित करते हैं:

येल यूनिवर्सिटी स्कूल ऑफ आर्ट, न्यू हेवन

अमेरिका में पहले पेशेवर कला स्कूल के रूप में मान्यता प्राप्त है। येल यूनिवर्सिटी स्कूल ऑफ आर्ट भी देश में सर्वोच्च स्थान पर है।

- ❖ *उल्लेखनीय पूर्व छात्र– स्टेनली व्हिटनी, टाइटस कपार, जेनिफर पैकर, हॉवर्डेना पिंडेल*

कोलंबिया स्कूल ऑफ द आर्ट्स, न्यूयॉर्क शहर

प्द कोलंबिया स्कूल ऑफ आर्ट्स का प्रतिष्ठित फाइन आर्ट्स कार्यक्रम अमेरिका में सबसे महत्वपूर्ण है। न्यूयॉर्क शहर में अपनी रणनीतिक स्थिति के साथ, यह विशेष प्रतिभा के लिए एक शानदार चुंबक भी है।

- ❖ *उल्लेखनीय पूर्व छात्र– डेरिक एडम्स*
- ❖ *उल्लेखनीय संकाय सदस्य (पिछले) –सैनफोर्ड बिगर्स, कारा वाकर*

स्कूल ऑफ द आर्ट इंस्टीट्यूट,शिकागो

द स्कूल ऑफ द आर्ट इंस्टीट्यूट के पास अमेरिका में सबसे बड़ा कला समर्थक ग्राम है। कला विद्यालय कला संस्थान शिकागो से भी जुड़ा हुआ है, जो देश में सबसे महत्वपूर्ण कला संग्रहालयों में से एक है।

❖ उल्लेखनीय पूर्व छात्र– सैनफोर्ड बिगर्स, एलीन अब्दुल–रशीद, गर्ट्रूड एबरक्रॉम्बी, जैक बील

❖ उल्लेखनीय संकाय सदस्य – ग्लेन लिगोन

रोड आइलैंड स्कूल ऑफ डिजाइन, प्रोविडेंस

रोड आइलैंड स्कूल ऑफ डिजाइन सबसे अधिक मनाया जाने वाला एक है अमेरिका में फाइन आर्ट स्कूल।

❖ उल्लेखनीय पूर्व छात्र– कारा वाकर, जूली मेह्रेतु

कैलिफोर्निया इंस्टीट्यूट ऑफ द आर्ट्स, सांता क्लैरिटा

कैलिफोर्निया इंस्टीट्यूट ऑफ द आर्ट्स एक और बेहतरीन जगह है अविश्वसनीय रूप से प्रतिभाशाली नए कलाकारों को खोजें।

❖ उल्लेखनीय पूर्व छात्र– मार्क ब्रैडफोर्ड

द स्कूल ऑफ विजुअल आर्ट्स, न्यूयॉर्क शहर

यूएस आर्ट, न्यूयॉर्क शहर के केंद्र में स्थित, स्कूल ऑफ़ विजुअल आर्ट्स बहुत प्रतिभाशाली नए कलाकारों का घर है।

❖ उल्लेखनीय पूर्व छात्र–लोर्ना सिम्पसन

वर्जीनिया कॉमनवेल्थ स्कूल ऑफ आर्ट्स, रिचमंड

वर्जीनिया कॉमनवेल्थ आर्ट स्कूल के रूप में मान्यता प्राप्त है देश में पहला सार्वजनिक कला विद्यालय।

❖ उल्लेखनीय पूर्व छात्र– टोर्केवेस डायसन

प्रैट इंस्टीट्यूट, न्यूयॉर्क सिटी

प्रैट इंस्टीट्यूट में सबसे उच्च रैंक वाले कला कार्यक्रम हैं अमेरिका में और कई हाई–प्रोफाइल कलाकारों को लॉन्च करने में मदद की है।

❖ उल्लेखनीय पूर्व छात्र–जैकब लॉरेंस, डेरिक एडम्स

इन कच्चे रत्नों को कैसे देखें/ पहचानें

इन कला विद्यालयों में नए और उम्दा/श्रेष्ठ चित्रकारों के संपर्क में आने के कई तरीके हैं। इसमे शामिल है:

❖ **मौसमी शोः** इनमें से कई कला विद्यालय वर्ष में एक या अधिक बार कला दिखाने के कार्यक्रम का आयोजन करते हैं । ये शो एक आदर्श अवसर है – कल्पनाशील स्वतंत्रता गुमनामी प्रदान करने वाले अज्ञात कलाकारों को टुकड़ों से जोड़ने के लिए।

❖ **ओपन स्टूडियोः** ओपन स्टूडियो कला का ज्ञान हासिल करने का एक शानदार तरीका है एक कलाकार के व्यक्तिगत पक्ष और प्रेरणाओं में कुछ अंतर्दृष्टि, उभरते कलाकारों के साथ, विशेष रूप से, यह उनकी कला की गहरी समझ और भीतर छिपे मूल्य को प्राप्त करने का एक अनूठा अवसर हो सकता है।

❖ **ऑनलाइन उपस्थितिः** 21 वीं सदी में, कला संग्रह विकसित हो रहा है, जो इन दिनों ऑनलाइन चैनल के लिए महान हो सकता है। इंस्टाग्राम, पिंटरेस्ट, और अन्य प्लेटफार्मों के एक मेजबान को आरामदायक करने के कुछ काम देने के लिए बहुत अच्छे हैं जो नए कलाकार करते हैं और उनके साथ संबंध बनाने के लिए भी सही हो सकते हैं।

❖ **थीसिस से पता चलता हैः** थीसिस से पता चलता है कि कला द्वारा बनाए गए विशेष काम अपने स्नातक आवश्यकताओं के हिस्से के रूप में एक कलात्मक यात्रा की पराकाष्ठा/ पराकोटी के साक्षी बन रहे हैं और ये कार्यक्रम काफी देखने योग्य हो सकते हैं।

ये कार्यक्रम एक सप्ताह से लेकर एक वर्ष तक के होते हैं। सबसे दिलचस्प निवास कार्यक्रमों में से दो क्रमशः केइंड विली और टाइटस कपार द्वारा बनाए गए थे, जिन्हें क्रमशः ब्लैक रॉक सेनेगल और एनएक्सटीटीवीएन कहा जाता है। मैं इस अध्याय को एलिसा सिकेलियनोस–कार्टर की रचना मानता हूँ, जो एन.एक्स.टि.एच.भी.एन में 2020 वर्ग में एक कलाकार थे।

खारी टर्नर

ललित कला के परास्नातक छात्र

कोलंबिया विश्वविद्यालय के एलीट आर्ट प्रोग्राम, बिल्डिंग रिलेशनशिप और काले कलाकार के रूप में खारी टर्नर ने अपनी पहचान बनाई।

खारी टर्नर ने अपनी बढ़ती सफलता का श्रेय संस्थापक प्रधानों को दिया है, जिनके काम के सिद्धांत हैं: ऊर्जा, रचना और निशान बनाना/छाप छोड़ना।

29 वर्षीय विस्कॉन्सिन मूल कोलंबिया विश्वविद्यालय में प्रथम वर्ष के पेंटिंग एमएफए है, जो देश के सबसे प्रतिष्ठित कला कार्यक्रमों में से एक है। उन्होंने अश्वेत समुदाय की पीड़ा को स्वीकार करते हुए, बिना किसी चुनौती के अपनी चुनौतियों का प्रदर्शन करते हुए, काले लोगों के जीवन की ताकत का प्रतिनिधित्व करने के लिए खुद का नाम बनाया। नाजुक और कोमल, फिर भी हठी और शक्तिशाली, उनका काम उनके समुदाय के सामूहिक संघर्षों पर प्रकाश डालता है।

उनके काम का परीक्षण करें तो आप व्यापक प्रभाव को महसूस करेंगे: बंद करो अपरेंटिस, विस्तार के साथ व्याप्त, फिर भी विशिष्टता की कमी के कारण केवल नाक और होंठ के विषय में दिखाई देते हैं। विषय—एक जानबूझकर किया गया कदम काली संस्कृति की विशालता को मजबूत करने के लिए है, कलाकार के लिए उनके शब्दों में एक छवि के रूप में अन्याय का प्रदर्शन करना, इसे एक अवधारणा में बदलना, और बदलाव लाने के लिए काम करना।

एक बात निश्चित है: खारी के कोलंबिया विश्वविद्यालय के चित्रकला कार्यक्रम में नामांकन के कारण उनके काम में बड़ा बदलाव आया है। टेनेसी के ऑस्टिन पीय स्टेट यूनिवर्सिटी में अपना बीएफए पूरा करने के दौरान, युवा कलाकार अभी भी अपनी जगह खोजने के लिए तैयार थे। उनके शब्दों में, "कलाकार के रूप में 'काले' शब्द मुख्य बिंदु (छेद) जैसा लगता था" —लेकिन उन्होंने मुझे बताया कि आज ऐसा नहीं है। कोलंबिया में उनके समय ने उनकी कलात्मक पहचान को इस तरह से पुख्ता किया है कि उनके काम के साथ ही उनके गौरव की अभिव्यक्ति होती है। उनके नए अल्मा मामले के बारे में कुछ था जो खारी को आकर्षक लगा। कला विभाग के साथ साक्षात्कार करते समय,

छात्रों के बीच एक स्पष्ट ईमानदारी थी। वे कार्यक्रम की कठिनाइयों के बारे में अग्रिम थे – जिनमें सीधे स्कूल से जुड़े लोग शामिल थे – फिर भी उन्होंने उनसे नामांकन करने का आग्रह किया जो कलाकार बनाने के लिए अपनी ऊर्जा में विश्वास करता है, साथ ही साथ पेंटिंग और सामुदायिक साथ के अपने प्यार में। इसने उन्हें साक्षात्कारकर्ताओं के लिए एक आकर्षक उम्मीदवार बना दिया, भले ही वह मुझे बताता है कि साक्षात्कार के दौरान उन्होंने कभी "चुप नहीं" किया।

लेकिन यहाँ वह एक प्रतिभाशाली, आत्मनिरीक्षण करने वाला एमएफए उम्मीदवार है जो अपने विषय की उच्चता के साथ है। जो पिछले साल से खारी कोलंबिया के न्याय विभाग के साथ सहयोग कर रहा है। उन्होंने हाल ही में एक ऑनलाइन प्रदर्शनी शुरू की, जिसमें पहले से ही असंगत कलाकारों के काम की विशेषता थी, जो कई कैदियों के साथ मिलकर काम कर रहे थे जो दुनिया को उनके दर्द और आकांक्षाओं को दिखा सकते हैं। यह एक रोमांचक शुरुआत है जो किसी कलाकार द्वारा अपने करियर के शुरुआती दौर में शुरू किया जाता है। फिलहाल, खारी अपने जैविक विकास को जारी रखेंगे। वह काले संग्राहक के साथ संबंध बनाने की उम्मीद करता है; चूँकि उनका काम काले जीवन की जाँच करता है, इसलिए उन्हें यह विशेष रूप से महत्वपूर्ण लगता है कि उनका समुदाय अपनी कला का व्याख्यान करे और अपनी कीमतों को सुलभ रखने के प्रति सजग रहे।

जो लोगों की अधिकांश सेवा करने की उम्मीद करता है और अंत में हालांकि आर्टमेकिंग स्वयं एकान्त है, वह दूसरों को अपने काम को "उपहार" के रूप में अनुभव करने के लिए कहता है।

ऐसा इसलिए है क्योंकि खारी के लिए वास्तविक जुड़ाव महत्वपूर्ण है। इसलिए अन्य लोगों के साथ भी सभी लोगों का व्यवहार होता है–जैसे वे इंसान हैं और वह ठीक वही है जो कलाकार अपने काम में प्रकट करने की उम्मीद करता है।

अलीसा सिकेलियनोस–कार्टर

कलाकार आवासीय

अलिसा सीकेलिनोस–कार्टर ने अपने शुरुआती साल में कला क्लबों में भाग लिया, और प्रिंट बनाने की बारीकियों की खोज की। यह तब तक नहीं था जब तक कि वह अपने 30 के दशक में नहीं थी, हालाँकि, उसने खुद को कला में अपना कैरियर बनाने के लिए प्रतिबद्ध किया। वह बताती है कि उसे तब तक यह पता नहीं था कि यह एक व्यवहार्य विकल्प था। उसने सोचा कि शायद वह एक सामाजिक कार्यकर्ता या एक पोषण विशेषज्ञ, या यहाँ तक कि एक कला चिकित्सक बन सकती है। फिर उसने खुद को वह करने की अनुमति दी जो वह चाहती थी। कलाकार ने अपस्टेट न्यूयॉर्क के बीच समय का विभाजन किया, अपनी स्नातक(हतंकनंजम)की उपाधि प्राप्त की और सनी–अल्बानी, और न्यू हेवन, कनेक्टिकट से मास्टर की डिग्री हासिल की जहाँ उन्होंने टाइटस कपार के साथ सह–संस्थापक जेसन प्राइस और जोनाथन के साथ मिलकर प्रसिद्ध गैर–लाभकारी संस्थान से एन.एक्स.टी.एच.ऐल फेलोशिप प्राप्त की। इस शांत व सरल स्थापना ने एक अश्वेत कलाकार के रूप में अलीसा के अनुभवों में महत्वपूर्ण भूमिका निभाई और उसे सोचने के लिए समय और स्थान भी दिया।   काले कलाकार के रूप में नेविगेट करने का तरीका::20 साल की उम्र में अलीसा ने एक बेटी को जन्म दिया। जब वह स्कूल से लौटी तो उसने खुलासा किया कि वह नस्लवाद की भावना से अभिभूत थी। अक्सर कलाकार ने अपने साथियों को "ब्लैक ब्यूटीशियन" के बारे में स्टार्क सामान्यीकरण करते हुए सुना। जब उसने अपनी निराशा व्यक्त की तो माइकल ब्राउन को मार दिया गया था, और दूसरों की प्रतिक्रियाएं जैसे कुछ छात्रों द्वारा किए गए लापरवाह सामान्यीकरण ने उसे नाराज कर दिया।

फिर भी अलीसा एक प्रभाव बनाना चाहती थी। उस समय उसके पास कोई काले प्रोफेसर नहीं थे,और कला कार्यक्रम में केवल एक अन्य काला छात्र था। अपने अनुभवों को अपनी कला में संकलन (मिलाना) करने के लिए दृढ़ संकल्प, वह उसे चारों ओर विचार करती है और सामाजिक न्याय के मुद्दों पर ध्यान केंद्रित करती है। वह अपने कलाकार के बयान के शुरुआती संस्करण में, "ब्लैक बॉडीज के खिलाफ हिंसा" के बारे में लिख सकती है और वह एक गोरे

प्रोफेसर के रूप में लिख रही है– 70 के दशक में एक व्यक्ति:: उसे भाषा को समायोजित करने के लिए मनाने की कोशिश करें। कलाकार को याद है कि कैसे उसने उसकी प्रेरणाओं पर सवाल उठाया, उससे उसका ध्यान हटाने और एक अधिक आरामदायक अवधारणा का पता लगाने का आग्रह किया।

इन सूक्ष्म आक्रामकता (अनुचित / अपमानजनक आचरण) के बारे में अलीसा बताती हैं कि अपनी प्रारंभिक कलाकृति को आकार देने के लिए यह अभिन्न थीं। हमारी बातचीत उसे उन शुरुआती कक्षाओं में वापस लाती है जो एक स्नातक के रूप में हैं; वह उन प्रस्तुतियों को याद कर सकती है जहाँ उसके प्रशिक्षक काले वस्तु दिखाते हैं– काली मुर्गियां, और यहाँ तक कि कैसे उसके साथियों को छवियों से भयभीत किया गया था। और इसलिए, उन्होंने अपनी कला को समकालीन समाज में, अन्यता की काली कट्टरता की धारणा के साथ लागू किया। अपने वर्तमान कलाकार के बयान में, वह लिखती हैं:

"मैं एक ऐसी दुनिया में रहना चाहती हूँ जिसमें हर सूक्ष्म–आक्रमण, मानवता पर हमला, और काले लोगों के उद्देश्य से देवत्व(धर्मशास्त्र) के संदेह को भविष्य में भेजे गए देवताओं द्वारा नष्ट कर दिया जाता है। इन गॉडएक्स को शानदार कॉर्नों, खूंखार तालों और ट्विस्ट द्वारा विकसित और सजाया गया है। हेयर स्टाइल कवच और हथियार के रूप में कार्य करते हैं, जो पहनने वालों को सफेद वर्चस्व और गलतफहमी से बचाते हैं। ये मेरे द्वारा बनाए गए प्राणी हैं। "

अन्य विषयों की यह थीम (विषय) – ऐसे वातावरण में जीवित रहना जहाँ विषयों को अपने चारों ओर से स्वयं की रक्षा करनी चाहिए– अलीसा की प्रशंसा के लिए सर्वोपरि है। दर्शकों को देखने को मिलेगा की उनके कलाकारों के कथन में वर्णित काले बाल को सजाने की कला उनके काम में एक महत्त्वपूर्ण प्रतीक है, विशेष रूप से क्राउन श्रृंखला।

दूरदर्शी ने पाया है कि नेत्रहीन, कुछ बाल को एक राक्षस के रूप में व्याख्या करते हैं; वे चिंता करते हैं कि यह किसी भी दूसरे पर हमला कर सकता है, लेकिन यह नहीं हुआ, और इस तरह उसके भव्य टुकड़े उस पर एक अनोखा प्रदर्शन पेश करते हैं जिसका मतलब है काली कट्टरता से खतरा महसूस करना।

क्यों काले संग्राहकों को ब्लैक आर्ट इकट्ठा करनी चाहिए ?

बातचीत में अलिसा ने एक आलंकारिक (व्यंग्यात्मक) शैली में रेप्सिंग ब्लैकनेस के सशक्त स्वरूप का वर्णन किया। इसमें शामिल आत्मा की भावना है, और कलाकार ने सोचा है कि काले संग्राहकों के पास अपने काम के लिए इसका क्या मतलब है। पहले से ही उसने क्राउन श्रृंखला से कई टुकड़े बेचे हैं – उनमें से कुछ सफेद खरीदारों के लिए भी । भले ही वह अपने सभी समर्थकों की सराहना करती है, लेकिन वह मुझे बताती है कि कभी–कभी जब वह विशेष रूप से काले कलाकारों के साथ कारोबार करती है तब "मैं निश्चित रूप से काले कलाकारों और काले लोगों के साथ व्यापार करती हूँ," वह बताती हैं। "यह मेरे लिए वास्तव में महत्त्वपूर्ण है कि मेरी कला उनके घर में है और वे इसे हर दिन देख पाते हैं द्... मेरे लिए यह बहुत खास है की अश्वेत लोगों को मेरी कला मिलती है।"

उसकी एन.एक्स.टी.एच.भी.एन निवास अन्य कलाकारों और रंग संग्रहकर्ताओं के लिए अलीसा को पेश करने में अमूल्य है। वह एक दोस्त के माध्यम से फेलोशिप के बारे में सुनती थी जो टाइटस कपार के सह–संस्थापक को जानता था और भर्ती होने के लिए रोमांचित था। हालांकि, उसके पास अन्य अवशेष थे– पंक्तिबद्ध, वह गंभीर रूप से स्थगित कर दिया गया और एन.एक्स.टी.एच.भी.एन के इरादे में पहली बार सिर हिलाया, जो एक ऐसा स्थान है जो रंग के कलाकारों को एक अनोखे और गहराई से मनाता है। कार्यक्रम ज्यादातर रंग के कलाकारों से बना है, लेकिन विशेष रूप से नहीं है।

असामान्य पहुँचः

आर्टिस्ट मिड–रेजीडेंसी के साथ जुड़ना

रेजिडेंसी के दौरान उभरते कलाकारों के साथ जुड़ने के लिए कुछ कहा जाना चाहिए। संग्राहक कलाकार को प्रश्न में या उनकी प्रदर्शनियों में भाग लेने के लिए ईमेल कर सकते हैं और वे थोड़े समय के लिए भी उनसे मिल सकते हैं। एन.एक्स.टी.एच.भी.एन कोई अपवाद नहीं है। अलीसा क्लोज़–नाइट फ़ेलोशिप कार्यक्रम के भीतर समुदाय की संस्कृति की सराहना करती है, जहाँ कनेक्शनों को दूर करने के बजाय, फ़ेलो साझा संसाधनों और एक–दूसरे के काम का अटूट

समर्थन करते हैं। एन.एक्स.टी.एच.भी.एन में, कलाकार अक्सर अपने स्टूडियो में होता है, और आस–पड़ोस के लोग अक्सर दरवाजे की घंटी बजाते हैं। एन.एक्स. टी.एच.भी.एन स्पेस खुला होता है और यह आमंत्रित कर रहा होता है कि कैसे रेजिडेंस अपने करियर में शुरुआती कलाकारों के अंतरंग दृश्य पेश करता है। अलिसा बताती है कि वह स्टूडियो की यात्राओं का स्वागत करती है और किसी भी समय उसे सवाल या पूछताछ के साथ ईमेल करने के लिए कलेक्टर्स (संग्रहकर्ता) को प्रोत्साहित करती है, हालांकि उसे अचानक या अनियोजित ही बुला लिया जाता है। संग्राहक एन.एक्स.टी.एच.भी.एन जैसे निवास स्थान पर कलाकारों को ढूंढ सकते हैं और किस कार्य का उत्पादन कर रहे हैं इस पर एक अलग दृष्टिकोण प्राप्त कर सकते हैं। एलिसा सिकेलियनोस–कार्टर ने द मिल्ले कॉलोनी फॉर द आर्ट्स, वर्मोंट स्टूडियो सेंटर, वासेक प्रोजेक्ट और येड्डो में निवास भी पूरा किया है।

अध्याय– 7

कला सलाहकार और कलाकार संपर्क

आप दृश्य के चारों ओर लंबे समय से रहे हैं, कला सलाहकार या कलाकार संपर्क के बारे में चिंता न करें; वे तुम्हें खोज लेंगे एक ऐसे बाजार में जो अक्सर अनूठे होते हैं और जो कला के कई उत्कृष्ट हिस्सों को अनदेखा कर देते हैं, कलाकार संपर्क और कला सलाहकार के रूप में एक महत्वपूर्ण भूमिका निभाते हैं।

अनिवार्य रूप से कलाकार संपर्क प्रतिभाशाली कलाकारों को भावुक संग्राहकों से जोड़ते हैं। वे विजेता बनाने की भूमिका निभाने के लिए अपने अनुभव, सुरुचिपूर्ण और संभावित संग्राहक के ज्ञान का उपयोग करते हैं।

कला संपर्क मुख्य रूप से कलाकारों के साथ काम करते हैं। इस भूमिका में, वे कलाकारों को उचित मुआवजा पाने में मदद करते हैं और बाकी दुनिया के साथ अपने काम को साझा करते हैं। लायजन संग्राहकों के लिए कला संग्राहक को कलाकारों और काम के ऐसे टुकड़ों की पहचान कर सकते हैं जिनका आम तौर पर सामना नहीं कर सकते हैं। यह कहा जा रहा है की वे कलाकारों के काम के बारे में शब्द फैलाने और उन्हें सिर्फ मुआवजा प्राप्त करवाने में भूमिका अदा करते हैं ।

जबकि कलाकार संपर्क कला जगत में मैचमेकर की महत्वपूर्ण भूमिका निभाते हैं, लेकिन वे इसमें अकेले नहीं होते हैं। कला सलाहकार अपनी खरीद से सबसे अधिक मूल्य प्राप्त करते समय सम्मोहक कला खोजने के लिए संग्राहकों के साथ मिलकर काम करते हैं। आखिरकार, कला बाजार एक बाजार है। जिसमे सलाहकारों की गहरी समझ है और वह इस ज्ञान का उपयोग ग्राहकों की मदद के अनुसार उनकी खरीदारी करने में करते हैं। चाहे ग्राहक अपनी सौंदर्य गुणवत्ता के लिए कला का एक टुकड़ा अकेले खरीद रहे हों, वित्तीय वापसी के लिए या दोनों, कला सलाहकार ग्राहकों को समय बचाने में मदद कर सकते हैं। इस

खंड में, मैं उनके बीच लगभग तीन दशकों के अनुभव के साथ दो उद्योग के दिग्गजों को प्रोफाइल करता हूं: आर्टमैटिक की अनवरी मूसा और अलैना सिमोन की इंकैना सिमोन, इंक।

अलैना सिमोन

कला की दुनिया में, कई तारकीय (मुख्य) कलाकार और जुनूनी (उत्साही) संग्राहक हैं जो इन शानदार कार्यों को प्रदर्शित करना चाहते हैं। लेकिन इन दो समूहों को जोड़ना मुश्किल लगता है। मैचमेकिंग एक वास्तविक चुनौती हो सकती है जो कलाकारों और संग्राहक के बीच लेन–देन करना चाहते हैं, फिर भी ऐसा करने में असमर्थ हैं। कहा जा रहा है कि अलैना सिमोन इंक के संस्थापक, अलैना सिमोन जैसे कलाकारो के संपर्क इन दोनों दलों को जोड़ सकते हैं। अपने करियर में पहले जीएम और नियमन मार्कस जैसी कंपनियों में काम करने के बाद अलैना ने अंततः कला की दुनिया में एक शानदार कैरियर में परिवर्तन किया। फ्रैंक बॉलिंग और एली मैकगी जैसे आकाओं और रचनाकारों के मार्गदर्शन में, वह देखने लायक कलाकार बन गए हैं। काले कलाकारों और संग्राहकों के साथ उनका काम विशेष रूप से उल्लेखनीय है, क्योंकि वह काले कलाकारों के साथ काम करने के लिए एक बिंदु बनाता है, जो काले कलाकारों से काम लेते हैं।

कलाकार और संग्राहक दोनों के लिए बहुत अधिक मूल्य की पेशकश करना:: एक कलाकार संपर्क होने के नाते, सिमोन का प्राथमिक ध्यान कला पर है। वह अनगिनत कलाकारों से मिलती हैं, उनके काम पर नज़र रखती हैं। न केवल वह किसी विशेष कृति की सौंदर्य अपील को समझना चाहती है, वह यह जानना चाहती है कि क्या कार्य किसी विशेष कलेक्टर के लिए एक महान फिट है।

कला के लिए उसकी आंख असाधारण है। सिर्फ एक उदाहरण लेने के लिए, सिमोन ने अध्याय 2 में हाइलाइट किए गए चित्रकार एड क्लार्क के लंबे करियर का बारीकी से पालन किया है।

"एक मास्टर चित्रकार के रूप में, क्लार्क ने सीमाओं को धक्का दिया," अलैना ने कहा "यकीन है, वहाँ काम कर रहे हैं, जहाँ उन्होंने अधिकांश कलाकारों की तरह प्रयोग किया, जैसा कि उन्हें करना चाहिए, लेकिन वह बहुत सुसंगत थे।

क्लार्क की पेंटिंग्स असाधारण रूप से यौन (आकर्षक) हैं, और उनके लिए एक ताल है और उनके दृष्टिकोण के साथ–साथ यह भी है कि रंग अद्वितीय है।" अलैना मुख्य रूप से कलाकारों और दोस्तों के रेफरल के माध्यम से कलेक्टरों से मिलती है। इस वजह से, उसे कला की दुनिया में खुद को डुबोना पड़ता है और हमेशा नए कलाकारों और संग्राहकों की खोज करने के लिए तत्पर रहना पड़ता है। कलाकार या मित्र के साथ किसी भी बातचीत से भविष्य में व्यवसाय हो सकता है। लेकिन संभावित संग्राहकों की पहचान से परे, अलैना अपने सिर के अंदर जाने की कोशिश करती है। उसका लक्ष्य कला के टुकड़े ढूंढना है जो उसके संग्राहकों के साथ गूंजते हैं, चाहे वे वर्षों तक एक टुकड़ा रखना चाहते हों या

उनकी खरीद पर एक स्वस्थ वित्तीय वापसी ढूंढ रहे हों।

जब अलैना एक कलाकार के काम की पहचान करती है जो एक कलेक्टर के लिए अच्छी तरह से अनुकूल हो सकता है, तो वह प्रश्न में संग्राहकों के लिए और उस कलाकार के लिए सबसे अधिक मूल्य बनाने की कोशिश करती है जिसका काम विचाराधीन है। वह दोनों पक्षों के लिए निष्पक्ष रहने और "जीत–जीत" स्थिति बनाने की कोशिश करती है। अपने क्षेत्र में अलैना के पास एक उत्कृष्ट इतिहास है, जिसमें उसने पिछले पांच वर्षों में 30☐ या उससे अधिक की सराहना की है। लेकिन फिर भी वह कहती है, "कला का अर्थ केवल अपने वित्तीय मूल्य से नहीं बल्कि अपने सांस्कृतिक मूल्य के लिए दिखाया और सराहा जाना है।"

एक बड़े मिशन का पीछा करना

अलैना का वित्तीय इतिहास प्रभावशाली है लेकिन शुद्ध संख्या से परे, उसके पास एक बड़ा मिशन है: काले संग्राहकों के लिए काले कलाकार इकट्ठा करना।

हालाँकि वास्तविकता यह है कि हम अभी भी इस लक्ष्य तक पहुंचने के शुरुआती चरण में हैं। काले और भूरे रंग के कलाकारों ने केवल पिछले पांच से दस वर्षों में ब्लू–चिप दहलीज का प्रतिनिधित्व किया है। वास्तव में, अलैना ने 2008 में केवल अफ्रीकी–अमेरिकी कलाकार के लिए अपना पहला नीलामी परिणाम देखा। फिर भी यह नवीनता सिमोन के लिए कला की दुनिया में काले कलाकारों को बढ़ावा देने के कई अवसर प्रस्तुत करती है।

चाहे वह एक काले कलाकार या किसी अन्य के साथ काम कर रही हो, अलैना यह सुनिश्चित करने की कोशिश करती है कि नीलामी में प्रदर्शित होने से पहले उनका काम बाजार में परिपक्व हो जाए। इसका मतलब है कि वह चाहती है कि उसके कलाकार संग्राहकों के हाथों में न जाये। इसके साथ, वह संग्राहकों को अनुबंध पर हस्ताक्षर करती है जहां उन्हें एक अवधि के लिए बेचने से प्रतिबंधित कर दिया गया है और कलाकार को किसी भी द्वितीयक बाजार बिक्री का प्रतिशत देने की आवश्यकता होती है। क्योंकि उसने काले और ब्राउन कलाकारों के काम को इतने लंबे समय से छूटते देखा है, इसलिए वह यह सुनिश्चित करने के लिए अपनी शक्ति में सुनिश्चित करती है कि कलाकारों को काफी मुआवजा दिया जा रहा है। केवल एक उदाहरण में, कला जगत ने उस समय ध्यान दिया जब क्रिस्टी ने 2008 की अपनी नीलामी आयोजित की जिसमें जैको लॉरंस, रोमरे बेयरडेन और नॉर्मन लुईस जैसे आधुनिक मास्टर्स द्वारा अफ्रीकी अमेरिकी कलाकृतियों को कैरी मेंय वेम्स जैसे समकालीन कलाकारों को दिखाया गया था। अलैना के अनुसार, "इस नीलामी ने बाजार बना दिया, लेकिन मुझे यह महसूस नहीं हुआ क्योंकि कुछ कलाकार, संग्राहकों और विक्रेता के हितों में इस वृद्धि के लाभार्थी नहीं होंगे।" अलैना ने इन बारीकियों को ज्ञात किया और, एक बार फिर, यह सुनिश्चित करने के लिए काम किया कि दोनों कलाकार और संग्राहक एक लेनदेन से सबसे अधिक मूल्य प्राप्त करें। हालांकि, गौरतलब यह है कि अलैना ने बार—बार ब्लैक संग्राहको के कलेक्शन के प्रभाव को देखा है। उदाहरण के लिए, वह एक संग्राहक से मिली, जिसने उल्लेख किया कि उसने लगभग 750 डॉलर में रोमरे बेयरडेन का काम खरीदा था। फिर, लगभग 30 साल बाद, उन्होंने इसे लगभग $ 250,000 में बेच दिया। न केवल काम की काफी सराहना की गई, जिससे वह अपने बच्चों के कॉलेज की पढ़ाई का खर्च उठा सके, लेकिन पेंटिंग उनके परिवार के जीवन का मुख्य आधार बन गई। अपने बच्चों को घर में रोमरे बेयरडेन के साथ काम

करने की खुशी थी। उनके परिवार के लिए यह बेहद खुशी की बात थी। काले धन को बढ़ावा देने और संस्कृति में वृद्धि के इस विचार को खत्म नहीं किया जा सकता है। अलैना ने अपने जीवन में भी इस प्रभाव को देखा है। उसकी माँ जिम क्रो साउथ में पली बढ़ीं, जहाँ वह एक संग्रहालय या पुस्तकालय में प्रवेश नहीं कर सकती थी। परिणामस्वरूप, उनके परिवार को ब्लैक आर्ट और संस्कृति के बारे में जानने के लिए कठोर कदम उठाना पड़ा। आज की दुनिया में हालाँकि, अश्वेत कलाकारों और संग्राहकों को जोड़ना एक महत्वपूर्ण कदम है।

"बच्चों को इस देश में बड़े पैमाने पर और प्रवासी भारतीयों के काले एक्सेल के उदाहरणों के साथ बड़े होने की जरूरत है," उसने कहा। "यह विशेष रूप से नकारात्मक रूढ़ियों के कारण है जो हम मीडिया में देखते हैं।"

एक प्रकार का कलाकार

अलैना प्रतिभाशाली, ज्ञानवान, और बेहद शिल्पकार हैं, जो अपने शिल्प के बारे में जानती हैं। वह अश्वेत संग्रहकर्त्ता के साथ अश्वेत कलाकारों को जोड़ने के अपने मिशन को अंजाम देते हुए, कला में रहती है और सांस लेती है। यह कहना सुरक्षित है कि अलैना बड़े काम करती रहेगी। वह एक कलाकार संपर्क है जिसे आपको आने वाले महीनों और वर्षों में निश्चित रूप से ट्रैक करना चाहिए।

अनवरी मूसा

एक कला सलाहकार जो कला संग्रहकर्त्ता के लिए अत्यधिक मूल्य बनाता है

कला की दुनिया में कलाकारों से लेकर नीलामी करने वाले जो कि एक शक्तिशाली प्रहार करते हैं और यह माना जाता है कि कला सलाहकार कला पारिस्थितिकी तंत्र के भीतर एक महत्वपूर्ण भूमिका निभाते हैं।

एक बुनियादी स्तर पर, कला सलाहकार अपने लक्ष्यों को पूरा करने में मदद करने के लिए कला संग्राहकों के साथ काम करते हैं। इसमें कलेक्टरों को उन टुकड़ों को खोजने में मदद करने से सब कुछ शामिल हो सकता है जो उनके साथ कला को खोजने के लिए गहरा प्रतिनिधित्व करते हैं जो एक संतोषजनक वित्तीय वापसी उत्पन्न कर सकते हैं। जबकि दुनिया में कला सलाहकार बहुत हैं। मैं विशेष रूप से एक पर ध्यान केंद्रित करना चाहता हूँ, अनवरी मूसा एक कला सलाहकार हैं जिन्होंने अपना व्यावसायिक जीवन कला व्यवसाय को समर्पित कर दिया है। 2008 में सोथबी के साथ एक प्रशिक्षु के रूप में शुरुआत करते हुए, अनवरी जिसे अक्सर उनके अंतिम नाम से जाना जाता था उन्होंने पांच प्रसिद्ध नीलामी सप्ताह में काम किया।

2014 में अपनी खुद की कंपनी आर्टमैटिक शुरू करने से पहलेपहले, अपने संग्राहकों की मदद करने के साथ, वह अपने कलाकारों को कालीकला के साथ जोड़ने पर केंद्रित है।

अंततः, यह उनके लिए एक उच्च बुलावा है और जो कला संग्राहकों को कला जगत के भीतर हो रही बड़ी बातचीत में लाने में मदद करता है।

जो अपने जुनून से कला पारिस्थिति तंत्र में एक अंतर बना रहे हैं।

सोथबी और एक उद्यमी के रूप में अपने अनुभवों के साथ अनवरी कला पारिस्थिति तंत्र में एक उभरता सितारा है। उन्होंने संग्राहकों, दीर्घाओं और कलाकारों के साथ समान संबंध विकसित किया, जिससे वे अपने ग्राहकों को जल्दी से मूल्य प्रदान कर सकते हैं।

कई अन्य प्रकार के सेवा–आधारित व्यवसायों की तरह, अनवरी को रेफरल से अपने कई नए ग्राहक मिलते हैं। उनके वर्तमान ग्राहकों के मित्र, व्यापारिक सहयोगी और अन्य लोग उनकी विशेषज्ञता, कार्य नीति, और मुख्य सेवा के कारण उन्हें सलाह देते हैं। ऐसी संक्षिप्त अवधि में एक महान प्रतिष्ठा का निर्माण करने के बाद वह नए ग्राहकों को खोजने के लिए रेफरल ट्रैफ़िक पर भरोसा कर सकते हैं।

एक नए ग्राहक के हस्ताक्षर करने पर अनवरी उनके साथ बैठकर उनकी वरीयताओं (चयन,चुनाव आदि के समय किसी को औरों की अपेक्षा दिया जानेवाला महत्त्व)की बात करना शुरू कर देते है। वह बाज़ार में विभिन्न कलाकारों के बारे में ग्राहकों को शिक्षित करता है, जिसमें उनकी पृष्ठभूमि और उनके द्वारा उपयोग किए जाने वाले माध्यम शामिल हैं। जबकि यह ग्राहक की प्राथमिकताओं पर निर्भर करता है। सामान्य विचार यह है कि वह अपने ज्ञान को साझा करे और ग्राहक की जरूरतों और पक्षपात को समझे। ऐसा करने पर, वह ग्राहक को सबसे अधिक मूल्य प्रदान कर सकता है।

जब अनवरी अपने ग्राहकों की इच्छा और उद्देश्यों को समझती है, तो वह उन्हें उचित मूल्य पर कलाकृति के उत्कृष्ट टुकड़ों के साथ मिलाने की कोशिश करती है। वह कलाकार के इतिहास का निरीक्षण करती है की पिछले कुछ वर्षों में उनका काम कैसे बढ़ा रहे है। उदाहरण के लिए, वह कलाकार की शिक्षा को देखते है कि उनके काम को कैसे विकसित किया जाए और विभिन्न सामग्रियों का उपयोग उनके काम को बनाने के लिए कैसे किया जाए। एक ठोस उदाहरण प्रसिद्ध कलाकार केहिंदे विले है। अपने पहले के काम को देखते हुए, अनवरी ने पेंसिल लाइनों और अन्य बाहरी चिह्नों पर ध्यान दिया और बता सकते हैं कि

केहिंदे अपने काम की गुणवत्ता में सुधार कर रहे थे। अब वह और अन्य कला पारखी को देख सकते हैं कि विली ने वास्तव में अपने शिल्प को पूरा किया है। ये कारक कला बाजार में मांग जैसे स्थूल कारकों के साथ एक निश्चित कार्य के लिए मूल्य शामिल करता हैं।

यह इस कारण का हिस्सा है कि अनवरी कला इतिहास के एक भावुक विद्वान भी हैं। वह पुराने मास् टर्स और अमेरिकी चित्रों से लेकर ग्रीक पौराणिक कथाओं तक सब का अध्ययन करते है।

एक महत्वपूर्ण राशि

एक ग्राहक के लिए एक काम की सिफारिश करने में चली जाती है, इसलिए वह अपने ग्राहकों के समय को बचाने के लिए जितना संभव हो उतना सूचित और शिक्षित होना चाहता है।

एक उच्च मिशन

अनवरी एक प्रतिभाशाली और संचालित कला सलाहकार है जो अपने ग्राहकों को बहुत अधिक मूल्य प्रदान करवाती है। फिर भी उनका मानना है कि काले संग्राहक के लिए ब्लैक आर्ट इकट्ठा करना जरूरी है। उसके लिए, यह काले संग्राहकों से बातचीत का हिस्सा बनने के लिए नीचे आता है।

"मुझे लगता है कि ये लंबे समय से, काले संग्राहकों से बातचीत का हिस्सा नहीं थे। ऐसा इसलिए है क्योंकि अधिकांश कलाकार जो ब्लैक हैं और बहुत सफल हैं उन्हें ब्लैक कलेक्टरों द्वारा एकत्र नहीं किया गया था। लेकिन अपने अनुभव और अपने ग्राहकों के साथ काम करने से, मुझे विश्वास है कि बातचीत हो रही है। " इस स्थानांतरण वार्तालाप के महान उदाहरणों में से एक कलाकार केरी जेम्स मार्शल शामिल हैं। जैसा कि पहले उल्लेख किया गया था, डेढ़ साल पहले मार्शल के पास्ट टाइम्स सोथबी में $ 21 मिलियन में बिका, जिसने इसे एक जीवित अफ्रीकी–अमेरिकी कलाकार के काम के लिए बेची गयी सबसे बड़ी राशि है। उन्होंने कहा, मार्शल का काम हमेशा व्यापक रूप से मनाया नहीं जाता था जैसा कि अब है। जब अनवरी सोथबी में थी, तो वह मार्शल के किसी भी काम को याद नहीं करती थी। पास्ट टाइम्स से पहले, मार्शल द्वारा बेचा गया सबसे महंगा टुकड़ा $ 1 मिलियन था। इस प्रकार भले ही मार्शल पहले से ही मास्टर

काम कर रहा था, लेकिन उसने अपनी अचूक प्रतिभा पर प्रकाश को चमकाने के लिए एक उत्प्रेरक लिया। इस तरह के आई–पॉपिंग नंबर के लिए उनका काम उस उत्प्रेरक का था। न केवल मूल्य तेजस्वी था, बल्कि ऐसा था

खरीदारः शॉन कॉम्ब्स, जिसे पी डिड्डी के रूप में भी जाना जाता है।

जब बिक्री हुई तब अनवरी शारीरिक रूप से कमरे में थे। जैसे ही उन्होंने याद किया, हवा में एक अलग भावना थी। "अगर मैं एक शब्द में कमरे का वर्णन कर सकता हूँ, तो मैं कहूंगा कि यह उपलब्धि है। उस रात आपने इसे महसूस किया। यह कला समुदाय में वास्तव में अच्छा और संतोषजनक क्षण था। " जबकि पास्ट टाइम्स की खरीद अश्वेत कलाकारों और काले संग्राहकों के लिए एक स्मरणीय घटना थी, अनवरी का मानना है कि अभी और बहुत काम करना बाकी है। मार्शल से परे बहुत सारे प्रतिभाशाली काले कलाकार हैं

कला की दुनिया में लहरें बनाना

संक्षेप में, एक सलाहकार के रूप में अनवरी का काम खुद के लिए बोलता है। वह अपने ज्ञान, अनुभव और कला के प्रति जुनून का उपयोग कला संग्राहकों को अपने लक्ष्य को पूरा करने में मदद करने के लिए करती है। वह अपने ग्राहकों को परिवार की तरह मानते हैं और यह सुनिश्चित करने के लिए अथक प्रयास करते हैं कि उनके पास एक अच्छा अनुभव हो।

लेकिन इससे परे, अनवरी काले कलाकारों को काले संग्राहकों के साथ जोड़ती है। ऐसा करने में, वह बातचीत को आगे बढ़ाने में मदद करती है और यह सुनिश्चित करती है कि अफ्रीकी–अमेरिकी कला आने वाले वर्षों के लिए मनाई जाए।

अध्याय– 8

डोमिनिक चैम्बर्स

#दी चैम्बर कलेक्शन

जब कलाकार अपने साथियों के काम को इकट्ठा करते हैं

कला की दुनिया में घूमने के लिए बहुत सारी महत्त्वपूर्ण भूमिकाएँ हैं, कला संपर्क से लेकर जो कलाकारों और संग्रहकर्त्ता को कला सलाहकारों से जोड़ने में मदद करते हैं , जो संग्रहकर्त्ता को उनके वित्तीय और गैर–वित्तीय लक्ष्यों को पूरा करने में मदद करते हैं और खुद कलाकार भी हैं, जो अपने दिल और आत्मा को अपने काम में लगाते हैं और बाकी लोगों के साथ इसे साझा करते हैं।

उस ने कहा, कला की दुनिया में कुछ अद्वितीय व्यक्ति कई टोपी पहनते हैं। वे न केवल अपना काम बनाते हैं, बल्कि अन्य कलाकारों के काम को इकट्ठा करते हैं और उन्हें एक–दूसरे से परिचित कराते हैं। ये विशेष व्यक्ति कला समुदाय के भीतर जबरदस्त मात्रा में मूल्य पैदा करते हैं। यह विशेष रूप से सच है अगर वे अपने करियर में पहले से ऐसा करने लगें।

उन विशेष व्यक्तियों में से एक डोमिनिक चैम्बर्स है। एक प्रतिभाशाली कलाकार होने के साथ–साथ, डॉम एक उत्कृष्ट कला संग्रहकर्ता हैं। (मैं 2019 की गर्मियों में डोमिनिक से मिला और न्यू हेवन में अपने स्टूडियो को देखना शुरू कर दिया, जबकि मैं येल विश्वविद्यालय में एक कार्यशाला पूरी कर रहा था। इससे भी अधिक आश्चर्यजनकः वह अभी तक 30 के भी नहीं हुए है। डोमिनिक बुद्धिमान है, कला के बारे में भावुक है और अपने शिल्प को सही करने के लिए कड़ी मेहनत करते हैं। यह स्पष्ट है कि वह आने वाले वर्षों के लिए कला पारिस्थितिकी तंत्र में लहरें बनाएगा।

कला के लिए लंबे समय तक जुनून

भले ही वह अभी 30 साल का नहीं है, लेकिन डोमिनिक का पेशेवर जीवन कला पर केंद्रित है। मूल रूप से सेंट लुइस से उन्होंने मिल्वौकी इंस्टीट्यूट ऑफ आर्ट एंड डिज़ाइन से अपना बीएफए प्राप्त किया। वहाँ से, उन्होंने येल यूनिवर्सिटी स्कूल ऑफ आर्ट से अपना एमएफए समाप्त किया।

इन दो प्रसिद्ध स्कूलों से स्नातक होने के बाद, डोमिनिक ने कला इतिहास और तकनीकी कौशल विकास के गहन ज्ञान के साथ पेशेवर जीवन में प्रवेश किया। उनके कला इतिहास के अध्ययन ने चित्रकला समस्याओं के बारे में सोचने और हल करने के लिए एक ध्वनि आधार बनाया। अन्य कलाकारों और कला संग्राहकों की तरह, डोमिनिक ने एक अच्छा दृष्टिकोण विकसित किया जो अच्छे और महान दोनों कलाकारों को बनाता है। उसके लिए, यह काम साधारण रूप से परे है। उन्होंने कहा, "मुझे उन कलाकारों में कोई दिलचस्पी नहीं है जो केवल अच्छी दिखने वाली चीजों को बनाने के लिए प्रतिबद्ध हैं।" "इसके बजाय, मुझे एक कलाकार की बौद्धिक जाँच में दिलचस्पी है। मेरे लिए बुरे कलाकार, ऐसे कलाकार हैं जो पूरी तरह से अपने अहंकार को संतुष्ट करने में रुचि रखते हैं। वे ऐसे कामों का निर्माण कर रहे हैं जिनके लिए किसी महत्वपूर्ण सोच या परीक्षा की आवश्यकता नहीं है। "

डोमिनिक के साथ एक अच्छा कलाकार दिलचस्प काम कर सकता है। वे एक निश्चित अवधि के लिए दर्शकों का ध्यान आकर्षित कर सकते हैं। महान कलाकार, हालांकि, अपने विषय और उनके आसपास की दुनिया के साथ संबंध के बारे में सचेत रहते हुए दिलचस्प कला बना सकते हैं। महान कला सिर्फ सौंदर्यशास्त्र के बारे में नहीं है; यह एक अत्यधिक महत्वपूर्ण बौद्धिक गतिविधि है। डोमिनिक इस दृष्टिकोण को अपनी कला बनाने और इसे इकट्ठा करने के लिए लागू करता है। उन्होंने कलेक्टर के घर जाकर एक कला 21 एपिसोड देखने के लिए अपनी एकत्रित प्रेरणा का पता लगाया जहाँ रशीद जॉनसन ने एंजेल ऑर्टोरो के साथ कलाकृति बनाई। उन्होंने इस तथ्य से प्यार किया कि संग्राहकों ने अपनी कला के साथ अपने स्वतंत्र संबंधों को विकसित किया। उनके नक्शेकदम पर चलना एक शानदार विचार की तरह लग रहा था।

वहाँ से, उन्होंने ग्रेड स्कूल में अपने कई दोस्तों की कलाकृति खरीदकर अपने पैर की उंगलियों को डुबो दिया। वह उन दोस्तों या कलाकारों के काम

को इकट्ठा करना जारी रखता है, जो दिलचस्प करते हैं। इनमें से कुछ लोगों में शाइकीथ, एना बेनारोया, वॉन स्पैन, माइक शुल्टिस, येक्विन और अन्य शामिल हैं। हालाँकि, कई अन्य संग्राहकों के विपरीत, डोमिनिक अपना संग्रह बेचने का इरादा नहीं रखता है। उनके जीवन में इन कलाकारों के कामों का परपेंट की तुलना में गहरा अर्थ है। वे ऐसे लोगों के प्रतीक हैं जिन्हें डोमिनिक को अपने पूरे युवा जीवन के दौरान मिलने का सौभाग्य मिला।

ज्यादातर डोमिनिक चित्रों और फोटोग्राफी पर केंद्रित है। उसके पास तीन मूर्तियां भी हैं, लेकिन अंतरिक्ष की कमी के कारण इन संयमों को एकत्र करता है। वह ज्यादातर आलंकारिक कार्यों का मालिक है। डोमिनिक के संग्रह में एकल कलाकार की सबसे बड़ी कलाकृतियां, अल्टरोनस गुम्बी द्वारा सभी सार टुकड़े हैं,ये एक ऐसे हैं कलाकार हैं जिनकी विशेष रूप से प्रशंसा होती है। वह काले कलाकारों द्वारा काम हासिल करने का एक बिंदु बनाता है। न केवल वह अफ्रीकी–अमेरिकी समुदाय और संस्कृति की उत्कृष्टता और सुंदरता को उजागर करने के लिए महत्वपूर्ण लगता हैद्व वह यह भी चाहता है कि कला के इतिहास में काले कलाकारों के योगदान को रेखांकित किया जाए। डोमिनिक कहते हैं, काले कलाकारों को बहुत लंबे समय से ऐतिहासिक रूप से कमतर आंका गया है। यह कहा जा रहा है, ज्वार बदल रहा है, जिसमें अधिक काले संग्राहक काले कलाकारों को बहुत लंबे समय से ऐतिहासिक रूप से कमतर आंका गया है। अश्वेत बच्चों के साथ काले कलाकारों के काम के साथ रिक्त स्थान में बड़े होने के साथ, उनका मानना है कि गति में वृद्धि होगीद्व

जो लोग अपने स्वयं के कला को शुरू करने के बारे में सोच रहे हैं, उनके लिए डोमिनिक सलाह देते हैं कि वे पहली बार अपने जुनून का पालन करें: ”मैं नए संग्राहकों को उन चीजों की खरीद करने की सलाह दूंगा जो वे पहले और सबसे ज्यादा आनंद लेते हैं, काफी कीमत सीमा के भीतर। एक बार जब आप अच्छी फुटिंग विकसित कर लेते हैं और कलाकृतियों के लिए एक अच्छी नज़र विकसित कर लेते हैं, तो उन कलाकारों के कामों को इकट्ठा करते हैं, जिनका वे अनुसरण करना चाहते हैं और जिनके करियर में निवेश नहीं किया जाता है, वे बाज़ार के रुझान की अनुमति नहीं देते हैंद्व मेरी राय में एकत्रित करने के लिए यह सबसे प्रभावी और सार्थक तरीका नहीं है। ”

मैं यह देखने के लिए इंतजार नहीं कर सकता कि आगे क्या होता है।

अध्याय— 9

जब ब्लैक आर्ट नीलामी के लिए आता हैं

स्वान गैलरी नीलामी

स्वान गैलरी: एक ब्लैक आर्ट के संग्राहक का सपना

स्वान गैलरी एक नीलामी घर है जिसकी स्थापना 1941 में की गई थी, जो दुर्लभ पुस्तकों और अफ्रीकी अमेरिकी सुक्ष्म कला में शामिल है। मैनहट्टन में मैडिसन स्क्वायर पार्क के पास, यह नीलामी घर न्यूयॉर्क के सबसे पुराने विशेषता नीलामी घरों में से एक के रूप में एक स्थिरता है। यद्यपि स्वान गैलरीज प्रति वर्ष 40 से अधिक बिक्री करती है, विशेष रूप से एक नीलामी होती है जिस पर चर्चा की जानी चाहिए, क्योंकि यह अफ्रीकी–अमेरिकी कलाकारों के लिए समर्पित सबसे अधिक बिकने वाली नीलामी थी।

5 अप्रैल, 2018 को जब स्वान गैलरीज ने अपनी द्विवार्षिक अफ्रीकी–अमेरिकी फाइन आर्ट की बिक्री की, तो ब्यूफर्ड डेलाने, नॉर्मन लेविस और अन्य कलाकारों ने उच्च अनुमानों को पार कर लिया। लगभग बारह कलाकारों ने नए मानदंड स्थापित किए और लुईस बिना शीर्षक वाले एक अमूर्त टुकड़े के साथ शीर्ष पर पहुँचे, जो कलाकार द्वारा काम के लिए नीलामी में दूसरे उच्च-स्थूल मूल्य पर बेचा गया। नीलामी के दौरान बिक्री $ 4,509,540 में हुई, अफ्रीकी अमेरिकी फाइन आर्ट विभाग और पूरे नीलामी घर में बिक्री के लिए स्वान ने एक रिकॉर्ड बनाया। यह अविश्वसनीय संख्या अफ्रीकी अमेरिकी कलाकारों द्वारा आधुनिक और समकालीन कार्यों की बढ़ती माँग को दर्शाती है।

उस रात की क्यूरेटेड नीलामी में 20 वीं सदी के कुछ सबसे प्रभावशाली आंदोलनों से लेकर पुनराविष्कार और अति उत्तम रचना तक के काम थे। $ 100,000 चार से अधिक वाले नौ लॉट में नए कलाकार रिकॉर्ड थे और दो प्रश्न

में कलाकारों द्वारा दूसरे सबसे अधिक कीमत वाले काम थे। लुईस द्वारा द अनटाइटल्ड एब्सट्रैक्ट पेंटिंग को $ 725,000 में बेचा गया जो की $ 250,000 के उच्च अनुमान को लगभग तीन गुना था। एक अन्य अमूर्त सिटीस्केप ने ब्यूफर्ड डेल—एई के लिए $ 557,000 के रिकॉर्ड की बिक्री की, जो $ 250,000 के उच्च अनुमान से दोगुना था । यह टुकड़ा मैनहट्टन में ग्रीनविच विलेज की सड़कों पर प्रदर्शित एक तेल चित्रकला है।

इस बीच चार्ल्स व्हाइट द्वारा ओ—फ्रीडम नामक एक आदमकद कोयला ड्राइंग ने अपने $ 300,000 के उच्च अनुमान को आसानी से बेच दिया, जिसके परिणामस्वरूप कलाकार को $ 509,000 प्राप्त हुआ। यह टुकड़ा 60 वर्षों से अधिक समय तक सार्वजनिक रूप से नहीं देखा गया था, फिर भी अभी तक अंतर—जनरेट किया गया था। बिक्री में सबसे आकर्षक टुकड़ों में से एक जैकब लॉरेंस की गहन श्रृंखला, स्ट्रगल ... द अमेरिकन द हिस्ट्री ऑफ पीपुल्स से एक फिर से खोजा गया काम था। 1776 से 1817 तक संयुक्त राज्य अमेरिका के इतिहास का उल्लेख करने के उद्देश्य से श्रृंखला से गायब हुए पांच टुकड़ों में से एक के रूप में। उच्च समुद्र पर तनाव इसके उच्च अनुमान से चार गुना अधिक पर खरीदा गया था।

निर्देशक निगेल फ्रीमैन ने स्वान गैलरीज में अपनी बिक्री के माध्यम से अफ्रीकी—अमेरिकी नीलामी बाजार का विस्तार 2007 तक किया है। पिछले कुछ दशकों में, अफ्रीकी—अमेरिकी कलाकारों की बिक्री का आकार और मात्रा आधुनिक और समकालीन कला बाजार में लगातार बढ़ी है। नॉर्मन लुईस, एलिजाबेथ कैटलेट और रॉबर्ट डंकनसन जैसे स्थापित कलाकारों के अलावा फेथ रिंगगोल्ड और फ्रैंक बॉलिंग जैसे कलाकार प्रतिष्ठित हैं। समकालीन कला बाजार पिछले कुछ दशकों में सांकेतिक रूप से विकसित हुआ है और आगे भी जारी रहने का अनुमान है।

सोथबी का

कला संग्रहकर्ता के रूप में पैसा कैसे बनाएँ

यदि आप एक शौकीन कला संग्रहकर्ता हैं, तो आपके पास अपने संग्रह में असाधारण वस्तुओं की एक श्रृंखला हो सकती है, जिसमें ठीक गहने से लेकर

समकालीन पेंटिंग तक शामिल हैं। हालांकि ये टुकड़े अमूल्य हैं, लेकिन ये आपको काफी लाभ भी पहुंचा सकते हैं। इसे ध्यान में रखते हुए, सोथबी असाधारण संग्रह खरीदने या बेचने के इच्छुक कला संग्राहकों के दो प्रमुख स्थलों में से एक है। सोथबी एक ब्रिटिश–स्थापित अमेरिकी निगम है जिसका मुख्यालय न्यूयॉर्क शहर में है। ठीक और सजावटी कला, गहने, अचल संपत्ति और संग्रहणता के दुनिया के प्रमुख दलालों में से एक के रूप में, सोथबी की दुनिया भर के कई कलेक्टरों द्वारा भरोसा किया जाता है।

नीलामी घर के साथ खरीदना या बेचना

नीलामी घर के साथ खरीदने या बेचने का चयन करते समय, कुछ बातों का ध्यान रखना चाहिएः

- ❖ वे बिक्री से सबसे अधिक 20 से 30 प्रतिशत कमीशन लेंगे।

- ❖ आप नीलामी के घर के शुल्क के बातचीत कर सकते हैं ,जो आपकी जीवनशैली में फिट बैठता है।

- ❖ सुनिश्चित करें कि टुकड़ा उचित मूल्य पर सूचीबद्ध है ताकि आप संभावित खरीदारों को डराएं नहीं। जिस कीमत पर आपका टुकड़ा सूचीबद्ध है, उसके साथ आपको सहज होना चाहिए।

- ❖ सुनिश्चित करें कि आप अपनी बीमा कंपनी से सचेत हैं और आपकी नीति चालू है।

- ❖ अनावश्यक क्षति को रोकने के लिए परिवहन की पुष्टि करें।

- ❖ पूरी तरह किसी भी अनुबंध के माध्यम को पढ़े और उसकी समीक्षा करे

सोथबी के साथ सफलतापूर्व खरीद और विक्री

संग्राहक लगातार अपनी असाधारण वस्तुओं के सर्वोत्तम मूल्य के लिए सोथबी की ओर रुख करते हैं, जबकि खरीदार उपलब्ध सर्वोत्तम वस्तुओं के लिए सोथबी पर निर्भर हैं। 70 से अधिक शहरों में यह एक बहुराष्ट्रीय निगम के रूप में खरीदारों और शौकीन विक्रेताओं की सहायता करने के लिए अच्छी तरह से सुसज्जित हैं। इसके अतिरिक्त, सोथबी को फर्नीचर से लेकर वाइन से लेकर पुरातन वस्तुओं और आधुनिक कला तक की 50 से अधिक विभिन्न श्रेणियों में अनुभव किया

जाता है। उनके साथ काम करना इस बात की गारंटी देता है कि आपको अपनी अनूठी वस्तु के लिए सर्वश्रेष्ठ प्रस्ताव प्राप्त होगा।

बेसक्वेट का रिकॉर्ड तोड़ साई

1982 में जीन-मिशेल बेसक्वेट द्वारा बनाई गई शीर्षकहीन पेंटिंग, तीस साल बाद न्यूयॉर्क के सोथबी में 110.5 मिलियन डॉलर में बिकी। यह एक अमेरिकी कलाकार द्वारा काम के लिए भुगतान की गई उच्चतम कीमत और 1980 के बाद बनाए गए किसी भी काम के लिए एक नीलामी रिकॉर्ड था। इस रिकॉर्ड-ब्रेकिंग बिक्री मूल्य ने दो कला संग्राहकों की बेटी के लिए लगभग $ 110 मिलियन का लाभ चिह्नित किया, जो मूल रूप से शुद्ध थे। एक जापानी अरबपति, एक जापानी फैशन साइट के संस्थापक युसाकु मेज़ावा ने इस अविश्वसनीय टुकड़े को खरीदा। हालांकि यह बिक्री एक तरह ही थी, लेकिन रिकॉर्ड तोड़ नीलामियों के लिए भविष्य क्या होगा, यह बताने वाला नहीं है। इस बात की कोई गारंटी नहीं है कि हर पेंटिंग लाखों डॉलर में बिकेगी, लेकिन संभावित वित्तीय लाभ का लालच निर्विवाद है। बेसक्वेट के काम में तेजी से वृद्धि हुई है, जबकि अन्य में भी वर्षों में लगातार वृद्धि हुई है। स्ट्रीट आर्ट एक आकर्षक उभरती हुई प्रवृत्ति बन गई है जो कि फीका नहीं लगता। जब बाजार में बिकने की बात आती है तो बाजार में इसका दबदबा कायम रहता है।

क्रिस्टी

एमी शारल्डः क्रिस्टी की नीलामी में सबसे बड़ी उभरती कलाकार हैं?

क्रिस्टी, जेम्स क्रिस्टी द्वारा 1766 में स्थापित, एक ब्रिटिश निलामी घर है जो कला बेचने के लिए जाना जाता है। हालाँकि यह लंदन में स्थापित किया गया था, क्रिस्टी दुनिया के प्रमुख नीलामी घरों में से एक बन गया। अपने जीवनकाल में, क्रिस्टी कई कलाकारों के दोस्त थे और उनके आधार संग्राहक, विक्रेता और सभी फैशनेबल समाज के लिए सभा स्थल के रूप में जाने जाते थे। उनके द्वारा संभाले गए लेनदेन के माध्यम से कला के बारे में उनके ज्ञान का प्रदर्शन किया गया था। क्रिस्टी की मृत्यु के बाद, फर्म ने सोथबी के प्रतिद्वंद्वी के लिए एक निजी कंपनी का पुनर्गठन किया। इसके तुरंत बाद टोक्यो, रोम, जिनेवा और न्यूयॉर्क

शहर में स्थानों को खोलकर क्रिस–टाई ने यूनाइटेड किंगडम से आगे बढ़ना शुरू कर दिया। क्रिस्टी कई ऐतिहासिक बिक्री में शामिल रहे हैं, जिसमें सल्वाडोर मुंडी, लियोनार्डो दा विंची पेंटिंग की बिक्री शामिल है, जिसे $ 450.3 मिलियन में बेचा गया था– जो कला के किसी भी टुकड़े के लिए भुगतान की गई उच्चतम कीमत थी। जब नीलामी की बात आती है, तो बिक्री मूल्य और अनुमान प्रदर्शन का एकमात्र संकेतक नहीं हैं। नीलामी के आधार पर बाजार में एक कलाकार के मूल्य के लिए कुछ कहा जाना चाहिए जो उनके काम को संभालेगा। अगर किसी कलाकार ने क्रिस्टी, सोथबी या फिलिप्स जैसे नीलामी घर के साथ एक स्थान प्राप्त किया है, तो एक बड़ा लाभ होना निश्चित है। नीचे दिए गए चार्ट के अनुसार, आप देख सकते हैं कि इनमें से किस कलाकार ने शुरुआत की थी। नीलामी घरों ने उनके अनुमान को गलत बताया।

मार्क रोथको और एंडी वारहोल जैसे कलाकारों ने अपने उच्च अनुमान से लाखों डॉलर की बिक्री के साथ अपने उच्च अनुमानों को चकनाचूर कर दिया; अफ्रीकी–अमेरिकी कलाकारों की कला शायद ही कभी मल्टी मिलियन डॉलर की बिक्री की सूची में रही होगी। इसके बावजूद, मैं प्रमाणित अफ्रीकी–अमेरिकी कलाकार एमी शेराल्ड पर ध्यान केंद्रित करना चाहता हूँ। उसने क्रिस्टी के साथ 2019 की शुरुआत की, जो उस चित्र के साथ है जो मूल उच्च अनुमान के तीन गुना अधिक में बिका। शेराल्ड्स इनोसेंट यू इनोसेंटमी पहला काम था जिसे कलाकार ने एक प्रमुख नीलामी में पेश किया।

हालांकि इसे $ 80,000 – $ 120,000 में बेचने का अनुमान था, लेकिन यह टुकड़ा $ 350,000 तक पहुंच गया, जो आसान उपलब्धि नहीं थी। शेराल्ड एक बाल्टीमोर आधारित कलाकार है, जो अफ्रीकी अमेरिकियों के चित्रों को चित्रित करता है जो उसने अपने दिन के बारे में जाते समय सार्वजनिक रूप से देखे होंगे। वह अपनी जाति पर ध्यान देने के लिए अपनी मानवीयता और विशिष्टता पर ध्यान देने के लिए ग्रेस्केल में पेंट करती है। मिशेल ओबामा द्वारा स्मिथसोनियन संग्रहालय के लिए अपने आधिकारिक चित्र को चित्रित करने के कुछ ही समय बाद उनके करियर की शुरुआत हुई। अब तक, शेरॉल्ड के करियर ने हमें सिर्फ एक स्वाद दिया है जिसे अभी तक आना बाकी है। काले समकालीन कला, विशेष रूप से काली महिला कलाकारों द्वारा, एक श्रेणी है जो संपन्न है। क्रिस्टी में पदार्पण करने वाली कई अश्वेत महिला कलाकारों ने अपने

अनुमानों को पार कर लिया है, जो कि उनके विचार में पोरीरी कला के लिए नई प्रशंसा की बात करती है।

अध्याय– 10

संग्राहकों पर

बुद्धि और संस्कृतिः क्या कला खरीदना वास्तव में आप को भेद देता है?

चाहे आप एक सजावट की यात्रा पर निकली एक नई गृहस्वामी हों या अपने संग्रह में जोड़ने के लिए उत्सुक कलाकार, यहाँ आपके व्यक्तित्व जोड़ने का एक शानदार तरीका मिलेगा। हालांकि बहुत से लोग अपने घरों को दीवार की सजावट के साथ खुदरा विक्रेताओं जैसे आइकिया, होमगूड्स, टारगेट और अधिक से अधिक सजाते हैं, बड़े पैमाने पर उत्पादित कला दीर्घाओं, मेलों और स्टूडियो में पाए जाने वाले मूल कला की तुलना नहीं कर सकते हैं। इस खंड में मैं बताऊंगा कि मूल कला को खरीदने के बारे में कैसे जाना जाता है।

मूल कला को विशिष्ट खरीद के रूप में जाना जाता है क्योंकि यह आर्थिक समृद्धि के समय में अच्छी तरह से बिक्री और आर्थिक संकट के समय में खराब बिक्री होती है। यह एक विवेकाधीन खर्च है जो पूरी तरह से विलासिता के सार का प्रतीक है। जब क्रय कला की बात आती है, तो कीमत सबसे बड़े विचारों में से एक है। अपनी विवादास्पद प्रकृति के कारण, कला के टुकड़े को खरीदने का कोई दबाव या आवश्यकता नहीं है। इसलिए कई कारक खेल में आते हैं। ब्याज एक विशाल निर्धारण कारक है; कोई व्यक्ति कला को निजी रूप से देखना चाहता है या उसे कहीं रख सकता है, जिससे अन्य लोग उसे देख सकते हैं। किसी भी तरह से, यह प्रमुख रूप से उस प्रकार की कला को प्रभावित करता है जिसे खरीदा जाएगा। यदि यह व्यक्तिगत देखने के लिए है, तो टुकड़ा खरीदार को बहुत प्रभावित करेगा, और उन्हें टुकड़े के लिए एक मजबूत कनेक्शन महसूस करेगा अंततः वह इसे खरीदने के लिए

मजबूर करेगा। खरीदार को कई चीजें प्रदान करता है, जिसमें समुदाय, शक्ति, सांस्कृतिक श्रेष्ठता, सामाजिक भेद की भावना शामिल है, कुछ लोगों ने यहां तक कहा कि यह आध्यात्मिक पूर्ति प्रदान करता है। अगले कुछ अध्यायों में मैं आपको काले संग्राहक की कुछ कहानियों से परिचित कराऊंगा।

कला संग्राहक

कोई बजटीय प्रतिबंध नहीं हैं जहाँ कला एकत्रित किया जाए। इसका कारण यह है कि एकत्रित करने के लिए कोई आकार–फिट दृष्टिकोण नहीं हैद्य शौकीन और पहली पीढ़ी के संग्राहक, जो उभरते कलाकारों के कामों पर ध्यान केंद्रित कर सकते हैं जो अत्यधिक परिष्कृत या विरासत कला पारखी के समर्थन में लाखों का निवेश करते हैं। प्रसिद्ध कलाकारों के करियर, एक साथ आ सकते हैं और कला क्षेत्र के विभिन्न क्षेत्रों को पूरा कर सकते हैं। विभिन्न प्रकार के संग्राहक कौन हैं? ऐसे कलाकार हैं जो कलाकार के अनुभव और प्रतिष्ठा को सभी से अधिक महत्व देते हैं, जिन्होंने कला इतिहास अध्ययन में कई डिग्री अर्जित की है और जिनकी शिक्षा इतनी गहरी चलती है कि वे शुद्ध ज्ञान और उनके बारे में गहरी समझ के आधार पर अपने संग्रह में अच्छी कला जोड़ते हैं द्य इन संग्राहकों के पास पहले से ही सफल कलाकारों के भविष्य को सुनिश्चित करते हुए बड़े नाम वाले टुकड़े खरीदने का बजट है और कला की दुनिया के भविष्य में उनकी हिस्सेदारी का दावा करते हैं । फिर सौंदर्य से प्रेरित संग्राहक हैं और जो अभी भी पेशेवर रूप से एकत्र कर सकते हैं।दोनों समूह अज्ञात कलाकारों से इकड्डा करने के लिए खुले हैं, और उनके विकास में उनकी मदद करते हैं, उनके ठीक कला समकक्षों की तुलना में। होबीस्ट या पेशेवर संग्राहक भी विरासत और सांस्कृतिक संरक्षण जैसे विषयों को ध्यान में रखते हुए कला अंतरिक्ष के माध्यम से आगे बढ़ सकते हैं।

कला के एक टुकड़े की कीमत $ 50 से कम हो सकती है और $ 20 मिलियन या उससे अधिक हो सकती है। सबसे ऊपर कला संग्रह एक वर्णक्रम पर है, और इसलिए मैं आपको उस दृष्टिकोण को प्रतिबद्ध करने के लिए आमंत्रित करता हूँ जो आपके साथ सबसे अधिक गूंजता है। मैं आपको अपनी

आवश्यकताओं और रुचियों का पता लगाने के लिए आमंत्रित करता हूँ और देखता हूँ कि आपकी एकत्रित यात्रा आपको कहां ले जाती है।

अध्याय– 11

हिल हार्पर

हिल हार्पर जीवन कला से घिरा हुआ है। उनके माता–पिता दोनों कला प्रेमी थे, जिन्होंने उनके साथ अपने क्षेत्र के प्यार को साझा कियाऔर उन्हें अपने स्वाद परिचय दिया। जो काम उनके लिए सबसे ज्यादा मायने रखता था। उन्होंने उसे सिखाया कि कैसे कला और कला को देखना है और उसे कई टुकड़ों से उजागर किया है । विशेष रूप से एक टुकड़े के बारे में बात करते हुए, वह इस महत्व के बारे में बात करते थे कि यह अभी भी उसके लिए और उसके प्रयासों का पता लगाने के लिए है। वह अपनी माँ, अपने पिता, अपने भाई और यहाँ तक कि एक संग्रहालय के टुकड़े से अपने बचपन को याद करती है। ”मैं उस पेंटिंग को ट्रैक करना चाहता हूँ,” वे कहते हैं। यह किसी भी अन्य के रूप में कला के बारे में उनकी भावनाओं के लिए एक ठोस प्रतीक है। जिस तरह से वह हर टुकड़े को देखता है,उसी तरह से वह कला में निवेश करता है और उसे प्रिय बनाए रखता है।

हार्पर के माता–पिता ने उसे दुनिया से बाहर निकलने और अनुभव से सीखने के अवसरों की तलाश करना सिखाया। संग्रहालयों के बारे में बात करते हुए वो याद करते हैं कि यह उनके जीवन का इतना बड़ा हिस्सा कैसे बन गया, जैसा कि वे मानते हैं कि इसमें उनका प्रतिनिधित्व जरूरी था। संग्रहालयों के साथ, उन्होंने चिड़ियाघर और मछलीघर की यात्राओं में रहस्योद्घाटन किया; वे सभी दोपहरें जो उन्होंने अपने भाई के साथ उत्साहपूर्वक व्यतीत कीं, और उन्हें साहसी और अद्वितीय व्यक्ति में आकार देने में मदद की, जो वह हैं, जिसने उन्हें अपनी दो आँखों से दुनिया को देखने और खुद को बनाने के लिए प्रोत्साहित किया।

नई और सामान्य से बाहर की चीजों के साथ सहज मानसिकता एक कला संग्राहक के लिए आवश्यक है और सभी परिस्थितियों में अपने को शांत रखने की उसकी इच्छा में महत्वपूर्ण योगदान देती है।

संस्कृति पर चर्चा करते हुए हार्पर सहजता से और आत्मविश्वास से आगे बढ़ता है और वह काले समुदाय के लोगों के लिए अपने अनुभवों को स्वचालित रूप से संबंधित करते हुए यह स्पष्ट करते हैं कि वह अपनी संस्कृति और अपनी विरासत के संदर्भ में खुद को कैसा देखता है। वे कहते हैं, "मुझे लगता है कि बहुत सारे काले लोग समझते हैं कि हममें से कई लोगों के पास व्हाइट हाउस में सहज रहने की क्षमता है और इन अनुभवों की सीमा में कभी भी असहज महसूस नहीं करते हैं। हार्पर जितनी जल्दी अपनी साहसी और बोल्ड प्रकृति को अपनी सांस्कृतिक पहचान से जोड़ते हैं, हालांकि वह एक कला संग्राहक के रूप में अपने विकास और विकास में निभाई गई भूमिका को पहचानने के लिए बहोत जल्द है। वह देखते है कि नए विचारों के लिए अपने खुलेपन और संभावित असुविधाजनक के साथ अपने आराम के कारणः वह कला की दुनिया के सभी नुकसानों को नकारात्मक कर सकता है जिससे वो कभी भी अभिजात्यवाद(तपे. जवबतंबल) का शिकार ना हो।वे अपनी रचनात्मकता और शैली की तुलना में लोगों की परवरिश पर अधिक ध्यान नहीं देते थे ,जो कि उनके द्वारा उत्पादित कला के सभी वास्तविक मूल्य के बाद आता है।

हार्पर ने अनायास ही कला को इकट्ठा करना शुरू कर दिया, कला के उन टुकड़ों को खरीदना, जिसकी उन्होंने प्रशंसा की। हार्वर्ड में एक स्नातक छात्र होने के दौरान अपने एक दोस्त के साथा न्यूयॉर्क के एक कलाकार एस्टरेस्ट क्रिकलो को देखा, जिनके बारे में वह कम जानते थे। भारी छात्र ऋण के बावजूद जो कि अंडर–सिक्स फिगर था,इसके बावजूद उसने अपनी डिग्री अर्जित कर ली थी – उसने टुकड़ा पाने के लिए नकद पाया, अपनी खुद की आंत से थोड़ा अधिक दूर जाकर महसूस किया कि यह कुछ है जिसे वो अपना बनाना चाहता थे। तब से उन्होंने क्रिचलो के बारे में एक अच्छी बात का अध्ययन किया है, लेकिन फिर वह कला के अपने आकलन के आधार पर एक निर्णय ले रहे थे द्य जब भी हार्पर के पास एक क्रिचलो का स्वामित्व था, तब तक उसने अपने बेडरूम की दीवार पर एल्बम कवर को जोड़कर कला एकत्र करने की खुशियाँ सीख ली थीं – यह खुशी कला के प्रत्येक टुकड़े से निकली थी।

यह कला के प्रति ईमानदार दृष्टिकोण है और जब हार्पर सड़क कलाकार जबोलो के बारे में बात करते हैं और उन्होंने जोबोलो के साथ अपनी पहली मुठभेड़ का वर्णन करते हुए धीरज से कहा, " वह उस गाँव की थी जो हमेशा

अपनी कला के साथ सड़क पर रहती थी। मुझे यकीन नहीं है कि वह बेघर थी या नही लेकिन उन्होंने एक खूबसूरत काम किया और मैंने इसे खरीद लिया। मैंने कॉलेज के दौरान या उसी समय के आसपास खरीदा होगा। और मेरे एक अन्य दोस्त ने जोबोलो को पूरी तरह से अलग से खरीदा था क्योंकि वह हर समय न्यूयॉर्क में सड़क पर रहता था, और वह हर समय पाया जाता था और वह जादू मार्करों का उपयोग करता था। " ऐसी विचित्र कहानी, हार्पर उत्साह के स्वर में बताता है, एक कलाकार के बारे में बात करने के लिए रोमांचित जिसे वह मिले और जिसे उसने खोजा। वह कहता है कि वह उन कलाकारों से उन्हें सराहना मिली, जिनकी कला वह अपने कोलीन–टियोन से जोड़ते हैं, यदि संभव हो तो उनके साथ एक रिश्ता बनाते हैं, और उनकी और उनकी विशिष्ट पहचान की सराहना करना सीखते हैं। वह एक कलाकार, एल्विन क्लेटन को संदर्भित करता है, जिसका काम उसने पहली बार खरीदा था और अपने अभिनय करियर को आगे बढ़ाने के लिए लॉस एंजेलिस में स्थानांतरित होने के कुछ समय बाद ही वह लेट गया था। उसने कनेक्टिकट में महान आत्मा भोजन रेस्तरां को खोला, " यह सुझाव देते हुए कि आप एक पुराने दोस्त के बारे में कैसे बात करेंगे और कोई नियमित रूप से आपसे चैट करता है ।

डॉक्यूमेंट्री के लिए काम कर रहे एक कलाकार थॉर्नटन डायल को संदर्भित करता है, जिसे बड़े पैमाने पर इकट्ठे सामग्रियों का उपयोग करने के लिए जाना जाता है, और जब वह कुछ कला आलोचकों के बीच एक सामान्य शब्द को संदर्भित करता है। एक संग्रहाध्यक्ष के रूप में उनकी राय चमकती है। वह उन कलाकारों के बारे में निश्चित राय रखता है जिनकी वह प्रशंसा करता है कि, अक्सर गलत तरीके से, कला मंडलियों ने कभी–कभी उन पर चर्चा की है। एक बार फिर, हार्पर की निर्भीकता और साहस पूर्ण प्रदर्शन पर है: वह विनियोग, गलतफहमी, दुर्व्यवहार को देखता है, और वह इसे बिना किसी अनिश्चतता के दासता की वास्तविकता और इसके साथ आने वाली हर चीज से जोड़ता है।

जब हार्पर कला की अधिक प्रत्यक्ष चर्चा में आगे बढ़ता है तो वह और भी अधिक स्पष्ट हो जाता है। वे बताते हैं कि कला जगत ने किस तरह "काम के टुकड़े के लिए न्याय करने के बजाय कुछ–कुछ का अवमूल्यन करने की कोशिश की है" यह अन्य सभी कलाओं से कार्यों को अलग करके, "या तो पाया कला" या "लोक कला" है। मानो वह ललित कला के अलावा किसी श्रेणी में थे। एक

कलेक्टर के रूप में, वह इस हमले के खिलाफ कला को ठीक से वर्गीकृत करने के लिए महत्वपूर्ण कार्य कर रहा है। एक कलेक्टर के रूप में हार्पर का कहना है कि वह सबसे बड़े ही नहीं, सभी आकारों के कला मेलों में भाग लेना जारी रखता है। कला जगत में उसका नाम होने के बावजूद, वह ब्रुकलिन स्थित कला मेले, द अदर आर्ट फेयर के बारे में प्यार से बात करता है, जहाँ प्रवेश पाँच डॉलर का है और कलाकार एक बूथ पर अपने टुकड़े प्रस्तुत करते हैं। यह अपने तत्व में हार्पर है, ज्ञात और अज्ञात मिनटों के कलाकार और समुदाय के बारे में अपनी राय साझा करना, इतिहास, शैली और रचनात्मक प्रक्रिया की उनकी चर्चा में अनभिज्ञ। वह स्वीकार करता है कि उसकी पेशेवर प्रतिष्ठा के कारण; उनके पास अवसरों और घटनाओं तक पहुंच है जो अन्य नहीं हो सकते हैं, लेकिन जब बातचीत अनदेखा और ऑफ–द–पीटन–पथ पर लौटती है, तो वह तब होती है जब उसकी ऊर्जा फैल जाती है।

लगभग 2000 बैंक्सी कार्यक्रम को याद करते हुए हार्पर कहते हैं, "मैंने इस कलाकार के बारे में सुना था कि लोग बैंकी के बारे में बात कर रहे थे। इसलिए मुझे लाइन में पाँचवाँ या छः पसंद है, और फिर लाइन लंबी हो जाती है, हम इंतज़ार कर रहे हैं। मुझे लगता है कि मैंने लगभग दो घंटे इंतजार किया, जो भी हो क्योंकि मैं वहां जल्दी पहुंच गया। और ये खुलते हैं, और मैं अंदर चला जाता हूं और यह अविश्वसनीय है।वह आखिरकार गोदाम में घुस गया, हालांकि, वह जिस टुकड़े को चाहता था – गुब्बारा पकड़े हुए एक लड़की की अब–प्रसिद्ध छवि थी – सार्वजनिक कार्यक्रम से पहले ही एक वीआईपी को बेच दिया गया था। बैंकी कार्यक्रम के बाद की रात, हार्पर का उल्लेख है, वह शेपर्ड फ़ैरी के लिए एक कार्यक्रम में शामिल हुए थे, जहाँ उन्होंने कलाकार से मुलाकात की और आखिरकार उससे दोस्ती कर ली।

हार्पर यह भी बताता है कि 2008 के डेमोक्रेटिक प्राइमरी के दौरान ओबामा के पहले राष्ट्रपति अभियान के लिए उन्होंने शेपर्ड फैरी को किस तरह पेश किया था, और हालांकि वह इसे बैंकी के साथ अपने अनुभव से जोड़ते हैं, इस संदर्भ में स्पष्ट है: हार्पर के लिए, व्यक्तिगत और सार्वजनिक एक हैं। वह एक गहन ईमानदार संग्राहक है क्योंकि यह वह है जो सोचता है, दोस्ती और बंधनों के बीच कोई अंतर नहीं है और वह काम जो वह कला की दुनिया को अधिक नैतिक और अधिक जागरूक बनाने के लिए कर रहा है, कलाकारों के मूल्य को पहचानते हुए

वह कलाकारों के रूप में एकत्रित करता है, न कि "लोक कलाकारों" या "पाए गए कलाकारों" के रूप में।

हार्पर जॉनसन पब्लिशिंग, एनएएसीपी और अर्बन लीग के बारे में भी चिंता की जगह से बात करते हैं कि कैसे इनके प्रमुख संस्थानों ने फंडिंग और योजना बनाने में कठिनाइयों का सामना किया है। यह स्पष्ट है कि उनका दिमाग नई पीढ़ी के नेताओं के रूप में समाधान खोजने पर है। उनकी सलाह प्रेरणादायक है, और वे अचूक रूप से आशावादी हैं: "उस ऊर्जा को इस तरह से बनाए रखें कि आपन शुरू कर दी और फिर उन्हें करने में लग जाये और इसके साथ चलें, और जब तक यह आपके मरने की साँस तक नहीं पहुँच जाता है।

इसके अलावा, हार्पर बराक ओबामा के साथ कानून के स्कूल के सहपाठि थे, जिन्होंने उनकी राष्ट्रीय वित्त समिति में सेवा की थी, जो अभियान टीम के लिए "आशा" पोस्टर्स बनाने वाले कलाकार की जोड़ी बनाने में एक मामूली भूमिका थी। नतीजतन वह ऐतिहासिक क्षणों के बारे में बात करते हैं, जैसे कि ओबामा के साथ और अधिक अस्पष्ट लोग, जैसे कम प्रसिद्ध कलाकारों के साथ बैठकें।

जैसा कि वह कहते हैं, "मुझे लगता है कि लोगों को वास्तव में वही इकट्ठा करना चाहिए जो वे चाहते हैं लेकिन मैं अंततः वही इकट्ठा करता हूँ जो मेरे दिल को भाता है।

अध्याय– 12

अनाम संग्राहक

कला संग्रह एक पारखी की आंखों के माध्यम से – पुराने उद्देश्य और नए उपाय

कला संग्रह अक्सर एक जिज्ञासु चीज है। इसका मतलब है कि ज्यादातर चीजें अलग–अलग हैं, और संग्राहकों के पास अक्सर अपने संग्रह को एकत्र करने के अनूठे तरीके होते हैं। लेकिन उन सभी के लिए, प्रेरणा आम तौर पर एक ही चीज़ है जो चुनाव के लिए एक दिलचस्प प्रेम–टेंप्रेचर ब्यूटी और विजुअल आर्ट एक्साइड करती है। इसके बावजूद, कला संग्रह में शायद सबसे बुनियादी सिद्धांत यह है कि कोई नियम नहीं हैं। एक संग्रह का निर्माण ज्यादातर भावनात्मक है, और प्रत्येक संग्राहक अपने स्वयं के अनूठे तरीके से अपनी प्रक्रिया को विकसित करता है।

एक कला संग्राहक के साथ इस बैठक में (हम उसे मार्कस कहेंगे), जो गुमनाम रहने की इच्छा रखता है, अंतर–महाद्वीपीय स्वाद वाला एक अमेरिकी संग्राहक, मैं यह पता लगाता हूँ कि अमेरिका में संग्राहक होने का क्या मतलब है और वह कैसे दिशा–निर्देशों के साथ निर्माण करना शुरू करता है जहाँ उनका सदैव सट्टा केंद्रित जमावड़ा रहा है।

विनम्र शुरुआत

क्या एक कला संग्राहक बनाता है? चूँकि संग्रह करना अक्सर एक समय पर चलने वाला और महँगा प्रतीत होता है, इसलिए यह देखना दिलचस्प है कि अलग–अलग कलाकारों के टुकड़ों को इकट्ठा करने के लिए संग्राहक कितने आसक्त जोड़े गए हैं।

इसके अलावा संग्राहकों के पास अक्सर उनके टुकड़े हासिल करने के तरीके के पेचीदा पैटर्न होते हैं। कला संग्राहकों के पास व्यापक संग्रह होते हैं, जिसमें यह संकेत मिलता है कि 53□ के पास कम से कम 500 कार्य हैं। इन संग्रहों में से अधिकांश में चाहे होशपूर्वक या अन्यथा, एक पैटर्न उभरता है, जिसे हमेशा ध्यान रखना दिलचस्प होता है। यही कारण है कि कला संग्राहकों का जवाब देने वाले सबसे आम सवालों में से एक यह है कि उन्होंने क्यों इकट्ठा करना शुरू किया। कई लोगों के लिए, यह जीवन के एक मार्ग के रूप में शुरू हुआ। अपने अनुभव के कारण कला के लिए, कला संग्रहालयों या कुछ व्यक्तिगत प्रतिभाओं के माध्यम से, वे प्रतिभाशाली व्यक्तियों से पुरस्कार कार्यों के लिए बढ़े। दक्षिण से भाग लेना वाला, मार्कस एक वित्त पेशेवर है, जिसने कम उम्र से कला में अधिक रुचि लिया। अधिकांश पारखी लोगों के विपरीत, वह वास्तव में अपने जीवन में एक बड़ी भूमिका निभाने वाली कला के साथ कभी बड़े नहीं हुए। उनके अनुसार, "कला मेरे जीवन का हिस्सा नहीं थी, जो कि सबसे अधिक समय तक बढ़ती रही। गुलामी के इतिहास के बोझ तले दबे एक शहर में जीवन बस दिन–ब–दिन बढ़ता जा रहा था, लेकिन संस्कृति, संगीत और व्हाट्सएप के रूप में मेरे चारों ओर कला थी, लेकिन जरूरी नहीं कि जो कुछ मेरे आसपास हो रहा था, मैं उसे पंजीकृत करूं ३ "मार्कस के बारे में एक और दिलचस्प बिंदु उनकी पृष्ठभूमि है। उनके माता–पिता अमेरिका में एक व्यापक शिक्षा के लाभ के बिना अप्रवासी थे। नतीजतन, उनका बचपन ज्यादातर उन छापों से रहित था जो कई लोगों को प्रभावित करते हैं, जो संग्राहक होंगे। यह हाई स्कूल तक नहीं था कि उन्होंने ललित कला के रास्ते में बहुत कुछ देखा, जब वो एक कला वर्ग में शामिल हुए और संग्रहालय की अपनी पहली यात्रा की। उनके शब्दों में, "जब मैं कॉलेज गया, तो कई बार संग्रहालय गया, लेकिन मेरी यह धारणा थी कि कला अमीर लोगों के लिए है। यह लगभग वैसा ही था। हम किसी भी ऐसे काले परिवार को नहीं जानते थे । इसलिए हमारे पास वास्तव में कोई परिचय नहीं थाद्य मैं 60 और 70 के दशक के किसी भी महान काले कलाकार या उन किसी भी कालखंड के बारे में कुछ नहीं जानता था।

पहला चरण

मार्कस का मानना है कि कला के चरण में उनका उचित परिचय तब हुआ जब उन्होंने जैज़ में रुचि ली, विशेष रूप से पुराने रिकॉर्ड। यद्यपि वह वास्तव में इस

संगीत के प्रशंसक नहीं थे, लेकिन उन्हें बहुत कम उम्र में अपने पिता के माध्यम से जैज़ दृश्य के संपर्क में लाया गया था। जिनके "मेरे पिता बहुत बड़े प्रशंसक थे। उनका जन्म 1928 में हुआ था और जब वह पहली बार हार्लेम आए थे, तो 50 के दशक के अंत में और 60 के दशक की शुरुआत में, उन्होंने बहुत सारे जैज संगीतकारों के साथ काम किया। अपोलो के सैंडमैन सिम्स उनके अच्छे दोस्त थे। "

यह प्रदर्शन अक्सर उसकी इच्छा के विरुद्ध आया, हालाँकि। "जैज़ संगीत कुछ ऐसा था जिसे मैं एक बच्चे के रूप में बहुत ज्यादा प्यार नहीं करता था, लेकिन मेरे पिता की कार में केवल एक चीज थी जो मुझे सुनने का विकल्प था ..." उनके पिता काफी प्रभावित थे और यह अंततः बाद में उनके जीवन में दिखा। । मार्क्स के अनुसार, "जब मैंने लगभग 20 साल की उम्र में अपने पिता को खो दिया था और इसी दशक में मैं जैज़ संगीत में गहरे प्रभाव में पड़ गया। मैंने जैज़ संगीत पर काफी समय बिताया और उसके बारे में सीखा। तो यह एक कला का समान था। मुझे कुछ रिकॉर्ड मिलने लगे, फिर मैंने कुछ रिकॉर्ड बनाए। "

पुराने रिकॉर्ड और एल्बम कला को इकट्ठा करने से लेकर, अपनी पहली वास्तविक कलाकृति खरीदने तक यह एक छोटा कदम था। जैसा कि वह बताते हैं, "मैं एक युगल लोक घरों में गया। मैंने कुछ अच्छी कलाकृति देखीं और मैंने फैसला किया कि शायद मेरे पास कुछ कला होनी चाहिए। 2015 में, मेरी पत्नी और मैं तुर्की गए और जब हम रिसॉर्ट में थे,तो हम दीर्घा में चले गए और मैंने अपनी कला का पहला असली टुकड़ा खरीदा। यह एक तुर्की कलाकार द्वारा छापा गया था।

आधुनिक संग्रहालय

मार्कस एक शैली के साथ अपने संग्रह के निर्माण के बारे में जाना जाता है जिसे कुछ लोग कट्टरपंथी मान सकते हैं। वह अपने शोध का संचालन करता है और कलाकारों के साथ अधिकतर ऑनलाइन मीडिया, विशेषकर फेसबुक, इंस्टाग्राम और गूगल के माध्यम से जुड़ता है।

वह कहते हैं, "मैंने हाल ही में उन्हें इंस्टाग्राम पर देखा था जब मैं कुछ कलाकृति की जाँच रहा था और तब मैंने एक युवा के काम की खोज की।

नडीडी मफिएले नामक कलाकार जिसेके काम मुझे प्यार था। मैं जैसा था वास्तव में शानदार था। उस समय, वो द स्लेड स्कूल ऑफ फाइन आर्ट में एक छात्रा थी,मैं फेसबुक के माध्यम से उसके पास पहुंचा क्योंकि वह वास्तव में इंस्टाग्राम पर नहीं था, लेकिन उसका काम इंस्टाग्राम से जुड़ा था। हम लंदन में मिले और मैंने उनसे अपनी पहली कलाकृति खरीदी। "इंस्टाग्राम के साथ, मैंने अपने शोध के आधार पर कलाकारों के एक पूरे समूह का अनुसरण करना शुरू कर दिया। फिर वहाँ से मैंने बस अन्य कलाकारों को खरीदना शुरू कर दिया जो मुझे ऑनलाइन मिल रहे थे। मैंने सोचा था कि काम मेरे बजट में था और इसी तरह मैंने शुरुआत की ... मैंने अभी–अभी कला का संग्रह किया और मैंने लेख पढ़े। मैं जो कुछ भी पा सकता था उसके लिए मैंने इंटरनेट पर शोध किया। "

अंततः, मार्कस अपने संग्रह के एक विषय पर निर्णय लेने के लिए चारों ओर आया, जैसा कि अधिकांश कला संग्राहक करते हैं। उसके लिए, दो चीजें बेहद महत्वपूर्ण थीं: निवेश मूल्य और सामाजिक–सांस्कृतिक झुकाव। "मैं कुछ शोधों पर आया जिसमें उल्लेख किया गया था कि महिला कलाकारों का काम पुरुष कलाकारों के काम की तुलना में बहुत अधिक मूल्यवान है।" "इसके अलावा, काले कलाकारों का काम पर समग्र बाजार में छूट थी।" विभिन्न आर्थिक रुझानों और इस तथ्य के बारे में वह जानते थे कि महिलाएं पुरुषों की तुलना में अधिक कमा रही थीं, और कार्यस्थल में प्रवेश करने वाली अधिक महिलाएं शामिल है।

उनका विचार था कि समय के साथ ये बदलाव कला की दुनिया में दिखाई देंगे। अनिवार्य रूप से, उन्होंने गणना की कि चूंकि महिलाएं अधिक पैसा कमाने के लिए कार्यस्थल में प्रवेश करती हैं, इसलिए वे खुद को कला में प्रतिनिधित्व करते देखना चाहती हैं। बेशक, सामाजिक–सांस्कृतिक पहलू के कारण, उन्होंने रंग की महिलाओं से कलाकृतियों पर ध्यान केंद्रित करने का फैसला किया। "मैं इस नतीजे पर पहुंचा कि अगर मुझे इस मूल्य की तलाश थी कि मुझे काली महिला कलाकारों को देखना चाहिए क्योंकि मैंने इस समूह का अच्छी तरह से अध्ययन किया है, तो संग्रह अद्वितीय होने का सबसे अधिक मौका था। मैंने तय किया कि आगे जाकर, मैं उस समूह के खर्च का 80 प्रतिशत आवंटित करने का प्रयास करूंगा। "

आज, मार्कस के पास एक व्यापक संग्रह है, जिसमें डेबोरा रॉबर्ट्स, सोमाया क्रिचलो और नाइके डेविस–ओकुनाडे जैसे महिला कलाकारों का काम शामिल है।

स्वाद और संग्रह शैली

संग्राहकों के लिए अमूर्त या आलंकारिक कला खरीदना हमेशा एक बड़ी बहस रही है। सार को एक गहन बौद्धिक मूल्य रखने के लिए जाना जाता है, जबकि आलंकारिक को समझना आसान है, यहां तक कि शुरुआती के बीच भी। अधिकांश संग्राहकों की तरह, उन्होंने सख्ती से अलंकारिक रूप से शुरुआत की। यह ज्यादातर लोगों के लिए अधिक सुलभ है क्योंकि हम खुद को काम में देखते हैं । इसी समय, पिछले कुछ वर्षों में मार्कस ने कुछ सार जोड़ दिया है क्योंकि उन्हें संग्रह और कला के इतिहास की गहरी समझ थी। अधिकांश संग्राहकों की तरह, वे जितना अधिक जानते हैं, उतना ही उनका नजरिया बदलता।

मार्कस ने कलाकारों से सख्ती से खरीदना शुरू किया, लेकिन अब वह दीर्घा से और कभी–कभी कलाकारों से अधिक खरीदते है। कई कलाकारों के साथ संबंध बनाने के बाद, वह सीधे अपने काम को नहीं खरीद रहा है, क्योंकि उसने उनमें से कुछ के साथ वास्तविक मित्रता विकसित की हुई है। वे कहते हैं, "वे मेरे लिए वकालत करते हैं," दीर्घा से आवंटित काम पाने के मामले में, जो कभी–कभी कठिन होता है। "

जबकि कई लोग कला मेलों में खरीदारी करते हैं, मार्कस सूचना मेलों और नेटवर्किंग के लिए जगह के रूप में कला मेलों का लाभ उठाते हैं।

यद्यपि उनका संग्रह कला की सुंदरता की सराहना करने के एक तरीके के रूप में शुरू हुआ था, आजकल वह संग्रह में एक और भी मजबूत उद्देश्य पाता है। बच्चे होने पर अधिकांश कला संग्राहकों को विरासत की योजना बनाने की रणनीति पर विचार करना और उनके एकत्रित होने के तरीके को आकार देता है। वह कहते हैं, "अब मेरे पास दो छोटी लड़कियाँ हैं और इसलिए मैं अपने संग्रह पर ध्यान में रखता हूँ। अभी मुझे लगता है कि निश्चित रूप से संग्रह का एक उद्देश्य है क्योंकि मुझे लगता है कि अब मैं उनके लिए इसे बना रहा हूँ।

अध्याय— 13

ऑड्रे एडम्स और लॉरेन मिलियन

माँ की तरह, बेटी – पासिंग ऑन और बिल्डिंग ए लव ऑफ़ आर्ट

ऑड्रे और लॉरेन एक माँ–बेटी के बंधन से अधिक साझा करते हैं: वे कला संग्रह और सांस्कृतिक संरक्षण की समान गर्व रेखा का हिस्सा हैं। ऑड्रे कला के चारों ओर बढ़ी वह अभी भी एक बच्ची थी। उसके पिता ने तीस साल तक वायु सेना में सेवा की और उस समय वह और उसका परिवार दुनिया भर की यात्रा कर रहे थे, विभिन्न स्थानों को देखकर और अपरिचित वातावरण और संस्कृतियों के प्रति सजग थे। संयुक्त राज्य अमेरिका से बहुत दूर राष्ट्रीय संग्रहालयों का दौरा करते हुए ऑड्रे ने कला के लिए अपनी अनूठी समझ विकसित की जो उन्हें पसंद थी और एक टुकड़े से लेकर अगले हिस्से तक के बारे में उनकी दृढ़ राय थी।

जबकि दीर्घाओं में कला के निचले दृश्य के नाम बदल गए थे, ऑड्रे के जीवन में हमेशा कुछ निश्चित स्थिरांक थे। उसके परिवार के घर में दो ऐसे कांस्टेबलों की पत्रिकाएँ थीं: एबोनी पत्रिका और जेट पत्रिका। जिस तरह उसने कला को अपने जीवन के हिस्से के रूप में स्वाभाविक रूप से स्वीकार किया, उसी तरह उसने एबोनी और जेट को भी स्वीकार कर लिया। अपनी किशोरावस्था में, उन्होंने सत्रह और मैडमोसेले की प्रतियों को उठाया, जैसे कि कई युवा महिलाएं थीं।

लेकिन आबनूस और जेट सर्वव्यापी थे। उसकी माँ और पिता ने कला खरीदी और एकत्र की, और उस तरह, उसने पत्रिकाओं और चित्रों में उन लोगों की तस्वीरें लीं, जो उनके जैसे दिखने वाले लोगों की छवियां थीं – जो पूरी तरह से प्राकृतिक थी । उसी तरह, ऑड्रे की बेटी लॉरेन कला के चारों ओर बढ़ी, ऑड्रे ने अपने न्यूयॉर्क शहर के घर की दीवारों पर हर जगह विज्ञापन एकत्र किए। हर

जगह आंखें देख सकते हैं जहाँ बड़े और छोटे टुकड़े थे। उस समय के बाद से हार्लेम में एक नृत्य थियेटर खुद को विसर्जित कर दिया।

एक युवा लड़की थी, लॉरेन चित्रों के चारों ओर नाचती थी, कलाकारों के नाम जानकर लेकिन बहुत युवा भी उस वजन से पूरी तरह से वाकिफ थे जो उनके नाम थे। हालांकि अकेले लॉरेन ने कला की सराहना की।

जैसा कि ऑड्रे बताती हैं कि उनके संग्रह के बारे में बात करते समय, उन्होंने आलंकारिक और अमूर्त कला दोनों को बड़ी मात्रा में खरीदा है। उसने अपनी आंख को अपने विजेता विजेताओं का मार्गदर्शन करने की अनुमति दी थी, क्योंकि उसने और लॉरेन दोनों को स्वीकार किया था – लेकिन हाल ही में, उसने लॉरेन के स्वाद और संवेदनशीलता के बारे में सोचा है। उसके अपने शब्दों में, "जब आप जा रहे होते हैं, तो आपको अब एकत्रित होने की आवश्यकता है जो आपको अपील करता है जैसे सब्द थे। जो मुझसे अपील करता है क्योंकि मैं एक धारणा बनाने जा रही हूँ कि मैं जब तक इसके साथ नहीं रहूंगा। ऑड्रे का प्राथमिक मिशन एक संग्रह तैयार करना है जो इतिहास को दर्शाता है और यह भी कि वह अपने उत्तराधिकारियों को दे सकता है। वह एक अभेद्य स्वर में "विरासत" के बारे में बोलती है, अपने कला संग्रह के लिए उत्साह और वापस जाने की इच्छा के बारे में समान उपायों में बात कर रही है ताकि अगली पीढ़ी, इस मामले में उसकी बेटी को जो उन्होंने सीखा है की ओर ले जा सकती है सांस्कृतिक संरक्षण की प्रक्रिया के साथ। वह यह भी स्पष्ट करती है कि "विजेताओं को चुनने" के अपने ट्रैक रिकॉर्ड के बावजूद, उन्होंने हमेशा निवेश मूल्य के आधार पर कला को खरीदा है लेकिन व्यक्तिगत रूप से उससे कोई बात नही की।

लॉरेन ने ऑड्रे की कला और संस्कृति के प्रति समर्पण को अपना लिया और उसे अपना बना लिया, यहाँ तक कि इसे अगली पीढ़ी तक भी पहुँचाया।

उसने ऐसे टुकड़े प्रदर्शित किए हैं जिनका वर्णन वह "बहुत आधुनिक लेकिन बहुत विरासत" के रूप में करती है। वह ऑड्रे के समान कला के बारे में बात करती है, इस बात पर जोर देती है कि वह भावना की नींव से इकड्ठा करती है, न कि किसी स्थिति या संकलन की धारणा। वह जो सराहना करता है, उस पर चिंतन करते हुए, वह कलाकारों का समर्थन करने और हमारी विरासत को संरक्षित करने का प्रयास करता है, जो कि कार्यों के मूल्य में किसी भी सराहना

को काफी कम महत्वपूर्ण के रूप में देखता है।

एक कला संग्राहक के रूप में उसकी प्रेरणा के बारे में पूछे जाने पर, लॉरेन अचंभित है। वह कहती है, "मुझे नहीं पता कि क्या कोई है जिसने मुझे मेरी माँ के अलावा प्रेरित किया है।" वह 80 के दशक में बनाए गए प्रिजेंस पिक्स के एक तार के बारे में बात करती है, जिसमें रोमरे बेर्डन, सैम गिलियम और दिवंगत लुई डेलसर्टे शामिल थे। इस माँ से बेटी को जो प्रेरणा मिली है वो बेटी का आपसी हित के लिए परिवार के ओर से बढ़ा है, व्यवसाय के मालिकों और उद्यमी महिलाओं के लिए परिचय संग्रह कला, जो निवेश करते समय भी अपना हिस्सा करना चाहते हैं।

जब आप दोनों महिलाओं, माँ और बेटी को समान रूप से सुनते हैं, तो वे एक–दूसरे को टालने के लिए उत्सुक महसूस करते हैं, जो उन दोनों की धारण ा और सम्मान का सम्मान करते हैं जो वे दोनों इकट्ठा करने के लिए लाते हैं। हालाँकि, यह सम्मान विभिन्न स्थानों से आता है। लॉरेन ऑड्रे के कौशल और उनकी चतुराई का सम्मान करती हैं, यह पहचानते हुए कि एक संग्राहक के रूप में उन्होंने वर्षों से विकासशील प्रतिभाओं को पहचानने की उनकी क्षमता कैसे बनाई। ऑड्रे, लॉरेन से यह सुनने के लिए चापलूसी करती है, उसकी बेटी ने उसे "आगे की सोच" के रूप में वर्णित करने की दिशा में जोर दिया।

अंतरजिला संग्राहकों की लाइन जारी रखने के लिए बाध्य लगती है। लॉरेन कहती हैं कि उनके बच्चे कला को पसंद करते हैं और कलाकारों से मिलने का आनंद लेते हैं, उन आयोजनों में मूल्य को पहचानते हैं जो वह और ऑड्रे आयोजित करते हैं। कला इस परिवार के लिए, लोगों को एक साथ इकट्ठा करने का एक साधन है – संगीत, भोजन, संस्कृति, अन्वेषण, और जुड़ाव का जश्न मनाने के लिए, सभी एक मौलिक समझ से कि वे कुछ अधिक से अधिक काम कर रहे हैं। मज़े और बंधन के बीच, वे एक मिशन पर हैं।

ऑड्रे एडम्स और लॉरेन मेलियान

ऑड्रे का कहना है कि जब उसने संग्रह करना शुरू किया, तो यह एक एकल उद्यम था। उसका कोई भी दोस्त कला संग्रह नहीं कर रहा था, लेकिन उसके दिमाग में, उसने खुद को एक भव्य संग्रह के रूप में प्रस्तुत करने की कल्पना की, जिसे वह संग्रहालय में दान कर सके। अकेले इकट्ठा करने के बावजूद, वह

आगे बढ़ी, और क्योंकि उसकी बेटी और उसके पोते के सामूहिक अनुभव पूरी तरह से अलग हैं। उनके लिए, कला संग्रह एक सामंजस्यपूर्ण है, जो वे साझा करते हैं। निस्संदेह, ऑड्रे और लॉरेन को इकट्ठा करने की कला में खुशी है। जब वे इसके बारे में बात करते हैं, तो वे अपने स्वयं के ज्वलंत विचारों के साथ इसके बारे में बात करते हैं। ऑड्रे अपने बच्चों और पोते को अपनी विरासत के रखवाले के रूप में देखती हैं। अगर उसकी कला के संग्रह के बारे में बात करते समय उसके शब्द रोशन हो जाते हैं, तो वे उस समय अंधे हो जाते हैं जब वह लॉरेन के बारे में बात कर रही होती है और उसके संग्रह को अपने जीवनकाल से परे धकेलने की कोशिश करती है। कला के लिए अपने जोश के माध्यम से, उसने एक प्रणाली बनाई है

काली संस्कृति और विरासत को संरक्षित करना।

अध्याय– 14

कैथरीन ई मैकिनले

कला और कनेक्शन – एक निजी रास्ते में एकत्रित करना

संग्राहक अक्सर अपने दृष्टिकोण और प्रदर्शन में काफी विविध और अद्वितीय हो सकते हैं। कई में ऐसे अजीबोगरीब व्यवहार होते हैं जो उनके आसपास के लोग उन्हें सनकी कहते हैं। कुल मिलाकर, एक संग्राहक के आदर्श, मानसिकता, और अपने संग्रह के बारे में बताते हैं कि इसे कैसे माना जाता है। यही कारण है कि कला संग्राहकों में से कुछ सबसे आसानी से गलत हो सकते हैं– आसपास खड़े लोग। संग्रहको को एक विशेषाधिकार प्राप्त गुच्छा के रूप में देखना आसान है, अपने वजन के साथ, अपने धन को फेंकना, और अपनी आत्मा द्वारा कम अवशेषों को सजाना।

लेकिन अफ्रीकी फोटोग्राफी और प्रिंट के शौकीन संग्राहक कैथरीन मैककिनले के साथ मेरा साक्षात्कार इंगित करता है कि हमेशा ऐसा क्यों नहीं होता है। कला संग्रह अपने सबसे बुनियादी स्तर पर भावनात्मक है, और जैसा कि मैंने इस साक्षात्कार में पता लगाया है, वे भावनाएं उस मामले में जुड़ाव बना सकती हैं।

यह सब कब प्रारंभ हुआ

कैथरीन का जन्म बोस्टन में हुआ और पैदा होने और के बाद वो न्यूयॉर्क चली गयी,और कला हमेशा उसके जीवन का एक हिस्सा रही थी। उसकी दादी ने स्टैनफोर्ड, कनेक्टिकट में छोटी कला दीर्घा में एक फर्मे शोप खरीद रखा था। जबकि उसने दीर्घा को बंद होने से पहले कभी नहीं देखा था, उनके घर के आस–पास कई वस्तुए थीं और इसने कला के लिए अपना पहला प्रदर्शन किया, हालांकि उसने कभी भी संबंध नहीं बनाया जब तक कि वह कॉलेज में नहीं पहुंच गई। अफ्रीकी अमेरिकी साहित्य में महारत हासिल करने के बाद, उन्होंने पहली

बार अपने स्कूल के ग्रंथों में रंगीन आवरण से कला को देखा। उनके अनुसार, ये कवर गहन फिर भी इतने कामुक और दिलचस्प थे कि उन्होंने कला और कलाकारों के बारे में अधिक सीखा।

उसका पहला संग्रह प्रयास कॉलेज में शुरू हुआ और फिर एक छोटी उम्र में उसने अपनी पहली कलाकृति, जमैका के एक कलाकार द्वारा हाईटियन पेंटिंग खरीदी। जबकि उसे यह पहला टुकड़ा बहुत पसंद नहीं था, वह पुष्टि करती है कि इससे उसे यह महसूस करने में मदद मिली कि उसके लिए क्या काम करता है और क्या नहीं। वह कहती है, "मेरे लिए, इकट्ठा करने का आनंद यह है कि आप अपने आप को शिक्षित कर रहे हैं जैसे कि आप साथ चलते हैं, इसलिए आपके पास कुछ प्रकार के अनुभव या निश्चित ज्ञान हैं, लेकिन यह वास्तव में खरीदने के माध्यम से है कि आप अपने वास्तविक को समझाना शुरू करें। पहचान संग्रह के साथ है।

रेखा से कई साल नीचे, कैथरीन ने अफ्रीकी फोटोग्राफी, प्रिंट और कलाकृति का एक प्रभावी संग्रह प्रस्तुत किया है, जो उनके द्वारा प्राप्त मूल्य की भावना पर आधारित है।

जुड़ाव सबसे ज्यादा मायने रखते हैं

हालांकि, अधिकांश संग्राहकों की तरह, कैथरीन को कम उम्र में कला के संपर्क में लाया गया था, वह अपने संग्रह प्रयासों के बारे में जाने वाले कई अन्य लोगों के विपरीत है। उदाहरण के लिए, उसने पूरी तरह से अपने संग्रह में प्रवेश किया जब उसने पूरी तरह से चमकीले–वित्त पोषित पुस्तक पर काम करते हुए घाना और अन्य अफ्रीकी देशों की यात्रा की। उनकी पत्रिकाएँ शुरू में इंडिगो वस्त्रों में अनुसंधान के लिए थी, लेकिन जैसे–जैसे उन्होंने यात्रा की, वह इंडिगो वस्त्रों के इतिहास और परंपरा के लिए आकर्षित हो गई।

जबकि उसने जो जानकारी चाही थी, वह नहीं मिली, चित्र और उसके अनुसार, ये "बहुत अद्भुत थे।" उस बिंदु पर, वह अफ्रीकी फोटोग्राफी के लिए आकर्षित हुई थी और ग्यारह अन्य पश्चिमी अफ्रीकी देशों के माध्यम से अपनी यात्रा पर उसने फोटोग्राफी और मूर्तिकला के अधिक टुकड़े हासिल किए। उसके लिए, उसके संग्रह और पहचान का इतिहास मौलिक है। कैथरिन अपने जैविक माता–पिता को नहीं जानती थी और उसे अपना लिया गया था। नतीजतन,

उसका संग्रह के जुनून के रूप में रेखांकित किया गया है क्योंकि यह उसे लोगों, वंश और विरासत के बारे में जानने में मदद करता है। शायद इसीलिए, कैथरीन के लिए, संग्रह इतना व्यक्तिगत है। उनकी अधिकांश कला सीधे कलाकारों से हासिल की गई थी। उसके लिए, यह एक संग्रहित करने के लिए एक क़ीमती तरीका है क्योंकि इसका मतलब है कि आप "कलाकार रिश्ते जो सुंदर हैं।" जबकि उसने 154 और मैरी बून जैसी दीर्घाओं जैसे मेलों से खरीदा है, उसका मानना है कि इसके विपरीत ये स्थान "बाँझ संबंध" को बढ़ावा देते हैं।

एक बिंदु के रूप में, वह एक प्रमुख फोटोग्राफर के साथ अपने अनुभव को साझा करती है, जो न्यूयॉर्क की यात्रा पर कुछ दिनों के लिए अपने घर पर रहे। उस यात्रा से जो संबंध सामने आए, उससे न केवल फोटोग्राफर को अपने बच्चों की शानदार तस्वीरें लेने का मौका मिला, बल्कि उन्हें फोटोग्राफर की एक जानी–मानी फोटो भी दी गई, एक सुस्पष्ट नोटबुक के साथ।

कैथरीन के लिए ऐसा क्यों है, यह सभी रिश्तों के बारे में है। वह कहती है, "मुझे लगता है कि जिस तरह से मैं इसके बारे में जानना चाहती हूँ। मेरे पास कुछ अन्य लोगों की तुलना में अधिक पहुंच हो सकती है जिनके पास अधिक पैसा है क्योंकि मुझे लगता है कि यह रिश्तों के बारे में है। अधिकांश कलाकार बिक्री करना पसंद करते हैं और उन्हें पैसे की आवश्यकता होती है, लेकिन वे इस तथ्य से भी प्यार करते हैं कि आप इसके मालिक हैं। मुझे लगता है कि हम विशेषाधिकार के इस विचार के कारण फंस गए हैं और हमें लगता है कि हमारे पास एक निश्चित प्रकार की पूंजी होनी चाहिए, लेकिन पूंजी पैसा नहीं हो सकती है। यह मानव पूंजी हो सकती है। कलाकारों को तब पसंद आता है जब आपके पास उनका काम होता है क्योंकि आप जानते हैं कि यह क्या है, और आप जानते हैं कि वे कौन हैं और आप उनका मूल्य समझते हैं। "

संग्रह, देखभाल और इतिहास

कैथरीन के मूल्य शायद सबसे स्पष्ट रूप से दिखाते हैं कि वह अपने संग्रह की देखभाल करना कितना पसंद करती है।

कला के बारे में थोड़ा विवरण क्योंकि यह सिर्फ उसके लिए एक संग्रह से बहुत अधिक है। वह सिर्फ अपनी कला नहीं चाहती; वह इसे समझना और उसकी देखभाल करना चाहती है। वह, उसके लिए, एक कला संग्रहकर्ता होने

के नाते कहती है,

"यह एक संपत्ति नहीं है। यह एक कला वस्तु नहीं है। यह मेरे बारे में कुछ बात है। मैं जानना चाहती हूँ कि उनकी देखभाल कैसे की जाए। मैं इसका इतिहास जानना चाहती हूँ। मैं जानना चाहती हूँ कि यह किस प्रकार का फोटो है, जहाँ यह इतिहास की पंक्ति में फिट बैठता है।"

कैथरीन का यह भी मानना है कि संग्राहकों के लिए यह ध्यान रखना ज़रूरी है कि आपके द्वारा खरीदी जाने वाली प्रत्येक कला एक कलाकार की आत्मा का एक टुकड़ा खरीदने की तरह है और यह उस काम में सहकर्मी और उनकी आत्मा को कई कलाकारों के लिए वास्तव में मायने रखती है। यहाँ तक कि अगर उनका प्राथमिक ध्यान नहीं है, तब भी कलाकार एक संग्राहक की सराहना करते हैं जो अपने काम से पैदा हुई भावनाओं के बारे में बहुत परवाह करता है। इसके अलावा, कैथरीन का मानना है कि सभी संग्राहकों, विशेष रूप से काले–थीम (विषय) वाले संग्रह के साथ, इन कार्यों के इतिहास और भावनाओं को ध्यान में रखना आवश्यक है।

देखभाल करने की यह भावना थी जिसने उन्हें मैरी बून के काम को खरीदने में नेतृत्व किया था, उस समय उनके पास एकमुश्त भुगतान करने के लिए संसाधन नहीं थे। इसके बजाय, वह गैलरी में चली गई और पूछा कि क्या वे किश्तें लेंगे, और इस तरह वह एक प्रभावशाली टुकड़ा खुद बन गया। कई अन्य कला संग्राहकों ने इस तरह से प्रभावशाली संग्रह बनाए हैं, न कि इसलिए कि उनके पास कामों के लिए पूंजी थी, बल्कि इसलिए कि वे वास्तव में उनकी देखभाल करते थे।

भविष्य के अनुमान और रास्ते

कई सामाजिक रूप से जागरूक संग्रहाध्यक्ष के रूप में, कैथरीन अपने संग्रह से एक विरासत बनाना चाहती है, जो अमेरिका और अफ्रीकी देशों जैसे घाना में कलाकारों और दीर्घाओं के साथ काम कर रही है।

हालांकि वह अभी भी अपनी विरासत के बारे में बता रही है, इसमें कोई संदेह नहीं है कि कैथरीन ने संग्रह को सबसे अधिक अद्वितीय बनाया है। और

जब उसकी विरासत अंततः सार्वजनिक हो जाती है, तो यह निश्चित है कि हम सभी उसके संग्रह की सराहना करेंगे जो कि इस मामले में संबंध पर बनाया गया था।

अध्याय— 15

कीथ रिवर्स

कीथ रिवर्स ने खराब एन. एफ़.एल सृंखला के बाद अपने कला के प्रति जुनून को जाना तबतक वह सिनसिनाटी बेंगुल के लिए लाइन बेकर के तौर पर खेल रही थी तभी कला इतिहास के मुख्य अध्यक्ष से मिली जो किमोमा के पास मिले। एक दोस्त की बहन उसे न्यूयॉर्क के दौरे पर ले गई, जिसमें एक क्लेड ओल्डेनबर्ग शो की यात्रा शामिल थी, जो उसे मूर्तियों और पेंट के माध्यम से निर्देशित करती थी और उसे खुद कला के बारे में और अधिक जानने के लिए प्रोत्साहित करती थी। एनएफएल में अपने बुरे सीज़न से बाहर, वह अनिश्चत था कि कला की दुनिया में कैसे आगे बढ़ें। जैसा कि वह कहते हैं, "मेरे एक दोस्त ने मुझे संग्रह करने के लिए प्रोत्साहित किया। उसने मुझे समकालीन कला के बारे में बेहतर समझ दी जिसने मुझे उत्सुक बना दिया।" उनका बचपन म्यूजियम हॉलवे से गुजरने के बजाय फुटबॉल के मैदान पर ज्यादा बीता।

हालांकि, समय के साथ, नदियों ने कला की अलग तरह से सराहना की। उन्होंने अपने समय पर अक्सर कला को दर्शाते हुए अन्य संग्रहालयों का दौरा किया। क्योंकि उसका एक करीबी दोस्त एक कला विक्रेता था, उसने खुद को कला की दुनिया के अंदर के जुड़ाव के साथ पाया, अपने दृष्टिकोण को व्यापक किया और उसे वैचारिक विचारों के संदर्भ में इसके बारे में अधिक सोचने के लिए प्रेरित किया। थोड़ा–थोड़ा करके, उन्होंने खुद को कला के बारे में शिक्षित किया, और जितना अधिक उन्होंने सीखा, उतने ही वे इसमें दिलचस्पी लेते गए। लंबे समय से पहले, उन्होंने खुद के लिए कुछ टुकड़े खरीदे थे, जो धीरे–धीरे बाहर निकलने लगे लेकिन उन्हें एहसास हुआ कि उन्होंने कुछ गहरी खोज की है।

अपनी कला संग्रह यात्रा में अभी भी, नदियों ने न्यूयॉर्क में गली–गली का दौरा किया और उस यात्रा के दौरान, उन्होंने अपने संग्रह के बारे में कुछ महसूस कियाः इसमें और भी कुछ होना चाहिए था, और वह सीखना चाहते थे कि वे

संभावनाएँ क्या हो सकती हैं। कला के बारे में उनके विचार समृद्ध होते जा रहे थे, और इसके तुरंत बाद, उन्होंने आर्ट ऑफ़ द थीफ को देखा, जो अल्बर्ट बार्न्स के बारे में एक वृत्तचित्र (गोलाकार चित्र) था, जो रसायनज्ञ–कला संग्रहकर्ता था, जिसने फिलाडेल्फिया में बार्न्स स्तंभ बनाया था। नदियों के लिए, बार्न्स की कहानी एक रहस्योद्घाटन थीः उन्होंने देखा कि बार्न्स ने क्या किया था और उन्होंने अपने कारखाने के लिए कई काले लोगों को भर्ती करने के लिए समान अवसर पर काम पर रखा था, जहाँ वह उनके लिए अपने कला संग्रह का प्रदर्शन करेंगे – आनंद लेने के लिए। जैसा कि नदियों का वर्णन है, "उस कहानी को देखते हुए मैं ऐसा था जैसे मैं कुछ ऐसा करना चाहता हूँ जो मुझे व्यक्तिगत रूप से, पता नहीं था। मैं कला के साथ क्या करना चाहता हूँ –मैं कुछ प्रकार का प्रभाव डालना चाहता हूँ । तुम्हें पता है, पूर्ण विपरीत क्षेत्र से एक व्यक्ति होने के नाते। और अगर मैं किसी दिन कर सकता हूँ, जो कुछ प्रकार के बार्न्स संग्राहक बनना एक भयानक अवसर प्रदान करेगा। "

स्व–जागरूक, नदियाँ उन अवसरों का वर्णन करती हैं जो उन्हें अपने वायदा के बारे में बच्चों से बात करने के लिए मिलते हैं और वे अपने आकार को जानते हैं (वह 6 फुट 2, 230 पाउंड) ने उन्हें एक ऐसा करियर दिया है जो ज्यादातर अन्य लोगों के लिए अनुपलब्ध होगा। उनका समाधान समझदार हैः वह बच्चों को प्रेरणा के लिए केरी जेम्स मार्शल जैसे कलाकारों को देखने और उनके साथ संग्रहालयों में जगह बनाने के लिए प्रोत्साहित

करते हैं, ताकि वे अधिक बौद्धिक अवसरों की तलाश कर सकें। अपने हिस्से को करने का वादा करते हुए, उन्होंने तब से अपनी सुंदरता के मामले में कला को देखने और काले समुदाय के लिए क्या कर सकते हैं, के संदर्भ में लिया है, इतिहास–कलाकारों के लिए अंगूठी का संदर्भ दें जो कलाकार निर्माण कर रहे हैं और रचनात्मकता ने इसे परिभाषित किया है।

आज एक कला संग्राहक के रूप में नदियों को अभी तक जोड़ा गया लगता है

उनके दर्शन के लिए गहराई की एक और परत। जबकि वह पहले था।

विचारों को देखने के लिए वस्तुओं से परे देखा गया, उसने अब अपने प्रभावों को देखने के लिए विचारों से परे देखा है। वह कला संग्रह के बारे में बात करता है, आत्म–खोज के साधन के रूप में लेकिन वह सामान्य शब्दों का

उपयोग नहीं करता है। कला संग्रह का उनका वर्णन व्यक्तिगत रूप से पीछा करने को स्पष्ट रूप से परिभाषित करता है, और वह अपने पिता को संदर्भित करता है, ब्लैक इतिहास के बारे में बहुत कुछ नहीं जानता, लेकिन एक ही सांस में "मेरे ब्लैकनेस के बारे में अधिक सीख रहा है"। कला, नदियों के लिए, सभी को शामिल किया गया है।

अब, न केवल एक संग्राहक बल्कि सूचना का एक उपभोक्ता, नदियों का कहना है कि कलाकारों को अधिक मजबूती से समझने के लिए, वह उन पुस्तकों को देखता है जो उन्हें आकार और प्रभावित करते हैं। वह विशेष रूप से जेम्स बाल्डविन और राल्फ एलिसन को इंगित करता है। जहां कहीं भी हो, कला को उजागर करने और खोजने के बारे में विपुल का कहना है कि वह उतनी ही बार शो में भाग लेता है जितना वह नए कलाकारों पर शोध कर सकता है और कला मीडिया के साथ बना रहता है।

अपने शोध की चौड़ाई और अपने नेटवर्क के विस्तार के बावजूद, रिवर अभी भी कला के बारे में कुछ आंतक के रूप में बात करते हैं, जो उनके संग्रह के बारे में निर्णय लेते हैं जो लेबल और रुझानों के आधार पर नहीं, बल्कि व्यक्तिगत रूप से उनकी सराहना करते हैं। वह कारा वाकर, ग्लेन लिगोन और बारबरा क्रूगर का उल्लेख करते हैं, जिनके कलाकारों का काम इकट्ठा होता हैं, और उनकी विषम शैली और पीठ के आधार के बावजूद, वे उन सभी के बीच परस्पर जुड़ाव देखते हैं, साझा प्रभावों और आंतरिक संबंधों का उल्लेख करते हैं जो उन्हें अपने काम से जागता है।

नदियों ने एक कला संग्रहकर्ता के रूप में अपने पद को ग्रहण किया है जितना उन्होंने खुद को इकट्ठा करने में अपनाया है। वह एक परोपकारी व्यक्ति हैं, उन्होंने कुछ कला का दान किया है जैसे कि एम. ओ. सी. ए के तीन टुकड़े। जबकि युवा कलाकारों को संरक्षक के रूप में सेवा देते हुए युवा कलाकारों के काम को संग्रहालय संग्रह में प्रवेश करने की सुविधा प्रदान करता है। अश्वेत कलाकारों के लिए एक वकील के रूप में उन्होंने संग्रहालयों के साथ काम किया है ताकि वे उन कलाकारों की मदद कर सकें जिन्हें वे मानते हैं कि कला की दुनिया अनदेखी हुई है या नोटिस करने में विफल रही है। उनके द्वारा वर्णित सभी संग्रहालयों में से, एम. ओ. सी. ए एक है, जिसका मतलब है कि उनके लिए बहुत कुछ है, दोनों इसकी वजह से यूएससी से निकटता के लिए जहां

काले लोग गए और काले कलाकारों को प्रदर्शित करने के लिए उनके खुलेपन के कारण बना।

एक विश्व यात्री, नदियों ने प्राडो औरलुडविग संग्रहालय का दौरा किया है और डसेलडौर्फ, पेरिस, रोम और लंदन की यात्रा पर गए हैं। वह इन संग्रहालयों में अपने अनुभवों को प्यार और भावुक शब्दों में व्यक्त करते हुए कहते हैं कि जितने घंटे उन्होंने वहां बिताए, उतने घंटे उन्होंने दो बार बिताए। इस और शुरुआत के बीच शंखनाद जो वह भी इतनी खुलकर बताता है, उससे बड़ा कोई नहीं हो सकताः जिसने किसी ने कला के लिए सराहना की शुरुआत की, वह उन शब्दों के बारे में नहीं जानता जो उसके लिए कला का मतलब है – इसका मतलब है सब कुछ।

जो लोग कला के बारे में अधिक जानने में रुचि रखते हैं, उनकी सलाह प्रत्यक्ष और सरल है।" वह दूसरों को संरक्षक समूहों में शामिल होने, संरक्षक खोजने और क्यूरेटर की पहुंच की दिशा में काम करने के लिए प्रोत्साहित करता है। उनकी सलाह है कि युवा कलाकारों को देखें– दोनों क्योंकि वे अधिक सस्ती हैं और किसी ऐसे व्यक्ति की मदद करने का अवसर है जो अपने करियर की शुरुआत में थे। इस नस में बात करते हुए, उसकी जिज्ञासु प्रकृति चमकती है, और वह कलेक्टरों को पढ़ने, कलाकार वार्ता / व्याख्यान के यूट्यूब वीडियो देखने और जितना संभव हो उतना सीखने की सलाह देता है, "कभी भी कला एकत्र करने से पहले किताबें इकट्ठा करना।"

अपने बारे में सीखने के लिए एक उपकरण के रूप में कला के प्रति उत्साही, नदियाँ इसे कुछ इस तरह से भी देखती हैं जिसका उपयोग वह दूसरों की मदद करने के लिए कर सकती हैं। यह कोई संयोग नहीं है कि अल्बर्ट बार्न्स उनके प्राथमिक प्रभावों में से एक है: कला संग्रह, परोपकार, और बस–नेस को एक प्रेरक, उत्साहपूर्ण कहानी में मिलाकर, बार्न्स ने कई मायनों में नदियों के समान जीवन जिया। अपने संग्रह को प्रदर्शित करने की इच्छा व्यक्त करते हुए किसी को इसमें रुचि व्यक्त करनी चाहिए, नदियाँ एक कला संग्रहकर्ता हैं जिनकी ईमानदारी कला संग्रह के लिए एक प्रतीक है।

अध्याय– 16

क्रेग रॉबिन्सन

क्रेग रॉबिन्सन – कला की दुनिया की ऊंचाइयों से अभिजात्यवाद के खिलाफ वापसी

क्रेग रॉबिन्सन के लिए कला हमेशा एक गहन व्यक्तिगत प्रयास रहा है क्योंकि उन्होंने अपनी कला यात्रा को हमेशा जारी रखा है।

क्रेग रॉबिन्सन एक कलात्मक परिवार में बड़े हुए जिसमे उनके भाई जानसेन उनकी पीढ़ी के एक प्रसिद्ध चित्रकार बने। अटलांटा में बढ़ते हुए दोनों युवकों ने कला की सराहना की और जब उनकी माँ का बीस साल पहले निधन हो गया जिसके प्रतिक्रिया में जानसेन ने एक छूने वाले तेल के टुकड़े को चित्रित किया जो उनके लिए एक महत्वपूर्ण मोड़ था। अपने भाई को बताना कि उसके पास कोई ऐसा तरीका नहीं था जिससे वह टुकड़ा बेच सके, उसने उस पर गहरे भावनात्मक संबंध के कारण उस पर कब्जा कर लिया। यह कला संग्रह में एक आजीवन यात्रा की शुरुआत थी, क्रेग कहते हैं कि वह "उनका कभी सच में गंभीर होने का इरादा नहीं था।"

एमआईटी और हार्वर्ड के एक स्नातक राष्ट्रीय कला सम्मेलन के लिए क्रेग कला, स्वयं सेवा और धन उगाही में शामिल हो गए। हर साल वह अधिक कला खरीदेगा, उसका संग्रह बढ़ेगा। वह उन्हीं मानदंडों के आधार पर अपने चयन करेगा जो उसे अपने भाई की पेंटिंग पर रखने के लिए ले गए थे – जो चले गए और उससे क्या बात की। अटलांटा में दो बेडरूम के कोंडो में रहने वाले शानदार स्थान से बहुत से लोग कला संग्राहक बनने के लिए कल्पना कर सकते हैं। एक कला संग्राहक की आम धारणा से दूर,क्रेग की परवरिश और साधन तब मामूली थे जब उन्होंने पहली बार संग्रह किया था।

एक संग्राहक के रूप में अपने शुरुआती दिनों के दौरान क्रेग ने एक ऐसी

आदत विकसित की जो जीवन भर उसके साथ चिपकी रहेगीः उसने कला खरीदी जो कि उसके आंतरिक जीवन में चल रही थी, जो भावनाओं के आधार पर उसका निर्णय था। अगर कुछ ऐसा था जो उन्हें व्यक्तिगत स्तर पर बोलता प्रतीत होता है, तो वह इस पर ध्यान देगा और इसे खरीदेगा। 2008 में उदाहरण के लिए, जब ओबामा डेमोक्रेटिक नामांकन के लिए दौड़ रहे थे, क्रेग ने एक कलाकार पाया जिसका काम उस प्रेरणा को प्रेरित करता है जिसे उन्होंने राष्ट्रीय मंच पर ओबामा को देखकर महसूस किया था। उन्होंने कला को अप्रतिरोध्य पाया क्योंकि यह माना जाता था कि वे जिस चीज से गुजर रहे थे, और कलाकार की प्रगति के बाद, उन्होंने अपने कई टुकड़े उठाए।

इससे पहले उन्होंने पोस्टर को "मिलियन मैन मार्च" के लिए खरीदा था – $ 25 की खरीद जिसने कला के लिए उनके अंतरंग दृष्टिकोण पर विश्वास किया। यह कला की दुनिया में उनके पूरे जीवन का एक चलन विषय बन गया है, जो निर्णय उन्होंने बार–बार किया है ताकि वह रुझानों को अनदेखा कर सकें। वह उस अर्थ में खुद के साथ गहराई से ईमानदार है, हमेशा अपनी कला का चयन करता है जैसे कि वह खुद के विस्तार का चयन कर रहे थे।

अपने ब्राउनस्टोन के रूप में क्रेग कहते हैं, "मैंने वास्तव में अपने घर को लगभग एक संग्रहालय स्थान के रूप में देखना शुरू किया।" वह अपने संग्रहालय को भर रहा था, टुकड़ों के साथ जो उसके लिए बहुत मायने रखता था। उनका संयम बढ़ने का मतलब है, कला के प्रति उनका दृष्टिकोण ज्यादातर एक जैसा रहा, जिसका अर्थ था कि जब वह एक कलाकार से दूसरे कलाकार के पास गए, तब भी वह खरीद रहे थे और खुद को कला के साथ घेर रहे थे जो उन्हें पसंद था।

अपने संग्रह से क्रेग ने जेम्स वान डेर ज़ी द्वारा टुकड़ों का उल्लेख किया। वह उस इरादे के बारे में बात करता है, जिसके साथ उसने अपने वैन डेर ज़ी प्रिंट पर मुकदमा दायर किया है – इसे "शिकार" के रूप में संदर्भित किया है– और वह गर्व के साथ बोलता है कि उन टुकड़ों में से एक से अधिक कैसे होता है – एक मूल वैन डेर ज़ी हस्ताक्षर संख्या में– दो पेंसिल। वान डेर ज़ी टुकड़ों की अपनी खोज के दौरान, क्रेग ने कई कुलीन दीर्घाओं का दौरा किया और अपने अधिक पर्याप्त बजट को इकड्डा करने और उसके बावजूद उसे अभी भी यह समझ है कि वह कहीं न कहीं शक्तियां हैं–ऐसा सोचें, महसूस करें और

ऐसा कार्य करें जैसे कि वह संबंधित नहीं हैं। जैसा कि वह कहते हैं, "जैसे मुझे अपने पैसे दो बार गिनने पड़ते हैं।" वह अपनी शिक्षा और अपनी उपलब्धियों को इंगित करता है, और इस सब के बावजूद, कुछ स्थानों पर संदेश स्पष्ट लगता है: कि वह एक अभेद्य है। वह कहते हैं कि इस अभिजात्य और इसके उपक्रम ने उन्हें कला की दुनिया के कुछ हिस्सों में औपचारिक रूप से शामिल होने के लिए अनिच्छुक महसूस किया है।

इस बीच क्रेग ने कलाकार करेन पॉवेल की खोज की, जबकि उन्हें त्योहारों और कम प्रतिष्ठित शो में दिखाया गया था। इन वर्षों में हालांकि उसकी रुपरेखा में वृद्धि हुई। यह एक दिनचर्या है जो वह उत्साहपूर्वक वर्णन करता है, कलाकारों को खोजने के लिए अपने जुनून के बारे में बात कर रहा है जब वे अभी भी उठ रहे हैं और आ रहे हैं और फिर उन्हें लाभ प्राप्त कर रहे हैं। हार्लेम के स्टूडियो संग्रहालय में अधिग्रहण समिति में काम करते हुए, क्रेग ने बताया कि किस तरह से स्थिति ने कला की दुनिया में उद्देश्य की भावना को मजबूत किया। वे बताते हैं कि उन्होंने संग्रहालय को एक दान दिया था, जो कि उनके मिशन को पूरा करने में उनकी मदद करने के लिए किया गया था। वह संग्रहालय के माध्यम से हार्लेम कलाकारों के साथ जुड़ने के बारे में भी उत्साह से बात करता है, जिसमें कलाकार भी शामिल हैं।

प्रतिभाएँ अभी भी विकसित हो रही हैं।

क्रेग अपनी क्षमता के बारे में आश्वस्त है, यहां तक कि शब्दजाल के बिना भी उपयोग करेंगे। एक संग्राहक के रूप में बड़े पैमाने पर सिखाया जाता है, उन्होंने अपनी स्वयं की भावना की खेती की है जो उन्हें पसंद है, मूल परिप्रेक्ष्य (दृश्यों, व्यक्तियों आदि का ऐसा चित्रण जिसमें पारस्परिक अंतर बिल्कुल उसी रूप में दिखाई पड़ता हो जैसा वह साधारणतया आँखों से देखने पर दिखाई पड़ता हो) के लिए अग्रणी है। वह वर्णन करता है कि कैसे उसने खुद को अन्य काले कला के संग्राहकों को साथ में शामिल किया, उन कार्यक्रमों का आयोजन और मेजबानी किया जहाँ वह फिर अपने नेटवर्क का विस्तार कर सकते हैं।

एकत्र करना, शायद केवल कला के रूप में ज्यादा के रूप में क्रेग को आकर्षित करने लगता है। वह अपने बोलचाल के बारे में धीरज से बात करते है, जो मेगालोडन दांतों का है, जिसे उन्होंने अपने घर में फंसाया है। अभी हाल ही

में उन्होंने ब्लैक एंड व्हाइट तस्वीरें खींचीं,एडगर कोवान्स से सीधे खरीदा गया), जिसमें एक फोटोग्राफर भी शामिल था, जिसने उसे पहली बार हार्लेम में जाने के लिए प्रेरित किया था। उन तस्वीरों की वजह से, उन्होंने हार्लेम को एक रहस्यपूर्ण, एक पेचीदा जगह के साथ जोड़ा महसूस किया द्य

क्रेग कहते हैं, "मैं कला के साथ भी बहुत सहज हूं जो लोगों को असहज बनाता है।" वह विस्तार से बताते हुए कहते हैं कि उन्होंने 20 वीं शताब्दी के कुछ शुरुआती फ्रांसीसी पोस्टर एकत्र किए हैं, जिसमें अश्वेत लोगों की छोटी–छोटी छवियां हैं। उसी नस में , उन्होंने मूर्तियों, संग्रहणीय वस्तुओं, और दास की बेड़ियों का उल्लेख किया है जो उन्होंने खरीदी हैं। इनमें से वे कहते हैं, "जब मेरे पास हैं और मैंने यहां बड़े अंत्येष्टि को होस्ट किया चार्ली रंगेल, कोरी बुकर, यूएन में इथियोपिया के एंबेसडरद्य " यह पूछे जाने पर कि वह अपनी कला पोस्टमार्टम के साथ क्या करेंगे, इसे बेचेंगे या इसे दान करेंगे, क्रेग कहते हैं, "मुझे यह सुनिश्चित करने के लिए मजबूर होना पड़ता है कि टुकड़ों को देखा जाता है, और यह महत्वपूर्ण है कि वे हैं। यह किसी ऐसी जगह पर होने जा रहा है, जहाँ इसे देखा और सराहा जाता है। " वह कला के आर्थिक पक्ष को भी स्वीकार करता है, कि कैसे हर कलाकार को खुद का समर्थन करने और उस बेचने के लिए तुलनीय बाजार स्थापित करने में सक्षम बनाता है। लेकिन उसके लिए, यह पहली और एक आंत का पीछा है।

उनके अपने शब्दों में, "यह वास्तव में मेरे लिए एक खुशी की बात है। जब मेरे पास समय होता है, तो मैं बाहर हो जाता हूं और इसके बारे में, मैं क्या करूंगा मैं कलाकारों को जान पाऊंगा कि क्या मैं कर सकता हूं, लेकिन मैंने खुद को समर्पित नहीं किया है। " वह कहते हैं कि वह कला में तरीकों और तकनीकों के बारे में और अधिक जानने का इरादा रखते हैं, और अपने संग्रह और इसके भीतर अनुपयोगी रत्नों के बारे में सुनते हैं

अध्याय– 17

ऐलन निस

ऐलन निस ने अपने कला इकट्ठा करने के अनुभवों को साझा किया

बढ़ते हुए संग्राहक एलेन निस ने महानगर संग्रहालय में खुद को एकांत पाया। मेट न्यूयॉर्क के लोगों के लिए एक राहत की जगह थी– लेकिन इस क़ीमती जगह पर जाने के दौरान, उन्होंने कभी काले लोगों को प्रदर्शन पर काम के केंद्र बिंदु के रूप में नहीं देखा। उसने महसूस किया कि वे लगातार पृष्ठभूमि में थे और इसलिए जब उसने खुद के टुकड़े इकट्ठा करना शुरू किया, तो वह इसे संबोधित करने के लिए दृढ़ हो गई। अंत करने के लिए, ऐलन का कहना है कि महत्वाकांक्षी संग्रह एक विशिष्ट उद्देश्य को ध्यान में रखते हुए उद्योग को जारी रखते हैं। वे सलाहकार के साथ काम कर सकते हैं, किताबें पढ़ सकते हैं, या पेंटिंग के इतिहास में समझ सकते हैं कि कैसे सबसे अच्छा तरीका इकट्ठा करना है। संग्राहकों के लिए, अंतिम लक्ष्य यह पता लगाना है कि वे किस कला के साथ रहना चाहते हैं, और क्यों। और इसलिए, वे दीर्घाओं में भाग ले सकते हैं, सवाल पूछ सकते हैं, और उनके दृष्टिकोण के बारे में ध्यान से सोच सकते हैं। "यदि कोई काम आपके घर में है, तो आप इसे हर दिन देख सकते हैं, लेकिन आपका स्वाद विकसित होगा,वह कहती हैं। एलान ने माइल संग्रहालय के पास स्कूल में पढ़ाई की, और नियमित रूप से अपने परिवार के साथ आधुनिक कला संग्रहालय और द मेट का दौरा किया। उसने हाई स्कूल छात्रा के रूप में कला कक्षाओं में दाखिला लिया और अपने पसंदीदा संग्रहालयों में अपने कई कामों को पूरा किया। वह साझा करती है कि "मेट उसे घर की तरह लगा और वो बचपन से जानती थी कि वह अपने टुकरे खुद खरीदेगी।

एक कला संग्रह का निर्माण

ऐलन को स्नातक उपहार के रूप में कला का पहला टुकड़ा मिला। उसकी गॉडमदर की बहन–लॉरेल डुप्लेसिस नामक एक कलाकार वर्जीनिया के हैम्पटन विश्वविद्यालय में कला संग्रहालय में कार्यरत थी और एक दिन ऐलन उसके स्टूडियो में गई। जिसे उपहार के रूप में हाल ही में स्नातक को अपने इच्छित किसी भी टुकड़े को चुनने का अवसर मिला– और इसलिए उसने न्यू ऑरलियन्स को प्रदर्शित करने वाला एक कैनवास चुना। (तूफान कैटरीना के बाद में निस ने कुछ निशुल्क कानूनी काम किया और यह क्षेत्रीय दृष्टिकोण से एक भावुक कृति थी।)

यह तब था जब ऐलन कलाकारों का समर्थन करने और सार्थक काम करने के लिए प्रतिबद्ध थी। "मैंने सोचा की कुछ दोस्तों का समर्थन करना ज़रूरी था जो रंग की महिलाएं हैं, और जो प्रवासी लोग हैं, इसलिए वे अपनी कला अभ्यास जारी रख सकते हैं," वह बताती हैं। इसके बाद ऐलन ने सामाजिक न्याय विषयों को ध्यान में रखते हुए एक संग्रह का निर्माण किया। अपनी कानून की डिग्री पूरी करने के बाद, उन्होंने नियमित रूप से संग्रहालयों का दौरा करना जारी रखा, और उनका ध्यान रंग के लोगों की विशेषता वाले अमूर्त कार्यों को इकट्ठा करने के लिए स्थानांतरित हो गया। अब वह उन तरीकों को अपनाती है, जो अमूर्त रूप से स्वतंत्रत बनाने में मदद करते हैं। संग्राहक की आठ वर्षीय बेटी ने भी कलाकारों द्वारा बनाई गई अनूठी कृतियों को इकट्ठा करने की अपनी इच्छा को सबसे आगे रखा, जिनसे वह अपने प्रियजन को संबोधित कर सकती थी।

एक संग्राहक के रूप में, ऐलन ने अपने करीबी कलाकारों के साथ बनाये गए रिश्तों को महत्व दिया। हालाँकि वह नीलामी और दीर्घाओं पर काम करती है, फिर भी उनसे विशेष रूप से पूरा करने वाले कलाकार से खरीदारी की। कलाकार के साथ सीधे जुड़कर, ऐलन बताती हैं कि संग्राहक कैनवास के पीछे के व्यक्तियो को समझ सकते हैं। जो अपनी कहानी और पृष्ठभूमि को प्रतिबिंबित करने के लिए समय निकाल सकते हैं और यह निर्धारित कर सकते हैं कि एक संग्राहक के रूप में उनका क्या काम है। उसके बाद ही संग्राहक सबसे अच्छा निर्णय ले सकते हैं। इसके साथ ही वे संग्राहकों के संरक्षक बनकर आगे सार्थक योगदान दे सकते हैं।

इन स्थानों की घटनाओं का समर्थन करते हुए और सामाजिक विशिष्ट कारणों का समर्थन करने के लिए धन या टुकड़ों का दान करके प्रदर्शन को बढ़ावा देने में मदद करते हैं – विशेष रूप से ऐलन जो महिलाओं और रंग के कलाकारों पर ध्यान केंद्रित करती हैं।

विरासत और अमूर्तता

कला संग्रह करने के लिए ऐलन के दृष्टिकोण में विरासत एक महत्वपूर्ण भूमिका निभाती है।कानूनी स्कूल स्नातक चाहता है कि उसकी बेटी अपने घर में प्रदर्शित कार्यों से प्रज्वलित शक्तिशाली मेमों का निर्माण करे और यह सोचना पसंद करे कि वह इनमें से कई टुकड़ों को धारण करेगी। वह उसे अपने परिवार के टोकन के रूप में पोषित करने में संलग्न है। यह वह जगह है जो विरासत में आता है और इसलिए ऐलन ने उन कलाकारों का समर्थन करने के लिए इकट्ठा करने का एक बिंदु बनाया है जिनकी पृष्ठभूमि और विश्वास प्रणाली उनके परिवार के साथ संरेखित होती है। फिर भी, अमूर्तता पर ध्यान केंद्रित करके, उसकी बेटी किसी भी तरह से खुद को प्रदर्शन के कामों में देख सकती है। अमूर्तता निश्चित रूप से प्रतिध्वनित होती है। जब उसकी बेटी सिर्फ तीन साल की थी, तो ऐलन को बच्चे की याद आयी – द मेट की यात्रा पर उसे देखकर और उसे जैक्सन पोलक द्वारा कैनवस देखते हुए। उनकी बेटी मुश्किल से अपने जूते बाँध सकती थी, फिर भी वह अपने कम उम्र से ही पोलक की अमूर्तता को पहचानना और उसका जश्न मनाना जानती थी (कुछ वह जो एक फील्ड ट्रिप से उठाया गया था)।

अब ऐलन को इस बात पर गर्व है कि उसकी बेटी कला के क्षेत्र में बहुत सहज है। युवा लड़की स्वीकार करती है कि कला व्यावहारिक पेशा हैं। वह अपनी मां के साथ शिल्पशाला और संग्रहालय का दौरा करके आनंद लेती हैं।

विरासत के मामले में ऐलन लिखित शब्द में भी शौकीन हैं। वह उस कला की मोनोग्राफ रखती है जिसकी वह सबसे अधिक सराहना करती है। "मुझे इतिहास के बारे में सीखना पसंद है, चाहे वह किसी कार्यक्रम या कलाकार के बारे में हो," वह कहती हैं।

ऐलन ने हाई स्कूल में एक समय तक कला के इतिहास का अध्ययन किया; वह कहती है कि अगर वह केवल उन पाठ्यक्रमों में अपनी राजनीतिक विज्ञान की आवश्यकताओं के साथ संघर्ष नहीं करती, तो वह इसे और आगे ले जाती। आज,

हालांकि, शायद, चीजें पूरी तरह से आ गई हैं, क्योंकि कलाएं उसके रोजमर्रा के जीवन में एक अभिन्न भूमिका निभाती हैं ।

विशिष्टता और प्रतिनिधित्व

एक प्रतिष्ठित संग्राहक, एलेन ने स्वीकार किया कि वह हमेशा सामाजिक न्याय और नागरिक अधिकारों में इच्छुक रही है। कलाकारों का समर्थन करने पर उनका मानना है कि – एक वकील के रूप में अपने काम के अलावा–वह उन कारणों का समर्थन करने में मदद कर सकती हैं जिनमें वह विश्वास करती हैं। यह एलेन के लिए कोई नई बात नहीं है,क्योंकि उसने अतीत में यह बहुत बार देखा है। संग्रहालयों, दीर्घाओं और यहां तक कि लोगों के घरों में प्रतिनिधित्व की कमी है। जब वह बड़ी थी, उसने फैसला किया, अब ऐसा नहीं होगा। ऐलन निस ने यह निर्णय लिया कि वह संग्रहालयों के प्रतिनिधित्व में कमी नही आने देगी।

अनदेखी को मनाने की लड़ाई ने हाल के दशकों में बहुत बदलाव लाया है, हालांकि अभी और काम किए जाने की जरूरत है। एलेन कला अंतरिक्ष के प्रक्षेपवक्र के बारे में आशावादी है, और उनका मानना है कि उद्योग 30 साल पहले की तुलना में काफी अधिक समावेशी है। वह यह पाती है रंग के कलाकारों के लिए ये बहोत बड़ी बात है क्योंकि उन्होंने कभी इतना बड़ा सपने नहीं देखा। लेकिन भविष्य क्या लाएगा? संभवतः एक ऐसा स्थान जहां लोग अपने काम में सामाजिक न्याय के मुद्दों को संबोधित कर सकते हैं, प्रवासी भारतीयों की आवाज़ों को देख सकते हैं और उन अंतरालों पर खुलकर चर्चा कर सकते हैं जिन्हें भरने की आवश्यकता है। एलेन एक संग्राहक, माँ और मनुष्य के रूप में, इस बहुप्रतीक्षित प्रतिनिधित्व का समर्थन करने के लिए काम करना जारी रखने का वचन लेती है।

अध्याय– 18

एवरेट टेलर

एक तकनीकी उद्यमी और कला संग्राहक एवरेट टेलर अपने चुने हुए दोनों क्षेत्रों में एक प्रेरक शक्ति है

पिछले कुछ वर्षों में वह तेजी से तकनीकी उद्योग की ऊंचाइयों पर पहुंच गया है, 2018 में विपणन में अपने काम के लिए फोर्ब्स की "अंडर 30" सूची में दिखाई दे रहा है। हाल ही में, वो जल्द ही न्यूयॉर्क शहर में स्थानांतरित हो गये हैं और उन्होंने कार्यकारी भूमिका में ललित कला के लिए प्रमुख ऑनलाइन मंच के मुख्य विपणन में कदम रखा और इसके अधिकारी (सीएमओ) बने और वह कंपनी में सबसे कम उम्र के कार्यकारी और एकमात्र काले कार्यकारी हैं। उसी समय, उन्होंने एक कला संग्राहक के रूप में अपनी प्रतिष्ठा को तराशा, केवल तीन वर्षों में साठ से अधिक टुकड़ों से अपने संग्रह का निर्माण किया और इस बिंदु के लिए एवरेट का मार्ग उल्लेखनीय है। रिचमंड में बढ़ते हुए, जब वह एक किशोर था, तो उसे काफी मुश्किलों का सामना करना पड़ा और उसी समय रिचमंड का दक्षिण पड़ोसियों से टकराव चल रहा था। जब वह चौदह वर्ष के थे, तो उनकी माँ ने उसे एक उचित नौकरी खोज कर स्कूल के पहले और बाद में और हर सप्ताह पूरे दिन काम करने के लिए मजबूर किया। यह अन्य कारणों से उनके जीवन की एक चुनौतीपूर्ण अवधि की शुरुआत थी, हालांकि, कुछ पारिवारिक वित्तीय मुद्दों के बाद, वह बेघर हो गए, और सत्रह साल की उम्र में, सार्वजनिक पुस्तकालय में शरण ली। यह सब कुछ मुश्किल था। यही वह समय था जब उन्होंने स्वतंत्र रुप से कंप्यूटर पर काम किया।

अपेक्षाकृत देर से इंटरनेट पर एवरेट ने मार्क जुकरबर्ग, फेसबुक और न्यूयॉर्क और सिलिकॉन वैली के अन्य उद्यमियों के बारे में सीखा और यह उनके लिए एक रहस्योद्घाटन था। उन्होंने तकनीकी और शिक्षा के लिए अपने जुनून को उजागर किया, जिससे उन्होंने जीवन को उस बिंदु तक सुप्त कर दिया था।

एक व्यक्ति के रूप में उनके विकास में यह एक महत्वपूर्ण क्षण था। एक बार उन्होंने देखा कि वह दुनिया को बदलने के लिए तकनीक का उपयोग कैसे कर सकते है और उन्होंने इसके बारे में खुद से पढ़ाई कर जाना। उन्होंने कॉलेज जाने का भी संकल्प लिया। उन्हीं के शब्दों में, '' मैं विंडशील्ड को धोता और पैसे बचाने के लिए गैस स्टेशनों पर काम करता था। मैंने एक विश्वविद्यालय में आवेदन करने के लिए पर्याप्त धन बचाया। मैंने वर्जीनिया टेक में आवेदन किया क्योंकि उनके पास नाम में टेक थी। ''

वर्जीनिया टेक में अपने नए साल के बाद एवरेट अभी एक और परिवार के वित्तीय मुद्दे के खिलाफ था और अपनी मां का समर्थन करने के लिए उन्हें बाहर निकालने और दूसरी नौकरी की जरूरत थी। यद्यपि वह अपनी खोज में समर्पित था लेकिन उसने दूसरा रास्ता चुना: उद्यमशीलता। अपनी पहली कंपनी, ईज़ी इवेंट्स को लॉन्च करते हुए, उन्होंने दो वर्षों में स्क्रैच से एक व्यवसाय बनाया, जिसका अनुसरण किया, जब वह 21 साल का था तब बेच दिया और वर्जीनिया टेक में लौटने के लिए उस आय का उपयोग किया।

अपने दूसरी बार के आसपास एवरेट ने एक बिरादरी की प्रतिज्ञा की और खुद को सीखने की सिफारिश की। हालांकि इसके तुरंत बाद वह फिर से बाहर निकले इस बार अपनी माँ का समर्थन करने के लिए नहीं बल्कि तकनीक में अपना करियर बनाने के लिए। उन्होंने पश्चिम का नेतृत्व किया और कई सफल तकनीकी कंपनियों का निर्माण किया, जो परिणामों के माध्यम से खुद को प्रतिष्ठित करते हैं। हर कदम पर, वह सकारात्मक बदलाव के लिए दूसरों की मदद करने पर केंद्रित रहा। वह अपनी स्थिति की विशिष्टता को पहचानता है। जैसा कि वह कहते हैं, '' सी—लेवल की स्थिति में होने के नाते, विशेष रूप से आर्टी, जो इस समय बड़ी—बड़ी ऑनलाइन आर्ट कंपनी है। 30 साल की उम्र में उस स्थिति में होना एक काले आदमी के लिए दुर्लभ था। मैं वहाँ गया था क्योंकि मैं चाहता था पैसे के लिए नहीं, बल्कि इसलिए कि मैं वास्तव में बदलाव लाना चाहता था। ''

इसी तरह एवरेट ने कला में एक तरह के मार्ग का अनुसरण किया है। वह कहते हैं कि कला उनके जीवन का हिस्सा थी जब वह बड़े हो रहे थे और वह बताते हैं कि सड़क कला और भित्तिचित्र कला के शुरुआती प्रभाव के रूप में, जो रिचमंड के आसपास मैदान में उनके परिचय के रूप में था। उन्होंने किताब

पढ़ने की अपनी प्रवृत्ति पर भी प्रकाश डाला, जब वह कम उम्र के थे,तब उन्होंने बसक्वेट और कीथ हारिंग की पुस्तकें जो उन्हें सार्वजनकि पुस्तकालय से मिलती थी वो उन्हें–घंटो घंटो पढ़ा करते थे। विद्यालय में उनके शिक्षक सड़क कला और निराकार कला से दूर ले जा रहे थे जो उन्हें पसंद था। वह कहता है, '' मुझे इस तरह का विद्रोही स्वभाव पसंद था। लेकिन जब मुझे कला में "सी "मिला। जिसे मैं भूलना चाहता था।

अपनी खुद की कला को आकर्षित करना, कला का अध्ययन करना, कला के बारे में पढ़ना ये सब एवर–एटे को उनकी पूर्व प्रेमिका से प्रेरणा मिलती थी। एक समय आया जब वो अपनी कला में रुचि खो चुके थे और तकनीकी में अपना पेशा बनाना चाहते थे उसी दौरान उनकी पूर्व प्रेमिका ने उन्हें अल.ए. सी. मा, मो.सी.ए, द अंडरग्राउंड म्यूजियम, द ब्रॉड से रूबरू कराया।

अविश्वसनीय रूप से, यह न तो एक प्रदर्शनी थी और न ही एक नीलामी थी जिसने कूदकर एवरेट के संग्रह को शुरू कियाः यह एक व्याकुलता थी। दो $ 20 टिकट खरीदकर, उन्होंने एक ऐसा टुकड़ा जीता, जो उनके पूरे जीवन को बदल देगा। वे कहते हैं, "मैं शायद किसी समय एक संग्राहक बन जाता। लेकिन शायद ऐसा कभी नहीं हुआ होगा, अगर ऐसा नहीं हुआ, तो ठीक है? " वह कहता है कि उसी महीने के भीतर, उसने उससे बात करने वाले अन्य टुकड़े खरीदे। वह कहते हैं, "मेरे पास कोई टैटू नहीं थे लेकिन बहुत सारे लोग जो आपको बताते हैं कि उनके पास टैटू हैं, वो चाहते थे कि आप भी एक टैटू बनवाये।

जब वह कला जगत की स्थिति के बारे में चर्चा कर रहे होते हैं, तो वे काले संग्राहकों या अन्य भावी संग्राहकों पर इसके कुप्रभाव के कारण बढ़ती हुई कीमतों को एक नकारात्मक रूप में संदर्भित करते हैं, जो अपनी शुरुआत पाने के लिए देख रहे हैं। वह भावुक होकर भी बात करते हैं कलाकारों और युवा संग्राहकों के बारे में।यह एक ऐसा क्षेत्र है जिसके बारे में वह विशेष रूप से दिलचस्पी लेता है, इसे इस काम में बांधते हुए कि वह आर्टएक्स के माध्यम से कर रहा है, कह रहा है, "मुझे इस मंच को बनाने के लिए प्रेरित किया गया क्योंकि मैं विविध कलाकार कहानियां बताना चाहता था। मैं उन्हें सशक्त बनाने में सक्षम होना चाहता था, उन्हें सफल होने के लिए संसाधन और उपकरण देना चाहता था। "

एक संग्राहक के रूप में, एवरेट का कहना है कि उनका दृष्टिकोण कई अन्य लोगों से अलग है। वह कहता है कि उसने अपने द्वारा खरीदे गए कार्यों में

से किसी को भी बेचने की योजना नहीं बनाई है, उनके बारे में सोच–समझकर और खुद को प्रदर्शित करने के लिए या उन्हें दान करने के लिए अपनी योजना की व्याख्या करते हुए। उसके लिए, कला और पैसा उतना ही अलग है जितना वे हो सकते हैं। वह कला की दुनिया में जिस भूमिका को निभा रहा है, कलाकार के ऐतिहासिक प्रभाव का मूल्यांकन करता है और उसे आगे बढ़ाने की क्षमता प्रदान करता है। एवरेट के संग्रह में ऐसे कलाकार शामिल हैं, जिनका दबदबा सांकेतिक है– आइरेंट: डेरिक एडम्स, वॉन स्पैन, केविन बेस्ली, टोक्वाइस डायसन, सैम गिलियम, डेबरा रॉबट्र्स, अमोको बोफो और हेनरी टेलर। हेनरी टेलर के टुकड़े में से, वह उसके लिए अपने महत्त्व से संबंधित है, यह कहते हुए कि वह एक–एक से मिलने से पहले, उसके साथ दोपहर बिताने, और उसके साथ संबंध बनाने से पहले अपने कुछ कामों को खुद करना चाहता था। उस वर्ष के बाद–जब सभी कलाकार यह उम्मीद कर रहे थे कि कलाकार उसे चित्रित करेगा, केवल लॉस एंजिल्स में उसकी आखिरी रात को होने से पहले वह आर्टी में अपनी भूमिका लेने के लिए ईस्ट कोस्ट के लिए निकल गया था। वह कहते हैं कि शिकागो में एक काले रंग के दीर्घा के मरिअनी इब्राहिम ने उन्हें अमोको बोफो टुकड़ा दिखाया, और इसने उन्हें चौंका दिया। वह $ 3,500 में बेच दिया गया था ।जिसे आज, वह आसानी से छह–आंकड़े में बेच सकता है। हालाँकि, उन्होंने कुछ ही समय बाद बोफो का काम हासिल कर लिया (हालांकि थोड़ी अधिक कीमत पर)।

एवरेट के लिए, कला का उद्देश्य स्वयं कला है। एक खरीदार के रूप में, वह कहते हैं कि वह केवल वित्त की सोचता है ताकि कलाकारों को उनकी मदद की जा सके। वह समुदाय को वापस देने के लिए समर्पित है।

जो इतने सारे लोगों के लिए पहुंच से बाहर है। वह कहते हैं, "एक चीज जो मुझे कलाकारों से लगभग ईर्ष्या कराती है, वह यह है कि जब आप कला, मनुष्य की विरासत बनाते हैं। तो एक संग्राहक के रूप में मुझे यह पसंद है की मैं क्या कर सकता हूं? यह चीजों के बारे में नहीं है, और अगर मैं व्यक्तिगत रूप से इसे करता हूँ तो मुझे इसकी परवाह नहीं होगी। यह उन चीजों को करने के बारे में है जो आने वाली पीढ़ियों को प्रेरित और प्रभावित करने वाले हैं। "

किशोर बेघर होने से लेकर एक विश्वस्तरीय कला संग्रह तक, एवरेट का जीवन चरम पक्षों पर रहा। चीजों को देखकर, जो वे चाहते थे तकनीकी में एक कैरियर, खुद की हेनरी टेलर पेंटिंग, एक संग्रह जिसे वह साझा करने, ज्ञान,

उपलब्धि के लिए गर्व कर सकते थे – उन्होंने उन्हें तेजी के साथ पीछा किया,
बाधाओं के माध्यम से रोकते हुए जो कुछ–शरीर के लिए अपमानजनक प्रतीत
होता था।

अध्याय– 19

वर्जीनिया विलियमसन

वर्जीनियाः कला संग्राहक और हाल ही में हार्वर्ड लॉ स्कूल से स्नातक हैं

कई बार वर्जीनिया की इच्छा होती है कि वह जल्द ही अपनी कला की शुरुआत कर दे। 30 वर्षीय हार्वर्ड लॉ स्कूल एलुम्ना नियमित रूप से कलाकारों के साथ जुड़ने और अपने शरीर के निर्माण के लिए इंस्टाग्राम का उपयोग करता है। वह सीधे संदेश के माध्यम से बात पसंद करती है और वह अपनी कला की सराहना करती है। और बस कुछ ही क्लिकों में अपने पसंदीदा टुकड़े खरीद लेती है, वास्तव में प्रक्रिया सरल है। यह उसे अपने कामों के साथ अपना स्थान भरने की अनुमति देता है, जिसे वह प्यार करती है और यह उसे उभरते कलाकारों की मदद करने की अनुमति देता है । उपनगरीय मैरीलैंड में बढ़ते हुए, वर्जीनिया ने मुझे बताया कि कला ने बहुत कम उम्र से उसके जीवन में एक अप्रत्यक्ष भूमिका निभाई। उनके दादा एक कलाकार थे; उन्होंने काउंटी जेल प्रणाली में तीन दशकों से अधिक समय तक पढ़ाया और उनके माता–पिता ने घर के चारों ओर उनके कई टुकड़े रखे। यह हमेशा एक समझदारी थी, वह बताती है की कला हमेशा से मूल्यवान रही है – जिसकी सराहना की जानी चाहिए। और इसलिए वह घर पर लटकाए गए कला की जांच करेगी, और वॉशिंगटन डीसी (और अपने माता–पिता के मूल शिकागो में चित्र दीर्घाओं और संग्रहालयों में अक्सर आती रहेगी) कला संस्थान जल्दी से उनके परिवार का पसंदीता बन गया।

कोई कह सकता है कि वर्जीनिया की परवरिश ने खरीदारी को बढ़ावा दिया 2017 की शुरुआत में उनका पहला मूल काम – "वे जमा कर रहे हैं" नामक एक टुकड़ा था जिसे मिशेल रॉबिन्सन ने बनाया था। वर्जीनिया मुझे बताती है कि वह 2016 के अमेरिकी राष्ट्रपति चुनाव के परिणाम से व्याकुल थी, और इस दौरान यह टुकड़ा सदैव उनके साथ रहा। वह डीसी में एक न्यायाधीश के लिए

क्लर्क का काम कर रही थी, जिसका मतलब था कि वह राजनीति में प्रत्यक्ष रूप से भाग नहीं ले सकती; हालाँकि वह इन प्रतिबंधों का सम्मान करती थी, फिर भी वह अपनी भड़ास निकालना चाहती थी और रॉबिन्सन के टुकड़े ने उसे ऐसा करने की अनुमति दी। कैनवास, जिसमें नग्न महिलाओं का एक समूह जो अपनी बाहे फैलायी हुई थी। जिसके कारण वर्जीनिया ने महिलाओं मार्च के बारे में सोचा – और इसलिए उसने तुरंत सोशल मीडिया पर रॉबिन्सन को एक ईमेल भेजा।

आज तक, सोशल मीडिया वर्जीनिया की नए टुकड़ों की खोज में एक बड़ी भूमिका निभाता है। वह सराहना करती है कि कलाकार इंस्टाग्राम पर एक दूसरे के काम को साझा करेंगे, जैसा कि वह मुझे बताती है कि वह सराहना करती है कि उभरती प्रतिभाओं की खोज करना कितना आसान है, और गूगल पे उभरते कलाकारों के लिए यह कितना सरल जो अपने पोर्टफोलियो की स्पष्ट और तत्काल समझ हासिल करता है। वर्जीनिया अपने एक संग्राहक के रूप में अपने अनुभव का श्रेय महानगर संग्रहालय के पूर्व कर्मी और सोशल मीडिया मैनेजर किम्बर्ली ड्रू को देती है। जिनके ब्लॉग को वो अनुशरण करती है। सोशल मीडिया के लिए उनकी आत्मीयता ने मलिक रॉबर्ट्स, योयो लैंडर, जेफ मैनिंग और डेबोरा कार्टराइट जैसे कलाकारों से प्रिंट की खरीद की है। हाल ही में, उसने टिफ़नी अल्फ़ोंसेका, जॉन रिवास, खारी टर्नर, ब्रिटनी टकर, चिगोजी ओबी, पॉल वर्देल और ब्रिटनी लेयने विलियम्स जैसे कलाकारों के मूल कामों को अपने संग्रह में जोड़ा है।

वर्जीनिया से पूछें कि उसे एक संग्राहक के रूप में क्या प्रेरित करता है, तो वह आपको बताएगी कि वह किस हद तक विरासत पर जोर देती है। "हर बार जब मैं एक काम खरीदती हूं, तो मुझे पता लगता है कि मेरे पास यह 50 साल के लिए होगा और मैं इसे अपने परिवार में किसी को दे दूंगी," वह बताती हैं। "मैं कभी यह सोचकर काम नहीं करती कि दो साल में मैं इसे लाभ के लिए बेचूंगी।" यद्यपि वह कुछ स्तर पर, वह उम्मीद करती है कि टुकड़े समय के साथ मूल्य में वृद्धि करेंगे, वह निकट भविष्य में उन्हें बेचने की योजना नहीं बना रही है –वह पूरी तरह से अपने कलाकारों की सफलता पर केंद्रित है। संग्राहक रंग के सहायक कलाकारों का एक बिंदु बनाता है। वह उन टुकड़ों का खुलासा करती है जो तिमिर की भावना अपने काम मे लाते हैं और उसे व्यक्तिगत स्तर पर महसूस करते हैं। अंत में, हालांकि, वर्जीनिया अपने घर में जिस प्रकार की कला

को देखना चाहती है, उसे इकट्ठा करने का प्रयास करती है। एकत्रित करना एक भावनापूर्ण अनुभव है; इस प्रक्रिया में शामिल होना बहुत ही अफसोस की बात है—आप जो चाहते थे, वह और तेज़ी से आगे बढ़ गया। आपने एक कलाकार के रूप में निवेश किया था, जबकि वे तब भी आपके मूल्य सीमा के भीतर थे। फिर, यह इच्छा करने की हताशा है कि आप दो टुकड़ों के बीच अधिक आसानी से निर्णय ले सकते हैं जब आप केवल एक खरीद करने का इरादा रखते हैं। वर्जीनिया ने युवा संग्राहकों से आग्रह किया कि वे खरीदने से पहले पर्याप्त शोध करें और अपनी प्रवृत्ति का यथासंभव पालन करें।

फिर भी, वर्जीनिया समझती है कि हमें जीना चाहिए और सीखना चाहिए।जब तक वह जल्द ही कोई कार्यक्रम आयोजित करने की योजना नहीं बना ले, वह मुझे बताती है कि एक दशक में अपने संग्रह को दुनिया के सामने लाने का विरोध नहीं किया जाएगा। अभी के लिए, वह बताती है कि दोस्तों और परिवार को पकड़ने के लिए और घर पर उसके काम को देखना कितना पर्याप्त है।

अध्याय– 20

अर्नेस्ट लाइल्स

रिश्ते के माध्यम से एक कला संग्रह का निर्माण

अर्नेस्ट "एर्नी" लियल्स मुझे बताते है कि बड़े होते समय ,कला ने उनके जीवन में महत्वपूर्ण भूमिका नहीं निभाई। वास्तव में वह मानता है कि वह युवावस्था में कला वर्ग से घृणा करता था। लॉ स्कूल ग्रेजुएट इन्वेस्टमेंट बैंकर कला का इतना शौकीन है कि उसने एक संग्राहक के रूप में खुद का नाम बनाया है। वह पहली बार अपने अवकाश के समय में राष्ट्रीय कला संग्रहालय का दौरा करके हावर्ड विश्वविद्यालय में एक छात्र के रूप में अंतरिक्ष में शामिल हुए। "यह एक सही मानसिक विराम था," वे कहते हैं एक पल के लिए रुकते हुए कि जब मैं अकेला था तो यह उल्लेख करना भी एक उपयोगी बात थी।"और इसलिए एर्नी ने 2012 में अपने कला संग्रह का निर्माण शुरू किया और 2014 में अधिक ध्यान केंद्रित हो गया। वह शाम को याद करते हुए बताते हैं कि उनके एक दोस्त ने एक कला नीलामी की मेजबानी की– इथियोपिया के लिए एक फंड्राईज़र –एक घटना जिसके दौरान अपनी पहली खरीदारी की। हालाँकि यह कला उस समय उनकी कहानी का एक अनिवार्य हिस्सा नहीं थी, लेकिन इसने हिर्गो ग्रुप के संस्थापक और मुख्य कार्यकारी अधिकारी के लिए एक महत्वपूर्ण मोड़ को चिह्नित किया, जो कि अधिक देखने और अनुभव करने की एक नई इच्छा थी। आजकल संग्राहक अपने करीबी दोस्त, कलाकार डेरेक फोर्डजोर पर कला के लिए निर्भर है फलरजौर शुगर हिल कला संग्रहालय के पास रहते हैं वो संग्राहक के सब्दो में कहते हैं कि फोरजौर को पता था कि कैसे कला के साथ–साथ बाजार और व्यापार में अपनी समझ बढ़ाई जाए।

अब एर्नी प्रत्येक खरीद (और स्वाभाविक रूप से, वह कई फोर्डजौर चित्रों का मालिक है) से पहले फोर्डजोईर से परामर्श करने का एक बिंदु बनाता है। इसके अलावा, योयो लैंडर के कैनवस, ज़ोरोदा लोपेज़ की तस्वीरें, और मारिया

फॉन्ट द्वारा अन्य कार्यों को एर्नी के संग्रह में पाया जा सकता है। संग्राहकों ने केन–रिक मैकफर्लेन जैसे उभरते कलाकारों को भी सम्मानित किया है; माना जाता है कि उनकी आंखों के परिपक्व होने के बाद, उनका स्वाद अमूर्त की तुलना में अधिक आलंकारिक होना शुरू हो गया है (हालांकि एर्नी वॉन स्पैन और इसी तरह के सार कलाकारों की सराहना करता है)। इन सबसे बढ़कर संग्राहक चाहते हैं कि उनके सर्कल के कलाकारों को पता चले कि वे किसी भी तरह से अपने पेशे का समर्थन करने के लिए उस पर भरोसा कर सकते हैं। संग्राहक प्रगति के रूप में एर्नी का अनुभव कैसा रहेगा? वह अपने संग्रह में शामिल होने वाले कलाकारों से लेकर दीर्घाओं, नीलामियों, और मेलों में अधिग्रहण तक प्रत्यक्ष रूप से शामिल होते हैं (हालांकि वे मानते हैं कि ये व्यवहार्य विकल्प हैं और ऐसे कलाकार जो अपने पेशे को बढ़ाना चाहते हैं)। हालांकि, एर्नी दूसरों के साथ सीधे बोलने से सबसे प्रभावी ढंग से विचार करते है। "बिचौलिये अच्छे हैं, लेकिन कोई भी एक व्यक्ति की तरह एक कहानी नहीं बता सकता है जिसने कहानी का अनुभव किया है।" इस तरह, एकत्रित करने के लिए एर्नी का दृष्टिकोण अंतरंग है। वह उन कलाकारों को जानना पसंद करता है जिनमें वह व्यक्तिगत स्तर पर निवेश करता है, क्योंकि संग्राहक प्रत्येक खरीद को एक प्रविष्टि मानता है।

अर्नी चाहता है कि उसकी युवा बेटियों को प्रत्येक टुकड़े के पीछे की कहानी पता चले। यह अंत करने के लिए, संस्कृति और कल्पना उनके संग्रह के लिए कम महत्त्वपूर्ण नहीं हैं। सीखने के लिए संग्राहक की सोच इस बात पर आधारित होती है कि क्या कल्पना इरीनी के शब्दों के अनुसार बनाई गई है।वे बताते हैं" कि कला को आलंकारिक होने की आवश्यकता नहीं है क्योंकि यह जोखिम भरा हो सकता है। परिवार और विरासत ऐरनै के लिए अमूल्य हैं, और तदनुसार, उनका संग्रह समान माप में कला संग्राहकों जैसे है। "कभी–कभी, वह मेरी आँखों में एक झिझक देखती है और कहती है," बस इसके लिए जाओ, और वह हँसने लगती है।

अंततः, एर्नी अवसरों का पीछा नहीं करता है। व्यवसाय और कला में, वह प्रत्येक अधिग्रहण को एक भागीदार–जहाज में प्रवेश के रूप में देखता है (यह बात प्रेम पर भी लागू होती है,संग्राहक बताते हैं, हालांकि अब वह खुशी से विवाहित जीवन व्यतीत कर रहा है।) क्योंकि इन सबसे ऊपर, एर्नी का मानना है कि लोगों के लिए रिस्तो को समझना बहुत जरूरी है।एर्नी कहते हैं "जब आप

कला की दुनिया में किसी पर गहरा भरोसा करते हैं, तो उनकी सलाह सुनें," ।
"तब भी जब यह असहज महसूस होता है।" क्योंकि यह कुछ ऐसा है जिसे सभी
संग्राहक अपनी दिल से महसूस करते हैं।

संरक्षण, स्थापना, परिवहन और बीमा

संरक्षण, भंडारण और बीमा को समझना

कला संरक्षण के माध्यम से, हम अपनी सांस्कृतिक विरासत को अगली पीढ़ी के लिए संरक्षित कर सकते हैं। यहाँ कैसे शुरू किया जाए कला संग्रह में अपनी शुरुआत करने से आपको कुछ चुनौतियों का सामना करने की संभावना है। इससे पहले कि आप अपना पहला टुकड़ा उठाते हैं, आप संभवतः दो मानसिकता में से एक में आते हैं: आपको लगता है कि इकट्ठा करना आपके सिर को चारों ओर लपेटने के लिए बहुत जटिल है, या आपको लगता है कि यह कुछ खरीदने और इसे एक फ्रेम में डालने के के रूप में सरल है। वास्तविकता इन दोनों चरम सीमाओं के बीच कहीं है। जबकि सीखने के लिए विवरण और बारीकियां हैं, निश्चित चरण हैं जो आप अपने सीखने की अवस्था में कटौती कर सकते हैं और अपने संग्रह में लगाए गए सभी समय और प्रयासों का अधिकतम लाभ उठा सकते हैं।

इस प्रक्रिया में पहला कदम सवाल पूछना है। शुरुआत में बिक्री के बिंदु पर या खरीदने से पहले सवाल से पूछें। यह आपके लिए सीखने का अवसर है जितना आप एकत्र कर रहे हैं उस टुकड़े के बारे में सीख सकते हैं। आपको पहले से ही कलाकार का नाम, टुकड़ा के आयाम, सामग्री पता होना चाहिएद्

वहां से, आपको गहराई में थोड़ा और अधिक मिलता है। जोना ट्विग्ग, एक कला संरक्षक और ट्विग बिंदरी के संस्थापक कहते हैं, "यह पूछें कि क्या टुकड़ा फंसाया गया है या माउंट किया गया है, और अगर यह फंसाया जाता है, तो पूछें कि फ्रेमिंग किसने की है, अगर यह अभिलेखीय / संग्रहालय की गुणवत्ता का है यदि ग्लेज़िंग यूवी–संरक्षित है। और बैकिंग बोर्ड में क्या है, "और" त्रि–आयामी कार्यों के लिए, आधार को देखें, यह किस चीज से बना है, और

आप इसे कैसे स्थापित करेंगे।

हर टुकड़े के सवाल पर विचार करें, जिसमें धातु सामग्री भी शामिल है, जिसे आपको टंगने की जरूरत है और आपकी मंजिल या दीवार इसे सहारा कर सकती है या नहीं। "

यह चातुर्य आपको कला का प्रदर्शन करने में सक्षम करेगा, लेकिन यह प्रक्रिया का अंत नहीं है। अगला आपको यह पता लगाने की आवश्यकता है कि क्या प्रलेखन उपलब्ध है। जितना अधिक प्रलेखन है, उतना ही स्पष्ट रूप से आप कार्य की प्रामाणिकता स्थापित कर सकते हैं। यह आपके मन की शांति और भविष्य के मूल्यांकन को प्रभावित कर सकता है। साथ ही, प्रलेखन, लेबल और अन्य जानकारी कला के प्रत्येक टुकड़े की कहानी कहने के मूल्य को बढ़ाती है।

इससे पहले कि कला कभी खरीदार से अपने गंतव्य तक पहुंचती है, आपको पारगमन के बारे में भी सोचने की जरूरत है। यह कला में बीमा दावों का नंबर–वन स्रोत है और उस प्रक्रिया से पूरी तरह बचने के लिए, आपको यह सुनिश्चित करने की आवश्यकता है कि आपकी कला सबसे अच्छी प्रथाओं के अनुसार लिपटे, पैक, संभाले और संरेखित हो जाए – जो एक कला सेवा कंपनी को सुविधा प्रदान कर सकती है।

इस बीच बीमा एक सतत चिंता है। कला बीमा के लिए कई विकल्प हैं। आप कौन सा बीमा चुनते हैं यह एक व्यक्तिगत निर्णय है, लेकिन पता है कि आपके घर के मालिकों का बीमा कला को कवर नहीं कर सकता है। कीमतें सेवा के स्तर, कला के वर्तमान बाजार मूल्य, जो एक दावा भुगतान और अन्य कारकों की विविधता के आधार पर भिन्न होती हैं। सर्वोत्तम नीतियां लगभग सभी स्थितियों को कवर करेंगी, लेकिन आपकी सबसे पहली पहली रक्षा अभी भी है सब कुछ आपके नियंत्रण में है: अपनी कला को ठीक से स्थापित करना और संग्रहीत करना। इसके अलावा, अपने अंतरिक्ष में जलवायु को नियंत्रित करना सुनिश्चित करें। जितना अधिक आप एक आर्ट गैलरी या संग्रहालय के तरीकों को समानांतर कर सकते हैं, उतना ही बेहतर होगा कि आप और आपकी कला बंद हो जाएगी।

तो आपकी कला आखिरकार अपने गंतव्य पर है, और आपको लगता है कि आपने सभी विवरणों का ध्यान रखा है। अब क्या? जोना सलाह देते हैं, "एक कला संग्राहक और कला के रूप में आपका कर्तव्य है कि आप अपने भंडारण

स्थान, घर और प्रदर्शनी स्थान में पर्यावरण पर विचार करके किसी भी संभावित खतरों को कम करने के लिए सतर्क देखभाल के माध्यम से सांस्कृतिक विरासत को संरक्षित करें। प्रकाश, तापमान, आर्द्रता, प्रदूषकों, कीटों और इन कारकों में से प्रत्येक आपकी कला के लिए विशिष्ट सामग्रियों को कैसे बदल या नुकसान पहुंचा सकता है, इसके बारे में सोचें। "

अभिलेखीय सामग्रियों का उपयोग करना और अपने संग्रह के बारे में जागरूकता की भावना को बढ़ावा देना और आपको अपने संग्रह को लंबी दौड़ के लिए सेट करने में सक्षम होना चाहिए। यदि आप किसी भी चीज़ के बारे में भ्रमित हैं, तो अंतर्दृष्टि संरक्षक से संपर्क करें। लाइब्रेरी ऑफ़ कांग्रेस, द नेशनल गैलरी और द स्मिथसोनियन जैसे राष्ट्रीय सांस्कृतिक संस्थान सभी इसमें मदद कर सकते हैं। समय के साथ यह समझ में आएगा और कला को खुद से निहारना और पहचाना आपके लिए सहज होगा। महत्वपूर्ण बात यह है कि सवाल पूछना जारी रखें।

अंतभाषण

इस पुस्तक की अधिकांश सामग्री मेरे अपने अनुभवों और रोमांच से आई हैं। वित्त में एमबीए पूरा करने के बाद, मैंने वित्तीय सेवा में काम किया। जो समकालीन कला के मेरे संग्रह का निर्माण करते हुए मेरी अथक प्रयास थी। हार्वर्ड विश्वविद्यालय के संग्रहालय अध्ययन में एक दूसरा मास्टर्स पूरा करने के बाद, मैंने आर्टनेट और आर्टी जैसी पत्रिकाओं के लिए कला के बारे में लिखना शुरू कर दिया। इन अनुभवों के माध्यम से मैंने साक्षात्कार की तकनीकें सीखीं। हालाँकि, कुछ सामग्रियों में ऐसे कलाकार शामिल हैं जिनकी मेरे पास कोई पहुँच नहीं थी क्योंकि वे अब जीवित नहीं हैं, या मुझसे उनका कोई संबंध नहीं था, है ये संभव था कि मैं डेरिक एडम्स, रेनी कॉक्स, मारियो मूर, जैसे कलाकारों के साथ सीधे बात करूँ। इससे इन कलाकारों की सामग्री को सत्यापित करने में मदद मिली क्योंकि स्रोत उनका अपना मुंह था। मुझे वास्तव में उम्मीद थी कि मेरा अकादमिक प्रशिक्षण अच्छा रहा होगा, इसलिए मैंने थोड़े अकादमिक शब्दजाल को उपयोग करने के लिए चुना। जैसा कि आगे कहा गया है, यह एक कला इतिहास पुस्तक नहीं है, जिसमें केवल 20 या इतने ही कलाकार हैं। अध्याय 1, फिर से, पुस्तकों की एक व्यापक सूची नहीं है जिसे किसी को कला और कला के इतिहास के बारे में जानने के लिए पढ़ना चाहिए, लेकिन केवल कुछ किताबें जिन्हें मैं एक ठोस आधार के लिए महान मानता हूँ जैसे जॉन बर्जर के देखने के तरीकों को शामिल किया जाना था। मुझे याद है कि मैंने अपना पहला पेपर हार्वर्ड में किकी स्मिथ पर लिखा था। मेरे प्रोफेसर ने मुझे इस पुस्तक को पढ़ने के लिए चुनौती दी थी।

निबंध में एक एकल पैराग्राफ को संशोधित करने के लिए जो उसने कहा था उसे हटाया नहीं जा सकता है। राल्फ एलिसन के अदृश्य आदमी को बाद में जोड़ा गया था। केरी जेम्स मार्शल ने एमसीए में एक व्याख्यान में इसका उल्लेख किया। संग्राहकों हिल हार्पर, कीथ नदियों, और क्रेग रॉबिन्सन सभी ने मेरे साथ अपने साक्षात्कार में पुस्तक का उल्लेख किया। इसलिए, मैंने लिखते समय पहली

बार एलिसन की पुस्तक पढ़ी थी और जानता था कि इसे शामिल करना होगा।

मेरा पहला अस्वीकरण पहले प्रकाशित काम के बारे में है। इस सामग्री के कुछ परिणाम पिछले साक्षात्कार से मेरे पास थे। क्योंकि मेरे पास डेरिक एडम्स, हावर्ड पिंडेल, मारियो मूर, रेनी कॉक्स के साथ लंबे साक्षात्कार के लिए बैठने की विलासिता थी, इसलिए मैं एक नया निबंध बनाने के लिए हमारे साक्षात्कार से कुछ सामग्री लेने में सक्षम था। हावर्ड और मैं आर्टसी के टुकड़े के लिए कुछ हफ्ते बाद बैठ गए। रेनी और मैंने दिसंबर से मार्च 2020 तक चार महीनों में कई साक्षात्कार किए।

जैसा कि आपने देखा होगा, मैं सलाह के बारे में विस्तार से बात करता हूँ। मुझे लगता है कि ध्वनि सलाह आपकी दो चीजें बचाती है: समय और पैसा। धनवान लोग समय के गरीब होते हैं लेकिन वे निश्चित रूप से पूंजी को चुनौती देते हैं। कुछ के पास कला पर के लिए शोध करने के लिए समय बर्बाद करने का समय नहीं है, और अन्य कुछ किताबे खरीद नहीं कर सकते हैं। बीच में सब कुछ है मैंने अलैना सिमोन को शामिल किया, जो इतना कुछ करती है और इतना जानती है, उसे खिताब देना वास्तव में कठिन है। वह पीएचडी की तुलना में अफ्रीकी–अमेरिकी कला इतिहास के बारे में अधिक जानती है। मैं संयोग से अनवरी मूसा से मिला और मुझे अधिक से अधिक एहसास हुआ जब हमने बोला कि वह वास्तव में अपने ग्राहकों के लिए कितना मायने रखता है। मुझे लगता है कि उनकी कंपनी, आर्टमैटिक, एक नए संग्राहकों या अनुभवी कलाकारों के साथ काम करने से उनकी सेवाओं से अत्यधिक लाभ हो सकता है। मैंने लिखते समय काफी युवा कलाकारों से बात की। दो थे जो बाहर खड़े थे। मैं बस इतना कह सकता हूँ: जितनी जल्दी हो सके उनके काम को देखें। आप बाद में मुझे धन्यवाद देंगे।

इस पुस्तक में कला संग्राहकों की अलग अध्याय है। मेरे पास कला संग्राहकों तक पहुंच नहीं है, इसलिए मैं अलैना और अनवरी जैसे लोगों से दयालु परिचय नही कर पाया। पर मैं एलैन के माध्यम से लॉरेन, ऑड्रे और एलेन से मिला। अनवरी ने मुझे कीथ रिवर से मिलवाया। मैं इंटरनेट पर खोज करने के दौरान बेतरतीब ढंग से एवरेट और कैथरीन से मिला। नैट लुईस के पहले सोलो कार्यक्रम के लिए मैं न्यूयॉर्क सिटी में फ्रीडमैन दीर्घा द्वारा आयोजित एक निजी डिनर में पहली बार हिल से मिला। हम संपर्क में रहे और उन्होंने एक

साक्षात्कार के लिए मेरे अनुरोध को विनम्रतापूर्वक स्वीकार किया। कैथरीन ने मुझे एक कला संरक्षणवादी जोना ट्विग से मिलवाया, जिन्होंने संरक्षण, स्थापना और बीमा पर अनुभाग के लिए अंतर्दृष्टि प्रदान की। मिलने के बारे में क्रेग की कहानी दिलचस्प है। हम एन.आय जूम नेटवर्किंग कॉल के हार्वर्ड क्लब में मिले। मैंने पृष्ठभूमि में कला को देखा और उसे एक निजी संदेश भेजा जिसमें उसकी कला के बारे में पूछा गया था।

मैं एक महान दिवंगत एड क्लार्क को श्रद्धांजलि देना चाहता हूँ। सार्वजनिक रूप से प्रकाशित करने का मेरा पहला अवसर एक ऐसी कला पर आया जो मैंने अक्टूबर 2019 में एन.आई.सी में अपने हौसर एंड विर्थ शो के लिए किया था। मुझे एक लेख के लिए एक कहानी पेश करने के लिए आमंत्रित किया गया था (अलैना सिमोन के एक सुझाव पर)। मेरे एक कलाकार मित्र, तारिकु शिफरॉ ने मुझे अपने पिछले दीर्घाओं में से एक, अलीताश केबे से मिलवाया, और उसने वास्तव में मुझे उस लेख के लिए उपयोग की जाने वाली अधिकांश जानकारी दी। बाद में, मैं अधिक से अधिक उसके काम का पता लगाने के लिए शुरू में लग गया। मेरे लिखे गए लेख के प्रकाशित होने के कुछ समय बाद ही उनकी मृत्यु हो गई। मैं चाहता था कि उन्हें इसे पढ़ने का मौका मिले। हालाँकि, किसी तरह से उस कार्यक्रम का हिस्सा बनना एक सम्मान की बात थी। मैं उनके काम के बारे में अधिक से अधिक जानना और सीखना जारी रखता हूँ। मेरा बहुत बड़ा कर्ज है मेरी माँ के लिए क्योंकि वह पहली कला संग्राहक थी जिनसे मैंने बहुत कुछ सीखा औए जाना।

मुझे याद है कि 80 के दशक के अंत में और 90 के दशक की शुरुआत में उन्हें कला में अधिक पैसा खर्च करना पड़ा था। वह हमेशा अश्वेत कलाकारों का समर्थन करने के बारे में बात करती थी और बताती थी कि वह अपने घर में संबंधित छवियों को देखना क्यों ज़रूरी समझती थी। उन शुरुआती अनुभवों के बिना आज यह किताब मौजूद नहीं होती।

धन्यवाद माता जी।

कला की कुछ महत्वपूर्ण शब्दावलीः

अमूर्त कलाः कला के गैर–प्रतिनिधित्वात्मक कार्य जो दुनिया में दृश्यों या वस्तुओं को चित्रित नहीं करते हैं।

परिग्रहण संख्याः किसी वस्तु के लिए विशिष्ट नियंत्रण संख्या, जिसका उपयोग उस संग्रह की अन्य वस्तुओं के बीच करने के लिए किया जाता है। यह किसी व्यक्ति या संस्था के स्थायी संग्रह को शामिल करने वाली नंबरिंग प्रणाली का हिस्सा है, और किसी वस्तु को उस संग्रह का हिस्सा बनाने वाले लेनदेन को दर्शाता है।

एमेच्योरः गैर–पेशेवर या अनुभवहीन कलाकार।

मूल्यांकनः किसी कार्य के बाजार या बीमा मूल्य का मूल्यांकन। दीर्घाओं, विशेषज्ञों और नीलामी घरों द्वारा मूल्यांकन की पेशकश की जा सकती है।

कला आलोचनाः दृश्य कला की चर्चा या मूल्यांकन। कला समीक्षक आमतौर पर सौंदर्यशास्त्र या सौंदर्य के सिद्धांत के संदर्भ में कला की आलोचना करते हैं।

कला विक्रेताः एक व्यक्ति जो पेशेवर रूप से कला खरीदता या बेचता है; सार्वजनिक या निजी।

कला इतिहासकारः एक व्यक्ति जो अपने ऐतिहासिक और सांस्कृतिक संदर्भों में वस्तुओं का अध्ययन करता है। कला इतिहासकार अक्सर कला इतिहास के किसी विशेष युग के विशेषज्ञ होते हैं।

कलाकार का प्रमाण या एपीः वे तब आते हैं जब एक कलाकार प्रिंटिंग श्रृंखला को देखता और गुणवत्ता, रंग आदी की जांच करने के लिए प्रमाण प्राप्त

करता है। यदि कलाकार उन्हें बेचने का फैसला करता है, तो उनकी सीमित संख्या प्रीमियम मूल्य पर आएंगे। ये माना जाता है– कला संग्रह की दुनिया में एक प्रतीक का दर्जा है। फ्रेंच में इसे "एप्रेउवेद आरटीसी" के नाम से जाना जाता है।

प्रामाणिकता: कला का एक प्रामाणिक काम माना जाता है।

अवांट–गार्डे: इस शब्द का अर्थ है कोई भी कलाकार, आंदोलन, या कला के संबधित कार्य।

ब्लू चिप: कलाकारों और उनके काम को संदर्भित करता है, जो किसी भी कीमत पर बढ़ने की उम्मीद करते हैं, क्योंकि कला इतिहास में उनका स्थान दृढ़ हो गया है। इसमें कला दीर्घाएँ भी शामिल हो सकते हैं, क्योंकि वे आमतौर पर केवल ब्लू चिप कलाकारों द्वारा कला के काम दिखा रहे हैं।

कैनवस: एक बारीकी से बुना कपड़ा है, आमतौर पर लिनन, चित्रों के लिए एक सहायक के रूप में उपयोग किया जाता है।

कैटलॉग रायसन: विशिष्ट कैटलॉग राइसन एक कलाकार द्वारा कलाकृतियों की एक व्यापक कैटलॉग देने वाली पुस्तकों की एक मोनोग्राफ या श्रृंखला है, जो किसी विशेष माध्यम या सभी मीडिया में होती है।

चिरोस्क्यूरो: एक इतालवी शब्द है जिसका शाब्दिक अर्थ है "प्रकाश–अंधेरा।" पेंटिंग में, चीरोस्कोरो आमतौर पर स्पष्ट टन संबंधी विरोधाभासों को संदर्भित करता है जिसका उपयोग चित्रित वस्तुओं की मात्रा की भावना का सुझाव देने के लिए किया जाता है।

कोलाज: कला के परिणामी कार्य को संदर्भित करता है जिसमें कागज और अन्य सामग्रियों के टुकड़े व्यवस्थित होते हैं और एक सहायक सतह पर चिपकाए गए होते हैं। आमतौर पर एक एकल सतह का उपयोग कला के काम को बनाने के लिए किया जाता है।

वैचारिक कलाः वस्तुओं पर विचारों का जोर और यह विचार स्वयं, भले ही इसे दृश्य न बनाया गया हो,कला का उतना ही काम है जितना किसी तैयार उत्पाद का।

नकलः कलात्मक नकल और अनुकरण के रूप।

आलोचनाः एक व्यक्ति जो कला के काम पर एक आयन का विश्लेषण, मूल्यांकन या व्यक्त करता है।

आलोचना / कला आलोचनाः विश्लेषण, मूल्यांकन, व्याख्या– और कला के कार्यों का अध्ययन। कला इतिहास और कला आलोचना कला के कार्यों के अध्ययन, समझ और व्याख्या के उद्देश्य से बौद्धिक गतिविधियाँ हैं।

क्यूबिज़्मः औपचारिक संरचना पर जोर देने से चित्रकला और मूर्तिकला बनाने की शैली, चाक–चौबंद, उनके ज्यामितीय समकक्षों के लिए प्राकृतिक रूपों की कमी। यह एक आंदोलन माना जाता है जो 20 वीं शताब्दी की शुरुआत में शुरु हुआ और इस दिन तक जारी रहा।

कला संग्राहकः एक सांस्कृतिक संस्था का ओवरसियर या रक्षक है, यानी कला, आमतौर पर एक संस्थान में स्वतंत्र हो सकता है। एक संग्राहक अक्सर एक प्रदर्शनी,सार्वजनिक या निजी के लिए कला के कार्यों का चयन और व्याख्या करता है।

सजावटी कलाएं: वे कलाएं या शिल्प हैं जो सुंदर वस्तुओं के डिजाइन और निर्माण से संबंधित हैं जो कार्यात्मक भी हैं। अक्सर एक शब्द का दुरुपयोग या जानबूझकर रंग के लोगों द्वारा कला को भ्रमित करने के लिए किया जाता था।

डिजिटल प्रिंटः कोई भी प्रिंट जो डिजिटल तकनीक को एक छवि या उसके मुद्रण के निर्माण में शामिल करता है।

डिप्टीचः कला का एक काम जिसमें दो खंड या पैनल होते हैं, जो आमतौर पर एक साथ टिका होता है,लेकिन इसकेअलग–अलग टुकड़े हो सकते हैं।

आरेखणः पेंसिल, कलम, स्याही, लकड़ी का कोयला या अन्य समान माध्यमों पर कागज या अन्य समर्थन, द्रव्यमान के बजाय एक रैखिक गुणवत्ता की ओर झुकाव, और साथ ही काले और गोरे की ओर एक प्रवृत्ति के साथ रंग के बजाय पेंसिल, चारकोल, चॉक, पेस्टल, क्रेयॉन, पेन, इंक, वॉटरकलर, या तेलों सहित सूखे या गीले माध्यमों से बनाए गए कागज पर अक्सर कला का एक अनूठा काम होता है।

चित्रफलकः एक कैनवास को प्रदर्शित करने या समर्थन करने के लिए एक ईमानदार फ्रेम।

संस्करणः (आमतौर पर एक प्रिंट, कभी–कभी एक मूर्तिकला) समान मुद्रण सतह से बनाई गई समान वस्तुओं का एक सेट। संस्करण सीमित या असीमित हो सकते हैं। 'ओपन एडिशन' भी देखें।

प्रदर्शनी / कला प्रदर्शनीः वह स्थान जिसमें कला वस्तुएं दर्शकों को मिलती हैं, सार्वभौमिक रूप से एक अस्थायी अवधि के लिए समझा जाता है, जो इसे कला संग्रह से मौलिक रूप से अलग बनाता है।

प्रदर्शनी कैटलॉगः एक कला की सामग्री को प्रस्तुत करता है आदर्श रूप से संग्राहक, कलाकारों और आलोचकों के बीच महत्वपूर्ण संवाद के लिए एक मंच प्रदान करता है। यह एक किताब या पुस्तिका के रूप में हो सकता है। यह डिजिटल भी हो सकता है।

अशुद्धः नकली कृत्रिम के लिए फ्रेंच।

चित्रः अक्सर इसका मतलब यह है कि एक छवि को पहचानने योग्य चित्र शामिल हैं। वे चित्र लोग, जानवर और / या वस्तुएं के हो सकते हैं।

ललित कलाः कला को मुख्य रूप से सौंदर्यशास्त्र या सौंदर्य के लिए विकसित किया गया है, जिसमें इसके बौद्धिक गुण भी शामिल हैं। यह उन कलाकारों द्वारा बनाई गई कला को भी दर्शाता है जो अत्यधिक कुशल और अक्सर शास्त्रीय रूप से प्रशिक्षित हैं।

फ़्लिपिंग आर्ट फ़्लिपर्सः एक व्यक्ति या ऐसे लोगों का समूह जो लाभ कमाने के लिए कला खरीदते और बेचते हैं। सबसे अधिक फ़्लिपिंग आर्ट संग्राहकों द्वारा अपने कला संग्रह को फिर से बनाने और विस्तारित करने के लिए या कला बाजार में अल्पकालिक मनमाने झूलों का लाभ उठाने के लिए किया जाता है।

मिली वस्तुः एक वस्तु –अक्सर उपयोगितावादी, निर्मित, या स्वाभाविक रूप से उत्पन्न होती है – जो मूल रूप से एक कलात्मक उद्देश्य के लिए डिज़ाइन नहीं की गई थी, लेकिन इसे एक कलात्मक संदर्भ में पुनः प्रस्तुत किया गया है।

ग्लेज़ / ग्लेज़िंगः अपारदर्शी पेंट जो एक सूखे परत के शीर्ष पर प्रदर्शित होते हैं।

ग्लॉसीः सतहे जो चमकदार और चिकनी हैं।

स्थापनाः एक कला रूप जिसमें किसी भी माध्यम और अंतरिक्ष में दृश्य तत्व शामिल होते हैं। कला स्थापित करना एक निजी या सार्वजनिक स्थान में लटकी हुई कला का वर्णन करने के लिए इस्तेमाल किया जाने वाला शब्द भी हो सकता है।

संस्थानः एक शब्द अक्सर निजी स्थानों का वर्णन करता था जो खुद की कला है। यह कला संग्रहालय, नींव या संग्रह हो सकता है। ये स्थान शायद ही कभी कला कार्यों को बेचते हैं और अक्सर उच्च मांग में कला के कामों की खरीद के लिए उन्हें जल्दी पहुँच प्रदान की जाती है।

संस्थागत आलोचनाः संग्रहालयों, दीर्घाओं, निजी संग्रह और अन्य कला संस्थानों की आलोचना पर केंद्रित है।

बड़े पैमाने पर उत्पादनः मशीन–विधानसभा उत्पादन विधियों और उपकरणों के उपयोग के माध्यम से बड़ी मात्रा में मानकीकृत उत्पादों का उत्पादन। यह शब्द अक्सर उन कलाकारों के वर्णन करने के लिए उपयोग किया जाता है जो सामान्य से अधिक दरों पर काम करते हैं या खुले संस्करण में कला के काम करते हैं जो बड़ी मात्रा में उत्पन्न होते हैं।

कृतिः एक ऐसा शब्द है जो अब किसी विशेष कलाकार द्वारा या किसी महान कलाकार की कला के किसी भी कार्य के लिए, या उसके क्षेत्र में पूर्णता के बेहतरीन काम के लिए लागू किया जाता है।

माध्यमः चित्रकारी, मूर्तिकला, ड्राइंग, प्रिंटमेकिंग, एक प्रकार की कला के अर्थ में कला के सभी मीडिया हैं; हालाँकि, यह शब्द उन सामग्रियों का भी उल्लेख कर सकता है, जिनसे कोई काम बनता है। सबसे लोकप्रिय कलात्मक पेंटिंग माध्यमों में से कुछ हैं: ऐक्रेलिक, एंकॉस्टिक पेंट, गौचे, तेल, टेम्पा, वॉटरकलर।

न्यूनतावादः सरल ज्यामितीय रूपों द्वारा विशेषता जो प्रतिनिधित्वात्मक सामग्री से रहित है।

भित्तिः एक बड़ी पेंटिंग दीवार या छत पर लागू होती है, विशेष रूप से सार्वजनिक स्थान पर।

संग्रहालयः सामान्य रूप से एक व्यक्ति को संदर्भित कर सकता है जो एक कलाकार, संगीतकार या लेखक को प्रेरित करता है। अक्सर, कला में, यह एक व्यक्ति को संदर्भित करता है जब एक कलाकार उन्हें अपने काम में बार—बार संदर्भित करता है।

कथनः कला का वर्णन करने के लिए इस्तेमाल किया जाने वाला शब्द जो किसी प्रकार की कहानी का एक दृश्य प्रतिनिधित्व प्रदान करता है।

ऑइल पेंटः एक पेंटिंग माध्यम जिसमें पिगमेंट को सुखाने वाले तेल, जैसे अलसी, अखरोट या खसखस के साथ मिश्रित किया जाता है।

ओल्ड मास्टर्सः 1300—1830 की अवधि के दौरान अभ्यास करने वाले महान यूरोपीय चित्रकारों को संदर्भित करता है।

ओपन एडिशनः एक संस्करण, प्रिंट या अन्य सामग्री, जिसमें असीमित संख्या में उदाहरण हो सकते हैं।

पेंटिंग: जैविक और अकार्बनिक सामग्री से बने होते हैं, जो एक कलाकार द्वारा एक विशिष्ट छवि बनाने के लिए एक साथ रखे जाते हैं। वे एक साधारण निर्माण से मिलकर एक या अधिक पेंट परतों और उन परतों के लिए एक समर्थन बनाते हैं। पेंट को कला का काम बनाने के लिए एक वस्तु पर रखा जाता है।

पैलेट: वह सतह जिस पर एक चित्रकार अपने रंगों को मिलाता है। इसके अलावा, एक कलाकार द्वारा उपयोग किए जाने वाले रंगों की सीमा।

संरक्षक: अक्सर कला का समर्थन करने वाले व्यक्ति को संदर्भित किया जाता है। यह समर्थन एक कलाकार द्वारा कमीशन कार्यों के रूप में हो सकता है, संस्थानों को काम दान करना, या उन्हें अपने मिशन को जारी रखने में मदद करने के लिए संस्थानों को धन दान करना। संरक्षक अक्सर बोर्ड सीटों के साथ पुरस्कृत होते हैं, पहले कलाकृतियों तक पहुंच, या बाजार को आकार देने वाले आर्टवर्ल्ड पेशेवरों द्वारा निर्णयों को प्रभावित करने की क्षमता।

पाटिना: एक टार्निश है जो स्वाभाविक रूप से तांबा, कांस्य और इसी तरह की धातुओं और पत्थरों की सतह पर बनता है।

वर्णक: पेंट में तत्व है जो अपना रंग प्रदान करता है। जो माता–पिता सामग्री की एक विस्तृत श्रृंखला से बना हो सकते हैं, जिसमें खनिज, प्राकृतिक और सिंथेटिक डाइस्टफ और अन्य मानव निर्मित यौगिक शामिल हैं।

पॉप आर्ट: लोकप्रिय संस्कृति से उधार ली गई कल्पना–टेलिविज़न, कॉमिक बुक्स और प्रिंट विज्ञापन सहित स्रोतों से, साथ ही व्यावसायिक दुनिया से तैयार किए गए उत्पादन के अन्य तरीके।

पोर्ट्रेट: एक पेंटिंग, फोटोग्राफ, मूर्तिकला या किसी अन्य व्यक्ति का कलात्मक प्रतिनिधित्व है जिसमें चेहरा और उसकी अभिव्यक्ति प्रमुख है।

प्राथमिक कला बाजार: यह तब होता है जब एक कलाकृति बेची जाती है, और इसकी कीमत पहली बार स्थापित होती है। प्राथमिक बाजार पर कला अक्सर एक कलाकार के स्टूडियो से आती है और काम उसके पहले मालिक

को बेचा जाता है।

प्रिंटः कागज पर कला का एक काम जो बहु प्रतियों में मौजूद होता है। यह कागज पर सीधे ड्राइंग द्वारा नहीं, बल्कि एक स्थानांतरण प्रक्रिया के माध्यम से बनाया जाता है। चार सामान्य प्रिंटमेकिंग तकनीक– निड्स वुडकट, नक़्क़ाशी, लिथोग्राफी और स्क्रीनप्रिंट हैं। प्रिंट सीमित संस्करण या अद्वितीय कार्य हो सकते हैं।

निजी संग्रहः यह कला का एक निजी स्वामित्व वाला संग्रह है, जो आमतौर पर एक व्यक्तिगत कला संग्रहकर्ता द्वारा किया जाता है। हालांकि, यह एक कंपनी या अन्य संगठन के संग्रह को भी संदर्भित कर सकता है, जैसे कि बैंक या कानूनी फर्म। कोई भी काम, जो स्वभाव से, जनता के पास आसानी से नहीं होता है।

प्रगतिः किसी वस्तु के स्वामित्व या स्थान और इतिहास के कालक्रम का संदर्भ देता है। अक्सर, सिद्धता प्रामाणिकता निर्धारित करने में मदद करती है और कला के एक अतिरिक्त मूल्य का निर्माण कर सकती है। एक कलाकृति की सिद्धता उसके इतिहास, स्वामित्व और उत्पत्ति का रिकॉर्ड है।

यथार्थवादः एक प्रकार की निरूपण कला जिसमें कलाकार जितनी बारीकी से आँख को देखता है उतनी ही बारीकी से चित्रित करता है। यथार्थवाद यथार्थवादी तरीके से लोगों, वस्तुओं या स्थानों का प्रतिनिधित्व करने का प्रयास करता है।

रीटचिंगः एक पेंटिंग में नुकसान या क्षति के क्षेत्रों को बदलने के लिए एक पुनर्स्थापनाकर्ता द्वारा किए गए कार्य का वर्णन करता है।

स्क्रीनप्रिंटः एक स्टैंसिल–आधारित प्रिंटमेकिंग तकनीक जिसमें पहला कदम स्क्रीन बनाने के लिए लकड़ी के फ्रेम पर कसकर बुने हुए कपड़े को खींचना और जोड़ना शामिल होता है। स्क्रीन के क्षेत्र जो छवि का हिस्सा नहीं हैं, उन्हें स्टेन–सिल–आधारित तरीकों की एक किस्म के साथ ब्लॉक कर दिया जाता है। एक निचोड़ का उपयोग स्क्रीन के अनब्लॉक क्षेत्रों के माध्यम से स्याही को दबाने के लिए किया जाता है, सीधे कागज पर।

द्वितीयक कला बाजारः यह दीर्घाओं, कला संग्राहकों या नीलामी के माध्यम से कलाकृतियों की बिक्री का विश्व है। द्वितीयक बाजार आमतौर पर तब होता है जब एक कला की स्थापना की जाती।

सिल्कस्क्रीनः एक स्टैंसिल–आधारित प्रिंटमेकिंग तकनीक जिसमें एक स्क्रीन बनाने के लिए लकड़ी के फ्रेम पर कसकर बुने हुए कपड़े को खींचना और जोड़ना पहला कदम है। स्क्रीन के क्षेत्र जो छवि का हिस्सा नहीं हैं, उन्हें विभिन्न प्रकार के स्टैंसिल–आधारित तरीकों से अवरुद्ध किया जाता है। एक निचोड़ का उपयोग स्क्रीन के अनब्लॉक क्षेत्रों के माध्यम से स्याही को दबाने के लिए किया जाता है, सीधे कागज पर।

स्केचः किसी विषय या पूर्ण रचना का तेजी से निष्पादित चित्रण है, जिसे आमतौर पर अधिक विस्तृत और पूर्ण कार्य के लिए तैयार किया जाता है।

स्टिल लाइफः एक पेंटिंग जिसमें विषय वस्तु एक व्यवस्था है–वस्तुओं, फलों, फूलों, टेबलवेयर, मिट्टी के बर्तनों और इसके आगे का उल्लेख करने के लिए।

स्टूडियो / कार्यशालाः एक कलाकार या कार्यकर्ता का कार्य स्थान है।

समयहीनताः यह धारणा कि कला के कुछ कार्य इतनी प्रतिभा से भरे हुए हैं कि वे समय और स्थान की बारीकियों से ऊपर उठ जाते है अस्तित्व के एक पारलौकिक, अलौकिक विमान पर कब्जा करने के लिए जो इतिहास से संबंधित नहीं है।

शीर्षकः एक नाम जो एक कलात्मक काम की पहचान करता है।

त्रिपिटकः कला का एक काम जिसमें तीन खंड या पैनल होते हैं, जो आमतौर पर एक साथ टिका होता है।

विरतुओसोः एक व्यक्ति है जो एक विशेष कला या पेंटिंग जैसे क्षेत्र में उत्कृष्ट तकनीकी क्षमता रखता है। कलाप्रवीण व्यक्ति एक ऐसे व्यक्ति को भी संदर्भित करता है जिसने कलात्मक उत्कृष्टता की सराहना की है, या तो पारखी या

संग्राहक के रूप में।

दृश्य कलाः पेंटिंग, मूर्तिकला, ड्राइंग, प्रिंटमेकिंग, डिजाइन, शिल्प, फोटोग्राफी, वीडियो और फिल्म निर्माण जैसे कला रूप हैं।

वॉटरकलरः पिगमेंट्स से बना पेंट्स। जिसकी अरबी के एक जलीय घोल में अत्यंत महीन बनावट होती है।

संदर्भ

कवर

केवेट माइनर द्वारा डिज़ाइन किया गया
www.kevietteminor.com
www.instagram.com/keviette.by.design

प्रस्तावना

एलेक्जेंड्रा एम थॉमस
www.twitter.com/_aly_tho_
www.linkedin.com/in/alexandra-thomas-7b2b9910b/

परिचय

बैंकी, राईस इफांस, और शेपर्ड फैरी। उपहार दुकान के माध्यम से बाहर निकलें।
संयुक्त राज्य अमेरिकाः मोंगरेल, 2010
फिगिंग हिस्ट्रीः रॉबर्ट कोलेस्कॉट, केरी जेम्स मार्शल, मिकालीन थॉमस, 15
फरवरी –13 मई 2018, सिएटल कला संग्रहालय, वाशिंगटन।
फ्रीमैन, नैट, "रिकॉर्ड–तोड़ $ 110.5M सोसाइटी के $ 319.2 एम पोस्टवार और
समकालीन शाम में बेसक शॉक्स में भाग लेने वाले बिक्री। "कला समाचार, 18
मई 2017,
www.artnews.com/art-news/market/
रिकॉर्ड–तोड़–110–5–मी–बेसकियाट–शक्स–अटेंडीज़–एट–सोथब–समक.
ालीन–शाम–बिक्री–8374 /
ग्रेस्टार्क, बारबरा जेम्स मार्शल पेंटिंग। " द न्यूयॉर्क टाइम्स, 18 मई 2018,
www.nytimes.com/2018/05/18/arts/sean-combs-
kerry-jamesmarshall.html

काजाकिना, कात्या। "एलिसिया कीज़, स्विज़ बीटज़ स्नैप अप वर्क फ्रॉम कलाकार। "

ब्लूमबर्ग न्यूज, 27 जुलाई 2019, www.bloomberg.com/news/ लेख / 2019–07–26 / एलिसिया–कीज़–स्विज़–बीटज़–स्नैप–अप–वर्कफ्रॉम–मा.ंगी–कलाकार

मूर, चार्ल्स। 2019. अपवर्जन से समावेश तकः काले छात्रों को कला संग्रहालय से जोड़ना।

मास्टर की थीसिस, हार्वर्ड विश्वविद्यालय डी.सी.ई.

एक राष्ट्र की आत्माः काली शक्ति के युग में कला, 14 सितंबर 2017–3 फरवरी 2019, ब्रुकलिन संग्रहालय, न्यू यॉर्क।

वॉल स्ट्रीट, ओलिवर स्टोन द्वारा निर्देशित, 20 वीं फिल्मस फिल्म्स, 1987 विलियम डब्ल्यू फिशर III, फ्रैंक कॉस्ट, शेपर्ड फॉरे, मीर फेडर, एडविन फाउंटेन, जेफ्री स्टीवर्ट और मारिता स्टर्कन।

कुछ विचार होप पोस्टकेस पर, हार्वर्ड जर्नल ऑफ लॉ एंड टेक्नोलॉजी वॉल्यूम 25, नंबर 2 स्प्रिग 2012

अध्याय 1

एल्बम कवर
कान्ये वेस्ट द्वारा स्नातक

पुस्तक सूची

कैरी मॅई वेम्सः कैथरीन डेलमेज़ द्वारा तीन दशक के फोटोग्राफी और वीडियो अफ्रीकी अमेरिकी कला का संग्रहः कागज और कैनवस पर काम करता है हलीमा ताहा

उपभोक्ता कहानियांः कारा वाकर और रेबेका पीबॉडी द्वारा अमेरिकन रेस की कल्पना

डैंडी लायनःशैन्ट्रेल–पी–लुईस द्वारा द ब्लैक डैंडी एंड स्ट्रीट स्टाइल

चार्ल्स गेंस द्वारा हेनरी टेलर

राल्फ एलिसन द्वारा अदृश्य आदमी

आई टू सिंग अमेरिकाः विलेहुड द्वारा 100 पर द हार्लेम पुनर्जागरण

केरी जेम्स मार्शलः इयान अल्तेवीर, हेलेन मोल्सवर्थ, एटल द्वारा मास्टरी।

कॉर्नेल वेस्ट द्वारा रेस मैटर्स

सामेला लुईस द्वारा समीला लुईस और अफ्रीकी अमेरिकी अनुभव

स्टोनी रोडः पुनर्निर्माण, श्वेत वर्चस्व और उदय

हेनरी लुई गेट्स जूनियर द्वारा जिम क्रो की

अमेरिकन सेंचुरीः बारबरा हस्केल द्वारा आर्ट एंड कल्चर, 1900–1950

द एमेरिकन सेंचुरीः लिसाफिलिप्स द्वारा आर्ट एंड कल्चर, 1950–2000

कलाकारों की जीवनियाँ: कैल्विनोमोकिंस द्वारा एकत्रित प्रोफाइल हार्डकवर

जॉन बर्जर द्वारा देखने के तरीके

ओसियां वार्ड द्वारा तलाश के तरीके

प्रदर्शनी सूची

हावर्डा पिंडेल की "ऑटोबायोग्राफी" –गर्थ ग्रीन गैलरी, न्यूयॉर्क (2019)

टाइटस कपार की "अनदेखीः एक नई रोशनी में हमारा अतीत" –स्मिथोनियन संग्रहालय, नेशनल पोर्ट्रेट गैलरी (2019–2020)

नैट लुईस की "लेटेंट टेपेस्ट्रीस" –फ्रीडमैन गैलरी (2020)

अध्याय 2

एडम्स डेरिक पर्सनल इंटरव्यू–13 नवंबर 2019

कॉक्स, रेनी पर्सनल इंटरव्यू–26 फरवरी 2020

केइबे ,अलितश पर्सनल इंटरव्यू – 15 सितंबर 2019

मूर, चार्ल्स "नॉर्मन लुईस, जिसका चित्रण एक अमेरिकी त्रासदी, अमेरिकन टोटेम, आपको इस काम के अत्यधिक राजनीतिक पहलुओं पर छोड़ देता है। "

एर्ट फ्यूज, 12 अक्टूबर 2019, www.artefuse.com

जिसका एक चित्रण एक दुखद त्रासदी अमेरिका का चित्रण है जो आपको इस काम के अत्यधिक राजनीतिक पहलुओं पर बहस करने के लिए छोड़ देता हैद्य

मूर, मारियो पर्सनल इंटरव्यू–8 अप्रैल 2020

पिंडेल, हावर्डा पर्सनल इंटरव्यू– 20 दिसंबर 2019

अध्याय 3

अनुसंधान जाआ

अध्याय 4

केबे, एलिटश– पर्सनल इंटरव्यू 9 जून 2020

अध्याय 5

www.artbasel.com
www.tefaf.com

अध्याय 6

सिकेलियनोस–कार्टर, अलीसा पर्सनल इंटरव्यू –3 मई 2020
टर्नर, खारी– पर्सनल इंटरव्यू– 31 मई 2020

अध्याय 7

मूसा, अनवरी पर्सनल इंटरव्यू – 1 मई 2020
सिमोन, अलैना पर्सनल इंटरव्यू – 29 अप्रैल 2020

अध्याय 8

चेम्बर्स, डोमिनिक पर्सनल इंटरव्यू – 14 जुलाई 2020

अध्याय 9

www.christies.com
www.sothebys.com
www.swanngalleries.com/

अध्याय 10

अनुसंधान जाओ

अध्याय 11

हार्पर, हिल पर्सनल इंटरव्यू–2 मई 2020

अध्याय 12

अनाम कलेक्टर पर्सनल इंटरव्यू– 3 मई 2020

अध्याय 13

एडम्स, ऑड्रे पर्सनल इंटरव्यू– 13 मई 2020
मैलियन, लॉरेन पर्सनल इंटरव्यू– 4 मई 2020

अध्याय 14

मैकिनले, कैथरीन ई पर्सनल इंटरव्यू– 2 मई 2020

अध्याय 15

नदियाँ, कीथ पर्सनल इंटरव्यू– 7 मई 2020

अध्याय 16

रॉबिन्सन, क्रेग पर्सनल इंटरव्यू– 20 मई 2020

अध्याय 17

निस, ऐलन पर्सनल इंटरव्यू– 13 जून 2020

अध्याय 18

टेलर, एवरेट पर्सनल इंटरव्यू– 13 जून 2020

अध्याय 19

विलियमसन वर्जीनिया पर्सनल इंटरव्यू– 3 जुलाई 2020

अध्याय 20

लाइलेस, अर्नेस्ट पर्सनल इंटरव्यू– 12 अगस्त 2020

टि्वग, जोना पर्सनल इंटरव्यू– 19 मई 2020
पत्थर, ईसाई पर्सनल इंटरव्यू।

अंतभाषण

अधिक सुनना चाहते हैं?
मुझे ढूढ़ें:
इंस्टाग्रामः @csmoore23
champagneandvitvitamincharles.moore662@gmail.com

www.ingramcontent.com/pod-product-compliance
Lightning Source LLC
Chambersburg PA
CBHW031429060726
47600CB00006B/52/J